DIPLÔME D'ÉTAT
ASSISTANT DE SERVICE SOCIAL

ITINÉRAIRES PRO

Politiques sociales et logiques partenariales

Série dirigée par Yvette Molina
Sociologue, formatrice dans le champ du travail social et médico-social

Marie Rolland
Assistante de service social, juriste et formatrice

le Social

Vuibert

ISBN : 978-2-311-20340-0

Conception couverture : Les PAOistes / Conception intérieure : BleuT / Réalisation intérieure : Michelle Bourgeois

Sommaire

Partie 2 Les acteurs et leurs obligations

7. Les professionnels

8. Le secret professionnel

9. Les droits des usagers

Partie 3 Les politiques sociales

1. La protection de l'enfance en danger

2. Les mineurs délinquants

3. La politique familiale

4. Les personnes handicapées

5. Les personnes âgées

Une formation, un métier

Cet ouvrage a pour objectif de présenter le domaine de compétences 4 (DC4) du diplôme d'État d'assistant de service social tel qu'il est issu de la réforme de 2004 (décret n° 2004-533 du 11 juin 2004 relatif au diplôme d'État et à l'exercice de la profession d'assistant de service social). Il s'adresse aux étudiants en service social de formations initiale et continue ainsi qu'aux personnes souhaitant obtenir le DEASS par la voie de la validation des acquis de l'expérience (VAE).

Le DC4 concerne les politiques sociales et l'implication dans les dynamiques partenariales, institutionnelles et interinstitutionnelles. Il s'articule autour de trois compétences transversales à l'ensemble des diplômes d'État de niveau III :
- le développement d'actions en partenariat et en réseau ;
- la capacité à exercer une fonction de médiation ;
- l'inscription dans un travail d'équipe.

En quoi ces compétences sont-elles nécessaires à l'exercice professionnel des travailleurs sociaux en général et de l'assistant de service social en particulier ?

L'assistant de service social exerce ses missions dans le cadre d'une institution. Il n'intervient jamais seul et s'inscrit dans un travail d'équipe, partenarial ou en réseau. De par sa fonction d'accompagnement des personnes ou des groupes, il participe à la mise en œuvre de politiques sociales élaborées par les pouvoirs publics. Pour ne pas être un simple exécutant, il est donc essentiel de connaître et de comprendre les institutions dans lesquelles ou avec lesquelles il agit. De même, il est fondamental de connaître et d'analyser les politiques sociales et les dispositifs qu'il utilise.

La **première partie** de cet ouvrage est consacrée à la présentation de l'épreuve de certification qui valide le DC4. Elle propose une méthodologie générale d'appréhension de l'épreuve, puis une méthodologie spécifique à chacune des trois questions systématiquement posées dans les sujets du diplôme d'État. Il ne s'agit en aucun cas de la seule méthode possible et obligatoire mais de conseils qu'il convient d'adapter en fonction de sa propre façon de procéder et des éléments apportés par son centre de formation.

La **deuxième partie** concerne plus précisément les principaux acteurs publics et privés, établissements, services, équipes professionnelles et usagers qui interviennent dans les trois grands secteurs sanitaire, social et médico-social. La multiplicité des acteurs rend l'exhaustivité impossible. De même, les disparités territoriales ne permettent pas d'avoir une vision détaillée des particularités locales. Il s'agit donc d'une présentation très générale à compléter par les expériences professionnelles et issues des sites qualifiants.

La **troisième partie** aborde les principales politiques sociales en vigueur à la date du 1er juin 2015. Là encore, l'inflation législative et réglementaire et la complexité grandissante des dispositifs rendent difficile, voire impossible, une présentation complète et détaillée de ces politiques.Cet ouvrage se veut avant tout pédagogique et synthétique. Il comprend donc nécessairement des raccourcis ou des approximations liés à ce foisonnement juridique. Il faut garder à l'esprit que l'objectif de l'épreuve n'est pas d'avoir une connaissance livresque et descriptive des politiques sociales mais d'en comprendre le sens, les enjeux et les évolutions, et de se situer professionnellement dans le cadre de ces politiques sociales.

La **quatrième partie** propose des annales corrigées des sujets donnés dans le cadre du DEASS. Afin d'accompagner le lecteur dans l'appropriation de la méthodologie, elle propose un sujet entièrement rédigé puis un sujet avec un plan détaillé et enfin des sujets avec de simples éléments de réponse.

Partie 1

La méthodologie de l'epreuve

Cette première partie est consacrée à la méthodologie de l'épreuve de connaissances des politiques sociales.

Le **chapitre 1** est l'occasion de découvrir cette épreuve et ses caractéristiques générales ainsi que le référentiel du domaine de compétences 4 et les critères d'évaluation correspondants.

Le **chapitre 2** aborde la méthodologie et la gestion globale de l'épreuve en 4 heures, établit une comparaison avec l'épreuve de synthèse du domaine de compétences 3 et propose des conseils sur la façon de présenter sa copie.

Le **chapitre 3** détaille la méthodologie spécifique à la question 1 portant sur la présentation d'une politique sociale. Il décline les critères d'évaluation, le contenu et la structuration de la réponse à construire.

Les **chapitres 4** et **5** font de même avec la question 2 sur la présentation des acteurs et la question 3 sur les interventions professionnelles de l'assistant de service social.

1 Présentation de l'épreuve de politiques sociales

1. De quoi s'agit-il ?

a. Exemple de sujet

DIPLÔME D'ÉTAT D'ASSISTANT DE SERVICE SOCIAL

Session de juin 2010

DC4 : CONNAISSANCE DES POLITIQUES SOCIALES ET IMPLICATION DANS LES DYNAMIQUES INSTITUTIONNELLES ET PARTENARIALES

Temps de composition : 4 heures

SUJET

À l'aide de vos connaissances et des documents joints, vous répondrez aux trois questions suivantes, à raison de deux pages maximum de réponse par question.

Question 1 : En donnant une définition de l'exclusion, vous développerez une analyse qui permettra de comprendre l'apparition des politiques sociales, et plus particulièrement de la politique de lutte contre les exclusions, comme un impératif national et européen.

Question 2 : Quels dispositifs et partenariats sont mobilisés pour lutter contre les exclusions en France ?

Question 3 : Vous êtes assistant(e) de service social au sein du service départemental d'action sociale du conseil général. Face aux difficultés spécifiques rencontrées par les bénéficiaires du RSA, quel projet global territorial pourriez-vous construire et avec quels partenaires ?

Document 1 : « L'exclusion, un enjeu majeur », *Alternatives économiques*, n° 254, janvier 2007, p. 1.

Document 2 : « Le revenu de solidarité active : quelle philosophie ? », *Revue de culture contemporaine*, février 2010, pp. 2 et 3.

Document 3 : « 2010, année européenne de lutte contre la pauvreté et l'exclusion sociale », *Localtis.info*, 27 juillet 2009, p. 4.

b. Remarques générales

Chaque sujet comporte des consignes avec trois questions et des documents portant sur la politique sociale à traiter.

Quel que soit le sujet proposé, l'épreuve de politiques sociales constitue un ensemble cohérent dans lequel s'articulent trois questions :
- la question 1 porte sur la présentation globale d'une politique sociale ;
- la question 2 porte sur les acteurs qui construisent et mettent en œuvre cette politique ;
- la question 3 montre comment l'assistant de service social s'inscrit dans cette politique.

La réponse à chacune de ces questions ne doit pas excéder 2 pages.

L'épreuve a une durée de 4 heures.

2. Le domaine de compétences 4

a. Le référentiel du DC4

L'annexe I de l'arrêté du 29 juin 2004 précise les compétences attendues pour valider le DC4, ainsi que les indicateurs de compétences suivants.

Compétences	Indicateurs de compétences
Développer des actions en partenariat et en réseau.	Savoir identifier les partenaires interinstitutionnels de son environnement et connaître leur culture. Savoir animer un réseau de professionnels. Savoir décoder les positionnements et les stratégies de l'ensemble des acteurs.
Assurer une fonction de médiation.	Savoir établir des relations avec l'ensemble des acteurs. Savoir valoriser son savoir-faire. Savoir utiliser les techniques de gestion des conflits. Savoir négocier avec les personnes, les institutions.
S'inscrire dans un travail d'équipe.	Savoir coopérer avec d'autres professionnels de son service, solliciter leur avis, leurs connaissances, leurs compétences. Savoir transmettre ses propres observations et analyses. Savoir confronter ses observations.

b. Les compétences attendues dans l'épreuve de politiques sociales

Attardons-nous sur l'intitulé complet de l'épreuve : « Connaissance des politiques sociales et implication dans les dynamiques institutionnelles et partenariales. » Deux critères d'évaluation sont donc pris en compte :
- la compréhension des politiques sociales et l'identification de leurs acteurs ;
- la capacité à s'impliquer en tant qu'assistant de service social dans les équipes professionnelles et dans un travail partenarial et en réseau.

Une note de cadrage de la DGCS (Direction générale de la cohésion sociale) de janvier 2010 précise les compétences attendues au travers de cette épreuve :

> L'épreuve qui va valider ce domaine de compétences va vérifier que le candidat :
>
> – connaît la politique sociale qui sert de support au sujet, les principaux dispositifs qui la concernent et les missions respectives des acteurs chargés de la mettre en œuvre ;
>
> – est en capacité de développer des actions en partenariat et en réseau, de co-construire un projet global local répondant à la problématique posée (compétences de négociation, de médiation, de travail en équipe, de maîtrise de l'organisation en mode projet), de positionner les habitants comme acteurs tout au long du processus d'élaboration et de mise en œuvre du projet ;
>
> – est en capacité de mettre en valeur son rôle professionnel, sa stratégie professionnelle et de faire valoir son expertise sociale.

3. L'évaluation de l'épreuve de politiques sociales

a. La notation

La validation du DC4 comprend :

– une note d'épreuve écrite de politiques sociales et d'implication dans les dynamiques partenariales, affectée d'un coefficient 2 ;

– une note de contrôle continu établie selon des modalités propres à chaque centre de formation, affectée d'un coefficient 1.

L'épreuve de politiques sociales est notée sur 20. Pour valider le DC4, il faut que la moyenne de ces deux notes soit au moins égale à 10.

La note de cadrage de la DGCS de janvier 2010 propose une grille indicative de notation :

– 6 points pour la question 1 ;

– 6 points pour la question 2 ;

– 6 points pour la question 3 ;

– 2 points pour l'expression, la structuration et le respect du nombre de pages.

Cette notation est plutôt favorable aux candidats car chaque question est évaluée indépendamment des autres.

Le contrôle continu est noté sur 10. Les centres de formation définissent dans leur projet pédagogique les modalités d'attribution de cette note. Le plus souvent, il s'agit d'une moyenne de notes obtenues dans des enseignements relatifs au DC4, comme les cours de politiques sociales, de droit, de législation…

b. Les critères d'évaluation

Chaque question, notée sur 6 points, est évaluée en fonction de cinq critères précisés dans la note de cadrage de la DGCS :

1. CONNAÎTRE

Connaissance des politiques sociales

- Identification des éléments fondamentaux de la politique sociale présentée
- Éléments de contexte et d'émergence de cette politique sociale

2. COMPRENDRE

Prise en compte des acteurs

- Identification du public concerné : problématique, intérêt, écueils
- Repérage des institutions, des professionnels et de leurs compétences respectives
- Mise en acte du partenariat en lien avec le terrain

3. AMORCER UNE ANALYSE

Capacité d'intervention professionnelle

- Analyse des ressources du contexte territorial local
- Pertinence des préoccupations d'actions (objectifs, méthodes, moyens)
- Partenariat interinstitutionnel et approche transversale

4. IDENTIFIER

Positionnement professionnel

- Place de l'assistant de service social dans les dispositifs de l'action sociale
- Place et respect de la personne
- Respect de l'éthique et des règles déontologiques
- Prise en compte de l'appartenance institutionnelle et de la dimension du travail en équipe

5. S'EXPRIMER

- Adéquation de la réponse à la question
- Respect de la consigne (deux pages maximum par question)
- Structuration, style, syntaxe, orthographe

4. Les textes de référence

- Décret n° 2004-533 du 11 juin 2004 relatif au DEASS et à l'exercice de la profession d'assistant de service social.
- Arrêté du 29 juin 2004 relatif au DEASS et arrêté du 20 juin 2009 modifiant l'arrêté du 20 juin 2004 relatif au DEASS.

- Circulaire DGAS/4A/2008/392 du 31 décembre 2008 relative à la formation et à la certification du DEASS.
- Note de cadrage DGAS/SD4 du 26 janvier 2010 relative à l'épreuve de politiques sociales et l'implication dans les dynamiques partenariales, institutionnelles et interinstitutionnelles.

2 La méthodologie générale

1. La gestion globale de l'épreuve

a. La lecture et la compréhension du sujet

Cette phase doit permettre de repérer les éléments suivants :
- la politique sociale dont il est question ainsi que les consignes précises relatives à la question 1 ;
- le type d'acteurs à identifier en fonction d'une politique sociale en ce qui concerne la question 2 ;
- l'institution et le service social dans lequel il faut s'inscrire, ainsi que le public ou la problématique, relatifs à la question 3.

À noter

Il est important de ne pas négliger cette étape car elle évite les hors-sujets et permet de se fixer un fil conducteur pour la sélection des informations.

b. La sélection des informations

Contrairement à l'épreuve de synthèse du domaine de compétences 3, il faut faire appel à ses connaissances personnelles autant qu'aux documents joints en annexes.

En ce qui concerne les connaissances personnelles, il faudra bien évidemment se référer aux cours théoriques dispensés pendant la formation mais aussi aux différentes lectures et, bien entendu, aux expériences de stage.

Les documents joints, limités à 4 pages, ne sont pas exhaustifs. Ils permettent de compléter et d'illustrer les connaissances personnelles.

À noter

Pour s'organiser au mieux, il est conseillé :
– de prendre trois feuilles de brouillon, une pour chaque question ;
– d'y inscrire respectivement les éléments de connaissances personnelles ;
– d'effectuer une lecture rapide des documents et de compléter les trois feuilles (prise de notes).

Question 1	Question 2	Question 3
....	....	....
....	....	....
....	....	....

c. La structuration des informations

La consigne en trois questions impose une réponse en trois parties. Il est nécessaire de structurer ces parties de façon à mettre en évidence une logique d'articulation.

À partir des trois feuilles de brouillon ayant servi à la sélection des données, il va falloir organiser les différents éléments de réponse. Il est possible, pour ce faire, de prendre trois autres feuilles qui vont servir à construire le plan des réponses aux trois questions. Afin de faciliter la lecture, il est conseillé de mettre en évidence des sous-parties.

En ce qui concerne la première partie, sur les politiques sociales, il faut éviter une liste purement chronologique des différents textes juridiques ou des dispositifs présentés. Ceux-ci doivent être regroupés de manière à montrer à quels principes ou objectifs politiques ils répondent.

En ce qui concerne la deuxième partie, sur les acteurs, il faut, là aussi, éviter une liste non organisée. Les acteurs doivent être regroupés selon différents critères (territorial, fonctionnel, juridique...). La structuration choisie permettra de montrer comment ils s'articulent entre eux.

En ce qui concerne la troisième partie, sur les interventions professionnelles, il convient d'organiser au moins trois sous-parties portant respectivement sur les missions du service social, l'évaluation ou le diagnostic, et les interventions individuelles et collectives par exemple.

Les trois chapitres suivants présentent les contenus et les logiques d'articulation des questions 1, 2 et 3.

d. La rédaction

En principe, il n'y a pas assez de temps pour tout rédiger au brouillon. Le plan doit donc être suffisamment détaillé pour permettre une rédaction directe sur la copie. Il est essentiel de consacrer autant de temps à chaque question. Il faut donc éviter de passer trop de temps sur la question 1 au détriment de la question 3 par exemple.

À noter

Il va de soi qu'il faut veiller à la correction de l'orthographe et de la syntaxe, à l'homogénéité de la mise en forme, ainsi qu'à la propreté de la présentation. Rappelons que 2 points sont consacrés à l'évaluation de l'expression écrite et au respect de la consigne relative au nombre de pages.

2. La présentation de la copie

Les textes du DEASS ne précisent aucune règle en matière de présentation de la réponse. Il faut, *a minima*, bien numéroter les réponses aux trois questions et respecter la limitation du nombre de pages.

Cependant, nous conseillons une présentation avec un plan apparent, qui aide le lecteur à se repérer et met en évidence la logique d'articulation de la réponse, avec :

- un grand titre qui précise la politique sociale dont il est question ;
- un titre correspondant à chacune des trois questions ;
- deux ou trois sous-titres correspondant à la structuration de chaque question.

Prenons l'exemple du sujet de 2013 sur le surendettement :

Copie		Repère
LA PRÉVENTION ET LE TRAITEMENT DU SURENDETTEMENT		Grand titre
1. L'évolution des politiques sociales dans la prise en charge du surendettement		Titre de 1re partie
Le contexte d'émergence De la loi Neiertz à la loi Borloo La loi Lagarde et le plan 2013	2 pages	
2. Les acteurs intervenant dans la prise en charge du surendettement		Titre de 2e partie
La prévention du surendettement Le traitement du surendettement	2 pages	
3. Le projet global d'intervention en polyvalence de secteur		Titre de 3e partie
Les missions du service social Le diagnostic territorial Les interventions individuelles et collectives	2 pages	

Pour en savoir +…

- GAGNADOUX Michelle, *Politiques sociales : mémo + QCM*, Studyrama, 2013.
- LEBARBIER-FOISNET Muriel, *DC4 : implication dans les dynamiques partenariales, institutionnelles et interinstitutionnelles*, Dunod, 2010.
- MOLINA Yvette, DEASS, *DC4 : implication dans les dynamiques partenariales, institutionnelles et interinstitutionnelles*, Vuibert, 2013.

3 La question 1

1. Les différentes consignes

a. Exemples de questions

- Après avoir précisé les finalités de la loi pour l'égalité des droits et des chances, la participation et la citoyenneté des personnes handicapées du 11 février 2005, vous en préciserez les axes fondamentaux et les principales dispositions. (juin 2007)
- Après avoir situé les principaux enjeux de la loi réformant la protection de l'enfance (loi n° 2007-293 du 5 mars 2007), vous en présenterez les dispositions essentielles. (juin 2008)
- Après avoir précisé le contexte dans lequel s'inscrit la loi du 5 mars 2007 portant réforme de la protection juridique des majeurs, vous en présenterez les axes fondamentaux et les principales dispositions. (juin 2009)
- En donnant une définition de l'exclusion, vous développerez une analyse qui permettra de comprendre l'apparition des politiques sociales, et plus particulièrement de la politique de lutte contre les exclusions, comme un impératif national et européen. (juin 2010)
- Le plan triennal 2008-2010 pour combattre les violences faites aux femmes est renforcé par la loi du 9 juillet 2010. Vous présenterez les éléments du contexte ainsi que les principes et les enjeux de cette loi. (juin 2011)
- À partir, notamment de la loi du 18 janvier 2005 de programmation pour la cohésion sociale et de la loi du 23 avril 2005 d'orientation et de programme pour l'avenir de l'école, vous évoquerez brièvement les enjeux, puis vous présenterez les grandes orientations et les principales dispositions concourant à la réussite éducative des élèves. (juin 2012)
- Après avoir situé le contexte dans lequel s'inscrivent les dispositifs de lutte contre le surendettement, vous en présenterez les principes, les enjeux et les dispositions les plus récentes. (juin 2013)
- Vous présenterez l'évolution de la politique sociale en matière d'accès aux soins des plus démunis et ses principales orientations. (juin 2014)

b. Remarques générales

Chaque question porte sur une politique sociale bien spécifique. Les consignes et leur formulation peuvent varier en fonction des sujets. Il est possible de les classer en trois catégories :

– le contexte d'émergence ou d'apparition de la politique sociale en question ;

– les grandes finalités ou orientations, les axes fondamentaux, les principaux enjeux ou objectifs de cette politique ;

– les principales dispositions de cette politique, c'est-à-dire les moyens permettant la mise en œuvre des objectifs.

2. Les compétences attendues

a. Les critères d'évaluation

La note de cadrage de l'épreuve de politiques sociales de la DGCS de janvier 2010 précise :

> « La 1re question vise à présenter une politique sociale d'une façon globale, comme réponse à une situation historique et sociale des besoins des citoyens, dans un sens qui a pu évoluer. Elle n'a pas à donner tout le contenu technique mais doit positionner les enjeux et les buts visés. »

L'évaluation en six points prend en compte les aspects suivants :

– la présentation du contexte d'émergence de la politique sociale ;

– les objectifs, les finalités, ou les enjeux de cette politique ;

– les principales dispositions de cette politique.

b. Le programme de politique sociale

On distingue les politiques sociales catégorielles, qui concernent un public particulier, et les politiques sociales sectorielles qui concernent une problématique ou un secteur spécifique.

➲ Les politiques sociales catégorielles

Elles regroupent :

– la politique de protection de l'enfance, avec les mineurs en danger et les mineurs délinquants ;

– la politique familiale ;

– la politique en faveur des personnes handicapées (enfants et adultes) ;

– la politique en faveur des personnes âgées et de la dépendance ;

– la politique en faveur des majeurs protégés ;

– la politique en direction des migrants.

➲ Les politiques sectorielles

Ce sont :

– la politique de lutte contre la pauvreté, la précarité et l'exclusion (et notamment l'accès aux soins des plus démunis et le traitement du surendettement) ;

– la politique d'insertion sociale et professionnelle ;

– la politique du logement et de l'hébergement ;

– la politique de la ville ;

– la politique de santé publique.

À noter

> Il faut connaître les bases de l'ensemble de ces politiques sociales afin de pouvoir répondre à la question 1. La partie 3 de cet ouvrage est consacrée à leur présentation.

3. Le contenu de la réponse

a. Le contexte d'émergence

Il s'agit de préciser quand et pourquoi apparaît une politique sociale. Qu'est-ce qui explique que les pouvoirs publics s'emparent à un moment donné d'une problématique sociale et proposent des réponses à cette question ? Il faut donc être en capacité de situer dans le temps la naissance d'une politique sociale et d'en expliquer les raisons.

À noter

> La plupart des politiques sociales naissent à la fin du XIXe siècle et se développent tout au long du XIXe siècle, comme la protection de l'enfance ou la politique familiale (voir la partie 3). D'autres sont beaucoup plus récentes, comme la politique de la ville ou le traitement du surendettement. En ce qui concerne les politiques sociales les plus anciennes, il est conseillé de se situer au plus tôt à partir de 1945, ceci afin de pouvoir respecter le nombre de pages imposé.

b. Les objectifs ou les finalités

Il s'agit de mettre en évidence les principaux objectifs de la politique sociale, d'en montrer ses enjeux, d'en préciser de façon très synthétique ses différents axes.

Deux cas de figure peuvent se présenter :

– une politique sociale portant sur un texte global, comme la loi du 11 février 2005 sur le handicap (sujet de 2007) ou la loi du 5 mars 2007 sur la protection juridique des majeurs (sujet de 2009) ;

– une politique sociale avec de nombreux textes successifs comme c'est le cas pour la politique de lutte contre les exclusions (sujet de 2010) ou d'accès aux soins des plus démunis (sujet de 2014).

Dans le premier cas, il sera possible de décliner l'ensemble des objectifs fondamentaux du texte en prenant soin de les hiérarchiser.

Dans le second cas, il faudra être plus synthétique et mettre en évidence la finalité de chaque texte présenté.

À noter

Lorsqu'il est demandé de montrer l'évolution d'une politique sociale, il faut éviter la présentation descriptive d'une simple liste chronologique de textes juridiques. Il convient, bien au contraire, de montrer comment ils s'articulent, pourquoi ils évoluent, se modifient ou se complètent.

c. Les dispositions

À chaque objectif mis en évidence correspond en principe un moyen, un outil, un dispositif destiné à atteindre cet objectif.

Prenons l'exemple de la loi du 5 mars 2007 réformant la protection de l'enfance.

Objectifs		Moyens
Coordonner les acteurs et lutter contre la judiciarisation du dispositif.	→	Priorité donnée à la protection sociale, subsidiarité de la protection judiciaire.
Simplifier et rendre plus efficace le circuit d'évaluation des situations de danger.	→	Création de la cellule de recueil et d'évaluation des informations préoccupantes.
Intervenir de façon précoce pour éviter les situations de maltraitance.	→	Mise en place de l'examen psycho-social du 4e mois de grossesse et inscription de la PMI dans le Code de l'action sociale et des familles (CASF).
Diversifier les mesures de protection.	→	Création de l'accompagnement en économie sociale et familiale (AESF) et généralisation des modalités d'accueil (modulable, périodique, exceptionnel…).
Mettre l'enfant au centre du dispositif et renforcer les droits des familles.	→	Mise en place du projet pour l'enfant (PPE) et du rapport annuel.

À noter

Il ne s'agit pas d'une épreuve de législation sociale. Le but n'est donc pas de développer les dispositifs mais de montrer par quels moyens les objectifs vont être atteints.

4. La structuration de la réponse

a. Premier exemple : la présentation d'une réforme

Il est demandé de présenter un texte juridique qui réforme un texte ou un dispositif précédent.

C'est le cas des sujets de :

– juin 2007, avec la loi handicap du 11 février 2005 qui réforme la loi du 30 juin 1975 ;

– juin 2008, avec la loi du 5 mars 2007 qui réforme le dispositif de protection de l'enfance.

La réponse à la question doit en principe présenter :

– les principes et les grands axes du texte ou du dispositif antérieur ;

– l'analyse des causes de la remise en question du texte ou du dispositif antérieur ;

– les nouveaux principes, objectifs et dispositions de la réforme.

À noter

> Pour illustrer ces propos, se reporter à la partie 4 avec, par exemple, les politiques sociales de protection de l'enfance, du handicap, de la protection des majeurs et du revenu de solidarité active.

b. Second exemple : l'évolution d'une politique sociale

Il est demandé de présenter l'évolution d'une politique sociale constituée par un ensemble de textes juridiques successifs qui se complètent ou qui se modifient les uns les autres.

C'est le cas des sujets de :

– juin 2013, avec le dispositif de lutte contre le surendettement ;

– juin 2014, avec le dispositif d'accès aux soins des plus démunis.

Dans ce cas, la réponse doit montrer :

– le contexte d'émergence de l'intervention des pouvoirs publics ;

– les étapes successives de construction du dispositif avec, pour chacune d'entre elles, les finalités et les axes principaux, ainsi que les raisons du passage à une autre étape.

À noter

> Se reporter à la partie 3 avec, par exemple, les politiques sociales sur les mineurs délinquants, les migrants, la lutte contre la toxicomanie et les addictions, ainsi que la politique de ville.

Pour en savoir +...

- CAMBERLEIN Philippe, *Le Dispositif de l'action sociale et médico-sociale en France*, Dunod, 2011.
- LOCHEN Valérie, *Comprendre les politiques d'action sociale*, Dunod, 2013.
- PENAUD Pascal, AMGHAR Yann-Gaël et al., *Politiques sociales*, Presses de Sciences Po et Dalloz, 2013.
- PEROZ Jean-David, *Les Politiques sociales en France*, Dunod, 2013.
- « Comment fabriquer une politique sociale », *Informations sociales*, n° 157, 2010.
- « Crises et politiques sociales », *Informations sociales*, n° 180, 2013.

À noter

Les politiques sociales évoluant de façon très rapide, il convient d'être attentif aux dates de parution des ouvrages et compléter les informations en tenant compte de l'actualité.

4 La question 2

1. Les différentes consignes

a. Exemples de questions

• Quels sont les principaux acteurs qui concourent au maintien à domicile des personnes âgées dépendantes ? Comment ceux-ci s'articulent-ils sur un même territoire ? (sujet de 2007)

• Vous identifierez les différents acteurs et partenaires qui concourent à la mise en œuvre de la protection de l'enfance. (sujet 2008)

• Identifiez les articulations entre les principaux acteurs concernés par la prise en charge des victimes de violences conjugales. (sujet de 2011)

• À l'échelle d'un territoire, différents acteurs agissent dans le champ de l'insertion socio-professionnelle des jeunes de 16 à 25 ans. Vous présenterez leur rôle respectif et les missions qui les concernent. (sujet de 2013)

• Vous montrerez comment les différentes institutions et leurs professionnels, acteurs du secteur sanitaire, social et médico-social, se mobilisent et favorisent l'accès aux soins des personnes en situation de précarité. Vous mettrez en avant les dynamiques partenariales dans lesquelles ils tentent de s'inscrire afin de prendre en compte la santé dans sa dimension globale. (sujet de 2014)

b. Remarques générales

Les questions peuvent être formulées de façons très différentes et sont plus ou moins précises. Dans tous les cas, il s'agit de présenter les acteurs impliqués dans une politique sociale. Il est parfois demandé de préciser leurs missions et/ou la façon dont ils s'articulent entre eux.

2. Les compétences attendues

a. Les critères d'évaluation

Trois éléments sont attendus, même s'ils ne sont pas demandés de façon explicite dans la formulation de la question :

– l'ensemble des acteurs concernés par la politique sociale dont il est question ;

– leurs missions respectives ;

– leur articulation sur le territoire.

L'évaluation sur 6 points prend en compte les aspects suivants :
– la connaissance des acteurs, de leurs missions et de leur champ d'intervention ;
– la compréhension et l'analyse de leur articulation sur le territoire.

b. L'identification des acteurs et leurs missions

Il est fondamental de connaître les principaux acteurs du champ de l'action sanitaire, sociale et médico-sociale, ainsi que leurs compétences et leur territoire d'intervention. Ils sont présentés dans la partie 3 de cet ouvrage.

En ce qui concerne les missions, il s'agit de présenter celles en lien avec la politique sociale dont il est question, et non pas l'ensemble des compétences. Il ne faut pas oublier que la réponse est limitée à deux pages. Prenons l'exemple du conseil départemental. Si la politique sociale porte, par exemple, sur la protection de l'enfance en danger, il faut limiter sa réponse au développement de l'ensemble des compétences du conseil départemental dans ce domaine et ne pas aborder ses compétences en matière d'accès au logement par exemple.

En ce qui concerne le territoire d'intervention, il s'agit de préciser si l'acteur intervient sur le plan national, régional, départemental ou local.

c. L'articulation des acteurs

C'est le plan choisi qui permettra de mettre en évidence l'articulation des acteurs entre eux (par exemple leurs relations sur le plan hiérarchique, territorial, juridique...). C'est pourquoi, il est indispensable d'éviter une présentation sous forme de liste, d'énumération, qui ne montre pas comment les acteurs sont situés les uns par rapport aux autres.

Plusieurs plans sont possibles, mais il est important de structurer la réponse afin de montrer sa capacité à comprendre l'implication des acteurs dans une dynamique partenariale.

À noter

À ne pas faire :
– une simple énumération d'acteurs sans préciser leurs missions respectives ;
– une succession d'acteurs qui ne sont pas situés dans leur territoire d'intervention ;
– une liste d'acteurs non organisée qui ne met pas en évidence leur articulation.

3. Les différentes catégories d'acteurs

a. Présentation schématique

Afin de faciliter le repérage des acteurs concernés, nous proposons de les regrouper en quatre grandes catégories.

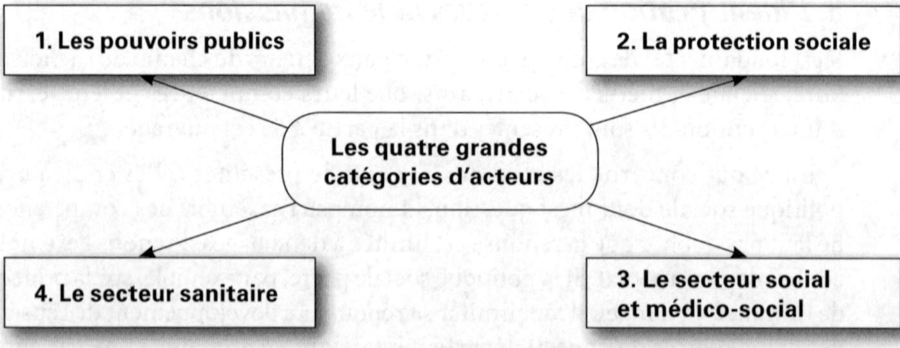

À noter

> Dans certains cas, il faudra également penser au secteur privé à but lucratif, avec les entreprises (sujet sur l'insertion professionnelle par exemple).

Il convient bien entendu de savoir ce que recouvrent ces catégories d'acteurs afin de choisir quels sont ceux à retenir pour la politique sociale dont il est question, ceci sans oublier de noter les missions correspondantes pour chacun d'entre eux.

b. Les pouvoirs publics

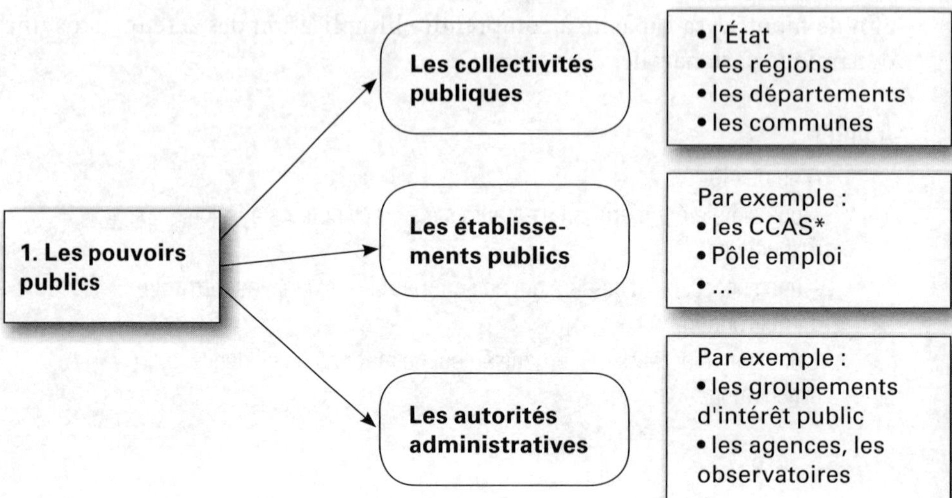

* Voir la table des sigles à la fin de l'ouvrage.

c. La protection sociale

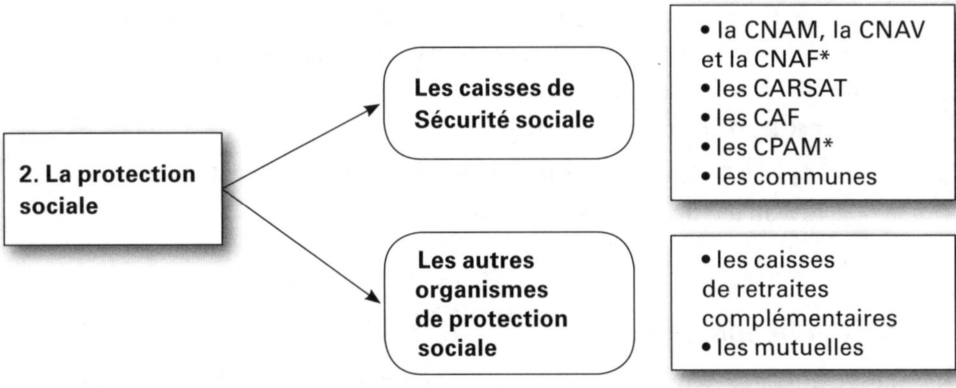

* Voir table des sigles à la fin de l'ouvrage

d. Le secteur social et médico-social

e. Le secteur sanitaire

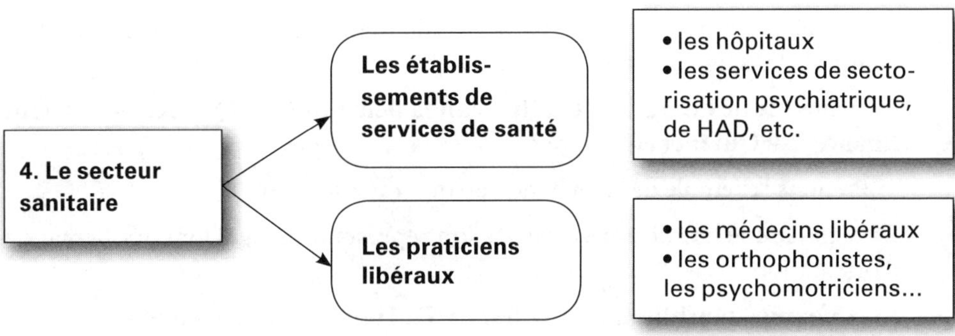

À noter

La deuxième partie développe les missions des principaux acteurs.

4. La structuration de la réponse

Il s'agit de trouver le plan le plus cohérent possible afin de montrer l'articulation des acteurs entre eux. Il est possible de classer ces acteurs en fonction de différents critères :

- la nature de la fonction exercée ;
- leur place dans le processus d'intervention ou la procédure à suivre ;
- le niveau territorial d'intervention ;
- …

a. La fonction exercée

Les acteurs peuvent être regroupés en fonction de leur rôle dans le processus de mise en place d'une politique publique :

Qui conçoit ? ⇨ **Qui décide ?** ⇨ **Qui finance ?** ⇨ **Qui met en œuvre ?**

Prenons l'exemple de la politique sociale de protection de l'enfance en danger.

L'État conçoit la politique générale.

⇨ **Le conseil départemental** est le chef de file de la protection de l'enfance.

Dans certains cas, la justice décide une mesure de protection.

⇨ **Le conseil départemental** finance l'ensemble du dispositif.

⇨ **L'aide sociale à l'enfance et le secteur associatif** mettent en œuvre les mesures de protection.

b. Le processus de mise en œuvre du dispositif à partir de l'usager

Il peut être intéressant de partir de l'usager et de sa demande et de montrer comment les acteurs la prennent en compte.

Demande de l'usager ⇨ **Qui instruit la demande ?** ⇨ **Qui décide ?** ⇨ **Qui finance ?** ⇨ **Qui met en œuvre ?**

Prenons l'exemple de la loi handicap du 11 février 2005.

La personne handicapée et/ou de son représentant légal font une demande d'orientation.

⇨ **L'équipe pluridisciplinaire de la MDPH** instruit la demande.

⇨ **La CDAPH** prend la décision.

⇨ **La Sécurité sociale ou l'aide sociale** financent.

⇨ **Le secteur médico-social** met en œuvre la décision.

c. Le niveau d'intervention

Les acteurs peuvent être regroupés en fonction de leur territoire d'intervention.

Niveau national ⇨ Niveau régional ⇨ Niveau départemental ⇨ Niveau local

➲ Le niveau national

Le niveau national concerne :

– l'État avec son administration centrale (ministères et directions générales) ;

– les établissements publics nationaux et les autorités administratives indépendantes, instances de concertation, qui peuvent participer à l'élaboration des politiques sociales comme la Caisse nationale de solidarité pour l'autonomie (CNSA), l'Observatoire national de l'enfance en danger (ONED), le Haut conseil de la famille (HCF)...

➲ Le niveau régional

Le niveau régional concerne :

– l'État avec ses services déconcentrés, comme la préfecture de région, la direction régionale de la jeunesse des sports et de la cohésion sociale (DRJSCS), l'agence régionale de santé (ARS)... ;

– le conseil régional, le président du conseil régional et les services de la région ;

– les lycées ;

– la Caisse d'assurance retraite et de santé au travail (CARSAT) ;

– les centres hospitaliers régionaux (CHR) ;

– ...

➲ Le niveau départemental

Le niveau départemental concerne :

– l'État avec ses services déconcentrés comme la préfecture de département, la direction départementale de la cohésion sociale (DDCS)... ;

– le conseil départemental, le président du conseil départemental et les services du département ;

– les collèges ;

– la caisse d'allocations familiales (CAF) ;

– ....

➲ Le niveau local

Le niveau local concerne :

– le conseil municipal, le maire et les services municipaux, les regroupements de commune comme les établissements publics de coopération intercommunale

(EPCI), les centres communaux d'action sociale (CCAS) ou les centres intercommunaux d'action sociale (CIAS) ;

– les écoles maternelles et primaires ;

– les caisses primaires d'assurance maladie (CPAM) ;

– les hôpitaux locaux et les praticiens libéraux ;

– les établissements et services gérés par le secteur associatif ;

– …

À noter

Il est possible de trouver d'autres plans en fonction des sujets proposés. Dans tous les cas, l'usager doit être pris en compte.

Pour en savoir +…

- CHEVREUX Vincent, BENMOUSSA Gwladys et PARRIAT-SIVRE Marc, *Institutions et acteurs de l'action sociale*, Foucher, 2014.
- DUBOIS-POT Jean-Pierre, *Le Cadre institutionnel de l'action sociale*, ASH, 2011.
- PRIOU Johan et DEMOUSTIER Séverine, *Institutions et organisation de l'action sociale et médico-sociale*, Dunod, 2013.

5 La question 3

1. Les différentes consignes

a. Exemples de questions

• Assistant de service social, employé dans un service de soins de suite et de réadaptation, quelles actions allez-vous conduire, et avec quels partenaires, pour accompagner les personnes adultes en situation de handicap dans l'élaboration de leur « projet de vie » visant le retour à domicile. (sujet de 2007)

• Vous êtes assistant de service social dans le service social départemental d'un conseil général. Face aux difficultés spécifiques rencontrées par les adolescents et leurs familles, quelles interventions pourriez-vous concevoir et mettre en œuvre et avec quels partenaires ? (sujet de 2008)

• Vous êtes assistant de service social dans un centre local d'information et de coordination. Précisez quel est le projet global, territorial, partenarial visant à la protection des majeurs que vous pourriez conduire sur votre territoire d'intervention. (sujet de 2009)

• Vous êtes assistant de service social au sein du service départemental d'action sociale du conseil général. Face aux difficultés spécifiques rencontrées par les bénéficiaires du RSA, quel projet global territorial pourriez-vous construire et avec quels partenaires ? (sujet de 2010)

• Vous êtes assistant de service social dans un service d'urgence d'un centre hospitalier confronté à l'accueil de femmes victimes de violence. Pour apporter des réponses aux besoins de ces personnes, tant du point de vue de la protection que de la prévention, vous êtes amené à mobiliser un réseau pour construire un projet territorial. Sur quelles ressources institutionnelles et quels partenariats pouvez-vous vous appuyer ? (sujet de 2011)

• Vous êtes assistant de service social dans un collège et un lycée situés en zone d'éducation prioritaire (ZEP). En vue de favoriser la réussite scolaire des élèves, proposez un projet global d'intervention précisant le partenariat que vous envisagez de mobiliser. (sujet de 2012)

• Vous êtes assistant de service social dans un conseil général en polyvalence de secteur et êtes confronté à de multiples situations d'endettement et de surendettement. Pour apporter des réponses aux besoins des personnes, tant du point de vue de la prévention que de l'accompagnement, quelles ressources institutionnelles et partenariales allez-vous mobiliser pour contribuer à la construction d'un projet territorialisé ? (sujet de 2013)

• Vous intervenez dans un service social en faveur des étudiants. Vous avez repéré qu'un grand nombre de jeunes ne semblent pas très soucieux de leur état de santé. Quelles ressources institutionnelles et partenariales allez-vous mobiliser pour contribuer à la construction d'un projet global visant à l'accès aux soins de cette population ? (sujet de 2014)

b. Remarques générales

La question est contextualisée. Elle concerne :

– un assistant de service social situé dans un service et un organisme déterminés (polyvalence de secteur dans un conseil départemental, service de soins de suite et de réadaptation dans un hôpital...) ou dans un territoire particulier (zone prioritaire de la politique de la ville par exemple) ;

– un public avec une problématique précise (femmes victimes de violences, personnes en situation de surendettement, accès aux soins des étudiants...).

La consigne est formulée de façon variable et porte sur :

– les actions ou interventions de l'assistant de service social ;

– la participation à la construction et/ou à la mise en œuvre d'un projet global ou territorial ;

– la mobilisation d'un réseau ou de ressources institutionnelles et partenariales.

2. Les compétences attendues

a. L'implication dans les dynamiques institutionnelles et partenariales

N'oublions pas l'intitulé de l'épreuve : connaissances des politiques sociales et implication dans les dynamiques institutionnelles et partenariales. Si les questions 1 et 2 font davantage appel à l'aspect connaissances, la question 3 s'intéresse plus particulièrement à la seconde partie du titre de l'épreuve.

La réponse doit donc mettre en évidence l'implication du candidat dans un travail d'équipe, partenarial et en réseau. L'assistant de service social ne travaille jamais seul. Cette dimension est donc obligatoire même si cela n'est pas précisé dans la consigne.

b. L'intervention professionnelle

La question 3 est une mise en situation professionnelle puisque le candidat doit se situer en tant qu'assistant de service social dans un contexte précis. Mais il ne faut pas confondre cette épreuve avec celle du dossier de pratiques professionnelles du DC1. Il ne s'agit pas de présenter une situation sociale individuelle ou de groupe.

Comme le précise la note de cadrage de la DGCS de janvier 2010 :

> « La mise en cadre professionnel n'a pas pour but de faire une analyse de situation, ni de développer une action type ISAP ou ISIC. Elle est un cadre facilitant l'exposé de possibles actions dans le but de démontrer les voies multiples de cette politique sociale. Elle démontre l'étendue de son potentiel de services. Il n'y a pas lieu d'identifier des personnes, de dérouler un « cas papier «. Lorsque l'étudiant a des expériences personnelles de cette politique sociale, il utilise ces données pour les monter en généralité et aller au-delà d'une seule variation de cette application. »

c. Le positionnement professionnel

Il s'agit de préciser la place de l'assistant de service social dans les dispositifs de l'action sociale, en mettant en valeur celle de la personne ou des groupes, le respect de l'éthique et de la déontologie, la prise en compte de l'appartenance institutionnelle avec la dimension du travail en équipe.

La réponse à la question 3 laisse une place à la créativité du candidat, à ses expériences personnelles, à son positionnement professionnel. C'est pourquoi, il est essentiel de rédiger la réponse en utilisant la première personne du singulier, je, afin de partager son propre positionnement. C'est une réponse personnelle qui est attendue.

Le contenu de la réponse à la question 3 comprend, en principe, les trois éléments suivants :
- les missions du service social ;
- l'évaluation globale ou le diagnostic territorial ;
- les interventions professionnelles.

Nous développons ci-après ces trois points.

3. Les missions de l'assistant de service social

a. Les différents services sociaux

Il faut être en capacité de décliner les principales missions du service social dans lequel doit se situer le candidat et non pas celles de l'institution qui ont en principe été présentées dans la partie sur les acteurs. Cette présentation n'est jamais précisée dans la consigne mais elle est nécessaire. Cela implique de bien connaître les missions des principaux services sociaux et notamment :
- le service social de polyvalence de secteur ;
- le service social en faveur des élèves ;

– le service social hospitalier ;
– le service social d'entreprise ;
– les services sociaux des établissements et services du secteur médico-social ;
– …

b. Quelques exemples

➲ Polyvalence de secteur

• Accueil, information et orientation des usagers du secteur.

• Accès aux droits et aux dispositifs sociaux (fonds de solidarité logement, revenu de solidarité active...).

• Prévention et protection des mineurs en danger et des personnes vulnérables.

• Lutte contre les exclusions, la pauvreté et la précarité (accès aux soins et à la santé, lutte contre les expulsions, accès et maintien dans un logement ou un hébergement, prévention et lutte contre le surendettement, accès à la culture et à la citoyenneté).

• Insertion sociale et professionnelle en vue de favoriser l'autonomie.

➲ Service social en faveur des élèves

• Accueil, information et orientation des élèves de l'enseignement secondaire.

• Construction du projet personnel, social et professionnel de l'élève.

• Protection des mineurs en danger.

• Adaptation et orientation scolaire des élèves en difficulté.

• Prévention des exclusions et des conduites à risques, lutte contre l'échec scolaire et l'absentéisme.

• Inclusion scolaire des élèves porteurs de handicaps.

• Aide à la répartition des fonds sociaux (fonds social lycéen...).

➲ Service social hospitalier

• Accueil, information et orientation des patients hospitalisés et de leur famille.

• Accès aux droits sociaux (ouverture de droits à l'assurance maladie-maternité, accès à une mutuelle...) et aides financières pour les frais restant à charge (forfait hospitalier, ticket modérateur).

• Accès aux soins des plus démunis dans le cadre de la loi d'orientation relative à la lutte contre les exclusions du 29 juillet 1998 (accès à une protection sociale, prise en charge permettant la continuité des soins).

• Protection des personnes vulnérables.

• Accompagnement psychosocial durant l'hospitalisation en ce qui concerne les problématiques sociales et professionnelles engendrées par la maladie, le handicap et l'hospitalisation.

• Accompagnement en vue du retour à domicile (adaptation du logement et de l'habitat, mise en place d'un service de MAD ou d'une HAD, demande d'APA).

• Accompagnement vers un autre établissement de soins ou d'hébergement à la sortie de l'hôpital (SSR, ULSD, EPS, EHPAD, CHRS...).

⊃ Service social d'entreprise

• Accueil, information et orientation des salariés nouvellement embauchés.

• Accompagnement psychosocial en cas de problématiques professionnelles : accès à la formation, reprise d'activité après un arrêt prolongé, reclassement professionnel, invalidité, insertion professionnelle des travailleurs handicapés, adaptation et aménagement du poste de travail, problèmes de santé et d'addiction, difficultés relationnelles au sein d'une équipe, stress professionnel, départ en retraite...

• Accompagnement psychosocial en cas de problématiques personnelles pouvant avoir des incidences sur la vie professionnelle (ruptures affectant la vie familiale, recherche de logement, difficultés financières et budgétaires et surendettement, conciliation de la vie familiale et professionnelle, loisirs et vacances, accès à la protection sociale).

• Prévention des risques professionnels liés à des difficultés sociales et médico-sociales.

• Expertise sociale et appui technique auprès de la DRH.

• Médiation entre les différents acteurs institutionnels et veille sociale afin d'améliorer les conditions de travail.

À noter

Il est conseillé de décliner l'ensemble des missions principales du service, même celles sans lien direct avec la consigne.

4. L'évaluation globale ou le diagnostic territorial

a. La notion de projet global

Quelle que soit la formulation de la consigne, que l'on précise ou non la notion de projet, de diagnostic, d'équipe institutionnelle, de réseau ou de partenariat, il est indispensable de présenter un projet global ainsi que les acteurs internes ou externes sollicités.

Avant de présenter les actions professionnelles possibles, il convient de mettre en évidence sa capacité à analyser la problématique et le contexte territorial. Cela revient à répondre aux questions suivantes :
- quel est le contexte d'intervention ?
- qui est le public concerné ?
- sur quoi porte l'évaluation ?
- dans quelles conditions s'effectue l'évaluation, et avec qui ?

b. Le contexte territorial d'intervention

Le contexte d'intervention implique de situer le territoire d'intervention.

Il convient de partir des données de la consigne qui inscrit l'action dans le cadre d'un département, d'une commune, d'une circonscription d'action sociale, d'un établissement ou d'un service particulier…

La question 3 peut parfois situer l'intervention dans un territoire particulier (urbain ou rural, dans une zone de la politique de la ville...). À partir de là, il faut s'appuyer sur ses connaissances, et éventuellement sur les documents joints en annexes, pour préciser succinctement les caractéristiques générales du territoire (en montrant, par exemple, ce que signifie être dans une ZEP pour un établissement scolaire).

c. Le public concerné

Il est nécessaire d'évaluer la demande globale, de déterminer les principaux besoins des usagers ou des habitants du territoire, et de mettre en valeur leurs ressources et leurs difficultés induites par la problématique dont il est question.

Il est possible de s'appuyer sur ses connaissances et sur les documents joints en annexes (données statistiques, démographiques, économiques, psychosociologiques...) pour présenter rapidement les potentialités sur lesquelles s'appuyer et les principales difficultés auxquelles est confronté le public (il faut, par exemple, montrer ce que signifie être en situation de surendettement).

d. L'élaboration du diagnostic

En fonction du sujet, il est également possible de se référer à des documents qui présentent déjà un diagnostic comme les schémas et les programmes départementaux (schéma gérontologique, schéma de la protection de l'enfance, plan départemental d'accès au logement des personnes les plus démunies...), ainsi que les travaux des observatoires nationaux ou départementaux (Observatoire national de la pauvreté et de l'exclusion sociale, Observatoire national de l'enfance en danger, observatoire départemental de la protection de l'enfance...).

e. Les modalités de l'évaluation

Cela renvoie à la notion de diagnostic partagé. Le diagnostic territorial est élaboré et partagé avec certains acteurs à déterminer à partir de la réponse à la question 2 :

– les professionnels de l'équipe de l'institution, les autres services institutionnels avec qui l'assistant de service social collabore généralement (comme l'Aide sociale à l'enfance et la Protection maternelle et infantile pour l'assistant de service social de polyvalence en conseil départemental) ;

– les principales institutions partenaires et leurs professionnels ;

– l'usager et son environnement.

Le partage du diagnostic implique de préciser dans quel cadre celui-ci s'effectue : respect de l'éthique et de la déontologie professionnelles, du secret professionnel, des règles de partage d'informations à caractère secret... (Se reporter au chapitre 8 de la partie 2.)

5. Les interventions professionnelles

a. Le référentiel d'activités

Pour développer des exemples d'interventions professionnelles, il est possible de s'appuyer sur les stages mais aussi sur le référentiel d'activités des assistants de service social défini dans l'annexe 1 de l'arrêté du 29 juin 2004 relatif au DEASS. Il décline six fonctions correspondant à des activités professionnelles, qu'il est possible d'illustrer en les adaptant à la consigne de la question 3.

Fonctions	Activités
Accueil, évaluation, information, orientation	• Entrer en relation/se mettre à disposition d'une personne et recueillir des éléments de connaissance permettant la compréhension de sa demande. • Informer la personne sur les procédures, les différents acteurs, l'accès aux droits et à la santé. • Évaluer la situation en tenant compte des potentialités de la personne et de son environnement. • Orienter la personne soit vers un service interne, soit vers l'extérieur en fonction du diagnostic posé.
Accompagnement social	• Apporter une aide à la personne en favorisant ses propres ressources et celle de son environnement (famille, milieu de travail...). • Co-élaborer un plan d'action avec la personne en coordonnant les différentes démarches, en tenant compte de ses ressources, de son environnement, des moyens de l'institution. • Négocier un contrat d'action avec la personne et en organiser le suivi. • Rechercher et mobiliser les moyens, coordonner, articuler le travail d'accompagnement en lien avec différents acteurs. • Évaluer avec la personne l'impact des actions et les ajuster en conséquence. • Rédiger des écrits professionnels, organiser, classer, transmettre dans le respect du droit et de la réglementation en vigueur.

Médiation	• Participer à la régulation sociale ou familiale de situations de tension ou de dysfonctionnement. • Négocier pour les personnes auprès des associations, des institutions, des services publics. • Assurer un rôle d'interface entre la personne et les institutions intégrant les logiques institutionnelles et individuelles.
Veille sociale **Expertise** **Formation**	• Assurer la veille documentaire. • Recueillir, classer, synthétiser, analyser des données sociales sur un secteur d'intervention. • Rédiger des rapports d'activité. • Faire des propositions et participer à la mise en œuvre de la politique d'action sociale de l'organisme employeur. • Apporter un éclairage social et donner un avis d'expert à l'autorité de décision. • Contribuer à l'élaboration de documents à destination des partenaires sur les effets constatés concernant l'application des dispositifs, les pratiques administratives ou l'émergence de nouveaux phénomènes. • Actualiser ses connaissances et développer des compétences dans le cadre de la formation continue.
Conduite de projets **Travail avec** **les groupes**	• Mettre en place des actions de prévention des risques sanitaires et sociaux. • Repérer les besoins et/ou intérêts communs de plusieurs personnes et les mobiliser sur une problématique commune. • Impulser, mettre en œuvre des projets d'intérêt collectif dans lesquels les usagers sont au cœur du partenariat. • Analyser, évaluer les effets de ces actions. • Contribuer au soutien des groupes dans le cadre d'une démarche de développement social local.
Travail en réseau	• Apporter un appui spécifique à des professionnels du champ éducatif/social ou médico-social. • Participer à des instances de concertation, de décision et de planification en matière d'hébergement, de logement, d'insertion sociale et professionnelle, de santé, de lutte contre les exclusions et de toute problématique concernant le champ social. • Établir des relations et mettre en relation l'ensemble des intervenants de l'environnement des groupes sociaux. • Coordonner des travaux avec les institutions et les professionnels et/ou contribuer à un diagnostic partagé avec les partenaires. • Représenter par délégation son institution auprès des partenaires.

b. La présentation des actions

Il ne s'agit pas de reprendre chacune des fonctions et encore moins chacune des activités, mais de choisir les actions les plus pertinentes et les plus fréquentes en fonction de la problématique dont il est question et en fonction du service dans lequel est situé l'assistant de service social.

Voici quelques exemples.

Fonctions	Activités
Accueil, évaluation, information, orientation	• Accès aux droits : accès à la couverture maladie universelle (CMU), à l'aide médicale d'État (AME) dans une permanence d'accès aux soins de santé (PASS) pour l'accès aux soins des plus démunis. • Information : réunions d'information sur la procédure d'agrément d'assistant familial dans un service d'aide sociale à l'enfance (ASE). • Orientation : en établissement et service d'aide par le travail (ESAT) ou en milieu ordinaire de travail à la sortie d'un jeune en institut médico-professionnel (IMPRO).
Accompagnement social	• Co-élaboration et négociation du plan d'action : plan d'aide de l'allocation personnalisée d'autonomie (APA) avec la personne âgée dépendante et sa famille, contrat d'insertion du revenu de solidarité active (RSA), projet de vie avec la personne handicapée. • Rédiger des écrits professionnels : demandes d'aides financières en polyvalence de secteur, informations préoccupantes à l'ASE.
Médiation	• Interface : entre la personne handicapée et la maison départementale des personnes handicapées (MDPH), entre un locataire et son bailleur. • Régulation et négociation : entre un adolescent et sa famille à l'ASE.
Veille sociale **Expertise** **Formation**	• Veille documentaire : actualisation des connaissances en matière de droit des étrangers. • Proposition à l'organisme employeur : remontée des besoins au conseil départemental et participation à l'élaboration du schéma départemental d'action sociale. • Éclairage social : auprès du médecin en service social hospitalier, des enseignants en service social en faveur des élèves.
Conduite de projets **Travail avec les groupes**	• Action de prévention : prévention du surendettement dans le cadre d'ateliers avec un conseiller en économie sociale et familiale (CESF) en polyvalence de secteur. • Travail avec les groupes : constitution de groupes d'échange de parole entre parents d'enfants handicapés en institut médico-éducatif (IME) ou en service d'éducation spéciale et de soins à domicile (SESSAD). • Développement social local : contribution à la création d'une « épicerie sociale » dans le cadre de la lutte contre la précarité.
Travail en réseau	• Participation aux instances de décision : équipe pluridisciplinaire de la MDPH, système intégré d'accueil et d'orientation (SIAO), commission enfance. • Mise en relation des intervenants : constitution d'un réseau départemental d'assistants sociaux intervenant en établissements médico-éducatifs.

À noter

Il convient de veiller à :

– situer ces actions dans le cadre d'un travail d'équipe et partenarial en précisant avec qui elles sont effectuées ;

– structurer la présentation de ces différentes actions dans un plan cohérent.

Pour en savoir +...

Ouvrages sur le service social et les travailleurs sociaux

- BOUQUET Brigitte et GARCETTE Christine, *Profession : assistant de service social*, Maloine, 6e éd., 2014.
- LE BOUFFANT Chantal et GUELAMINE Faïza, *Le Travail d'assistante sociale*, Dunod, 3e éd., 2012.
- LEMOINE Rachel et ROLLAND Marie, *Devenir assistant de service social*, ESF, 2009.
- RAVON Bernard et ION Jacques, ***Les Travailleurs sociaux***, La Découverte, 8e éd., 2012.

Articles de la revue Lien social

- « Être assistant social à l'hôpital », n° 947, octobre 2009.
- « Quel avenir pour la polyvalence de secteur ? », n° 708, mai 2004.
- « Une journée en service de polyvalence de secteur », n° 712, juin 2004.

Ouvrages sur le travail en partenariat et en réseau

- DHUME-SONZOGNI Fabrice, *Du travail social au travail ensemble : le partenariat dans le champ des politiques sociales*, ASH, 2010.
- FOURDRIGNIER Marc, « Développer le travail en partenariat ou en réseau dans le secteur social », marc-fourdrignier.fr, 2011.
- JAEGGER Marcel, « Travail en réseau et logiques de territoire », *Les Cahiers de l'Actif*, n° 324/325, 2003.
- VIDALENC Elisabeth, *Le Défi du partenariat dans le travail social*, L'Harmattan, 2002.

Partie 2

Les acteurs et leurs obligations

Il est important de distinguer trois niveaux d'acteurs :
– les institutions, les personnes morales publiques et privées ;
– les établissements et services, les structures gérées par les institutions ;
– les professionnels qui exercent dans ces établissements et services, ainsi que les personnes qui y sont accueillies et accompagnées.

Le **premier niveau** concerne les acteurs institutionnels qui sont des personnes morales publiques et privées. Ils décident et mettent en œuvre les politiques sociales. Le chapitre 1 définit la notion de personnalité morale et présente les différentes catégories de personnes morales publiques et privées qui interviennent dans le secteur sanitaire, social et médico-social. Les chapitres 2 à 5 détaillent les missions sanitaires et sociales de certaines de ces personnes publiques et privées que sont l'État, le département, le centre communal d'action sociale (CCAS) et la caisse d'allocations familiales (CAF).

Le **deuxième niveau** concerne les établissements et services sociaux et médico-sociaux créés et gérés par les acteurs institutionnels publics et privés et qui ne possèdent pas la personnalité morale. Le chapitre 6 énumère les différentes catégories d'établissements et de services ainsi que leurs modalités de fonctionnement et plus particulièrement leurs conditions de création, de tarification et de financement.

Le **troisième niveau** concerne les professionnels qui travaillent au sein des institutions publiques et privées, des établissements et services sanitaires, sociaux et médico-sociaux. Le chapitre 7 présente les différentes catégories de professionnels avec qui l'assistant de service social est amené à travailler et, plus particulièrement, les professions sanitaires et sociales et les professionnels de la justice. Le chapitre 8 aborde la notion de secret professionnel et de partage d'informations, notion fondamentale dans le cadre du travail d'équipe et partenarial. Le chapitre 9 est consacré aux usagers, principaux acteurs des politiques sociales, et à leurs droits.

Les acteurs sont évoqués de façon récurrente dans les politiques sociales, c'est pourquoi ils sont traités avant la présentation de ces politiques.

1 Les institutions

1. Définitions

a. La notion de personne morale

Une personne morale est un groupement de personnes à qui le droit français reconnaît la capacité juridique.

La capacité juridique implique que la personne morale a une identité, une nationalité et une adresse comme une personne physique. Mais surtout, cela implique la capacité de jouissance et d'exercice de droits (droit de contractualiser, d'agir en justice, de recevoir des dons, d'acheter, de vendre, d'embaucher du personnel...) et la mise en jeu possible de la responsabilité civile et pénale, comme pour une personne physique.

Il existe deux grandes catégories de personnes morales :
- les personnes morales régies par le droit public, autrement dit les personnes publiques ;
- les personnes morales régies par le droit privé, autrement dit les personnes privées.

b. Les différentes personnes publiques et privées

Dans le secteur sanitaire, social et médico-social, les personnes morales concernées sont les institutions suivantes.

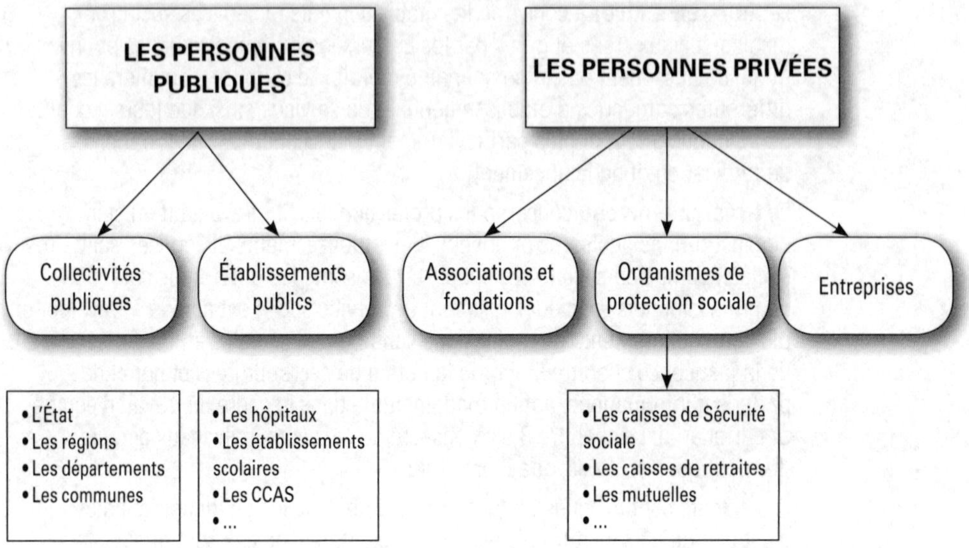

2. Les collectivités publiques

a. Définitions

Les collectivités publiques sont des **personnes morales de droit public**. En France, depuis les lois de décentralisation de 1982 et 1983, il existe une collectivité publique nationale, l'État, et trois collectivités publiques territoriales :

- les régions ;
- les départements ;
- les communes.

À noter

Certaines collectivités ont un statut dérogatoire du droit commun :
– la Martinique, la Guadeloupe, la Guyane, la Réunion et Mayotte sont des DROM (départements et régions d'outre-mer) ;
– Saint-Pierre-et-Miquelon, la Polynésie française, Wallis-et-Futuna, la Nouvelle-Calédonie et les Terres australes et antarctiques françaises sont des PTOM (pays et territoires d'outre-mer).

b. L'État et les départements

Les missions et l'organisation de l'État et du département, notamment dans les domaines sanitaire, social et médico-social, sont développées dans les deux chapitres suivants.

c. Les régions

Depuis mars 2015, la France compte 13 régions en métropole et 5 régions en outre-mer. Dans chaque région, on trouve :

- une assemblée délibérante, le conseil régional, qui est élue au suffrage universel pour 6 ans ;
- un exécutif, le président du conseil régional, qui est élu par le conseil régional en son sein.

Les différentes lois de décentralisation ont conféré **trois grandes compétences** aux régions :

- le développement économique (aménagement du territoire, aides aux entreprises, gestion des transports régionaux...) ;
- la culture, le tourisme, la protection du patrimoine et de l'environnement ;
- l'éducation et la formation professionnelle (financement de la formation professionnelle continue, de l'apprentissage et des formations en alternance, construction et gestion des lycées). C'est à ce titre que les régions financent notamment les centres de formation en travail social.

À noter

La région n'a pas de compétence particulière en matière d'action sanitaire, sociale et médico-sociale. Il faudra cependant penser qu'il s'agit d'un acteur important en matière de formation et donc d'insertion professionnelle.

d. Les communes

La France compte plus de 36 000 communes. Dans chaque commune, on trouve :
- une assemblée délibérante, le conseil municipal, qui est élue au suffrage universel direct pour 6 ans ;
- un exécutif, le maire, qui est élu par le conseil municipal en son sein.

Les communes exercent les compétences suivantes :
- éducation (construction et gestion des écoles maternelles et primaires) ;
- culture (construction et gestion des bibliothèques, des conservatoires et des musées municipaux) ;
- transports (construction et entretien de la voirie municipale) ;
- urbanisme (délivrance des permis de construire, élaboration des plans locaux d'urbanisme) ;
- action sociale (mise en place d'un centre communal d'action sociale).

À noter

Le maire est également officier de police judiciaire (OPJ). À ce titre, il doit mettre en place des services d'état civil, organiser les élections municipales et la tenue des listes électorales. Il peut réglementer la voierie municipale et est garant du maintien de l'ordre public. Il joue un rôle important dans la prévention de la délinquance sur le plan local.

Le projet de loi NOTRe (nouvelle organisation du territoire de la République), en débat au moment de la rédaction de cet ouvrage, prévoit des modifications dans la répartition des compétences entre les différentes collectivités publiques.

3. Les établissements publics

a. Définition

Un établissement public est une **personne morale de droit public** qui assure une mission de service public. Il existe des établissements publics :
- nationaux qui dépendent de l'État, comme la Caisse nationale de solidarité pour l'autonomie (CNSA) ;

– régionaux qui dépendent des régions, comme les lycées, les centres hospitaliers régionaux... ;
– départementaux qui dépendent des départements, comme les collèges ;
– municipaux qui dépendent des communes, comme les écoles maternelles et primaires, les centres communaux d'action sociale (CCAS)...

La collectivité publique de rattachement est sans rapport avec la zone de compétences de l'établissement public. Les établissements publics fonctionnent selon le principe de spécialité : ils n'ont pas d'autres compétences que pour les domaines que la loi leur attribue. Ils sont contrôlés par la collectivité publique dont ils dépendent mais disposent d'une autonomie financière (ils ont un budget propre) et administrative (ils ont leur propre conseil d'administration).

À noter

Nous développons les missions et l'organisation du CCAS dans le chapitre 4 de la partie 2.

b. Les établissements publics de coopération intercommunale (EPCI)

Depuis la loi de réforme des collectivités territoriales du 16 décembre 2010 et la loi de modernisation de l'action publique territoriale et d'affirmation des métropoles (MAPTAM) du 27 janvier 2014, les communes sont incitées à se regrouper dans des établissements publics de coopération intercommunale (EPCI).

Les EPCI peuvent prendre **six formes juridiques différentes** :
– les syndicats de communes ;
– les syndicats d'agglomération nouvelle ;
– les communautés urbaines ;
– les communautés de communes ;
– les communautés d'agglomération ;
– les métropoles comme Paris, Lyon et bientôt Marseille.

L'appartenance à un EPCI, quelle que soit sa forme, est désormais obligatoire pour toutes les communes, quelle que soit leur taille.

4. Les associations et les fondations

Les associations et les fondations sont des personnes morales privées à but non lucratif.

a. Le statut juridique des associations

Elles sont régies par la loi du 1er juillet 1901 (à l'exception des associations d'Alsace et de Moselle régies par la loi allemande de 1908) qui les définit ainsi :

> « L'association est la convention par laquelle deux ou plusieurs personnes mettent en commun, d'une façon permanente, leurs connaissances ou leur activité dans un but autre que de partager les bénéfices. »
> Cette loi pose le principe de la liberté associative :
> « Les associations de personnes pourront se former librement sans autorisation ni déclaration préalable. »

Cela signifie qu'il n'y a aucune autorisation à demander pour se constituer en association, que les associations ne sont pas obligées de se déclarer. Il est donc possible d'être une « association de fait » qui ne possède pas la capacité juridique.

Cependant, pour avoir la capacité juridique, il faut effectuer une déclaration préalable à la préfecture du département où l'association a son siège social, en déposant les statuts de l'association qui définissent son titre, son objet et son siège, ses administrateurs et ses modalités de fonctionnement. Cette démarche permet à l'association d'être une personne morale et donc de pouvoir recevoir des fonds publics, recruter du personnel, créer des équipements… Les associations sont gérées par des conseils d'administration.

À noter

> Certaines associations sont reconnues d'utilité publique (association RUP). Cette reconnaissance permet de recevoir des dons et des legs dans des conditions fiscales plus avantageuses. La RUP est accordée par décret en Conseil d'État.

b. Les différentes catégories d'associations

Il y a en France un peu plus d'un million d'associations que l'on peut répartir en trois grandes catégories.

Il existe tout d'abord des associations dont l'objet est d'**interpeller les pouvoirs publics** et de revendiquer afin que ces derniers apportent des réponses à une catégorie de personnes ou à une problématique particulière, comme l'association Droit au logement.

Les **associations caritatives**, quant à elles, font appel à l'opinion publique pour prélever des fonds afin de répondre elles-mêmes à des problématiques particulières, comme la Croix-Rouge française, le Secours catholique, les Restos du cœur.

Enfin, les **associations gestionnaires** gèrent des établissements et des services sociaux et médico-sociaux. Elles se sont souvent constituées pour pallier certaines carences des pouvoirs publics, comme les associations de parents d'enfants handicapés. Elles sont le plus souvent financées par les collectivités publiques ou les organismes de Sécurité sociale. Le secteur associatif est l'un des principaux acteurs dans le secteur social et médico-social. Selon l'Union nationale interfédérale des œuvres et organismes sanitaires et sociaux (UNIOPSS), les associations gèrent 90 % des structures pour enfants et adultes handicapés ou 65 % des structures de protection de l'enfance. Elles ont également la particularité d'être très professionnalisées avec près d'un million de salariés.

c. Les fondations

Les fondations sont régies par la loi du 23 juillet 1987 qui les définit comme :

> « Un acte par lequel une ou plusieurs personnes physiques ou morales décident l'affectation irrévocable de biens, droits ou ressources à la réalisation d'une œuvre d'intérêt général et à but non lucratif. »

Si l'association se caractérise par un regroupement de personnes exerçant une activité en commun, la fondation est avant tout une somme d'argent mise à disposition d'une cause. Elle ne comporte pas de membres, mais des donateurs.

Il n'y a pas de déclaration préalable en préfecture en ce qui concerne les fondations. Pour bénéficier de la capacité juridique, celles-ci doivent obtenir obligatoirement la reconnaissance d'utilité publique. Elles sont également gérées par des conseils d'administration.

À noter

La distinction entre une association et une fondation n'a d'intérêt que sur le plan juridique. En pratique, le fonctionnement des fondations gestionnaires d'établissements et de services est identique à celui des associations.

5. Les organismes de protection sociale

a. Les différents organismes de protection sociale

Il s'agit principalement :
- des caisses de Sécurité sociale ;
- des caisses de retraites complémentaires ;
- des caisses de mutuelles.

Ces organismes sont des personnes morales de droit privé (à l'exception des caisses nationales qui sont des établissements publics).

b. Les caisses de Sécurité sociale

La Sécurité sociale est organisée en différents régimes. Chaque régime concerne une catégorie particulière de travailleurs :
– **régime général** pour les salariés du secteur industriel et commercial ;
– **régime agricole** pour les employeurs et les salariés du secteur agricole ;
– **régime social** des indépendants (RSI) pour les employeurs du secteur industriel et commercial et les professions libérales ;
– **régimes spéciaux** pour les fonctionnaires, les employés de la Banque de France, les mineurs, les marins…

Nous ne présentons que les caisses du régime général.

	Branche maladie	Branche vieillesse	Branche famille
Niveau national	**CNAM** (Caisse nationale d'assurance maladie) • Gestion de la branche maladie du régime général de la Sécurité sociale	**CNAV** (Caisse nationale d'assurance vieillesse) • Gestion de la branche vieillesse du régime général de la Sécurité sociale	**CNAF** (Caisse nationale d'allocations familiales) • Gestion de la branche famille de la Sécurité sociale
Niveau régional	↓	**CARSAT** (Caisse d'assurance retraite et de santé au travail) • Versement des prestations vieillesse et accidents du travail • Action sociale en direction des retraités et prévention des accidents du travail	↓
Niveau déptal			**CAF** (Caisse d'allocations familiales) • Versement des prestations familiales • Versement de prestations pour le compte de l'État et du département • Action sociale en direction des allocataires
Niveau local	**CPAM** (Caisse primaire d'assurance maladie) • Versement des prestations d'assurance • Gestion de la couverture maladie universelle • Action sociale en direction des assurés sociaux		

En Île-de-France, c'est la caisse régionale d'assurance maladie d'Île-de-France (CRAMIF) qui exerce les fonctions des CARSAT.

L'organisation et la dénomination des caisses sont différentes en Alsace et dans les départements d'outre-mer.

À noter

Les missions et l'organisation de la CAF sont développées dans le chapitre 5.

c. Les caisses de retraites complémentaires

Ces caisses versent des retraites complémentaires aux bénéficiaires d'une retraite de base versée par un régime de Sécurité sociale. Elles sont regroupées en **deux fédérations** :
- l'Association pour le régime de retraite complémentaire des salariés (ARRCO) ;
- l'Association générale des institutions de retraite des cadres (AGIRC).

À noter

Les caisses de mutuelle sont régies par le Code de la mutualité. Elles versent des prestations en complément de celles versées par la Sécurité sociale. Elles prennent notamment en charge tout ou partie des frais de santé non remboursés par la Sécurité sociale.

6. Les groupements de personnes morales

a. Les groupements d'intérêt public (GIP)

Créés par la loi du 15 juillet 1982, les GIP sont des **personnes morales de droit public** qui regroupent des collectivités publiques et des personnes morales privées (organismes de protection sociale et associations par exemple) dans le but de poursuivre ensemble des objectifs communs et d'exercer pour une durée limitée des activités dans le domaine sanitaire, social ou médico-social.

Sont actuellement organisés sous la forme d'un GIP, les maisons départementales des personnes handicapées (MDPH), le SAMU de Paris et le GIPED (GIP de l'enfance en danger) qui regroupe l'Observatoire national de l'enfance en danger (ONED) et le service national d'accueil téléphonique de l'enfance en danger (SNATED).

b. Les groupements d'intérêt économique (GIE)

Créés par l'ordonnance du 23 septembre 1967, les GIE sont des **personnes morales privées** qui regroupent des personnes physiques et morales publiques et privées afin de développer en commun une activité économique (organisation d'un colloque par exemple) afin d'améliorer ou d'accroître cette activité.

c. Les groupements de coopération sociale et médico-sociale (GSMS)

Créés par la loi de rénovation sociale du 2 janvier 2002, les GSMS sont des outils de coopération qui permettent à différents acteurs du secteur social et médico-social de mutualiser une partie de leurs actions, de leurs moyens et de leurs équipements et services. Cette forme de coopération vise à rompre l'isolement de certains acteurs, à améliorer la qualité des interventions et à favoriser une prise en charge plus globale des usagers. Le GSMS peut rassembler des personnes physiques, des établissements et des services ou des personnes morales.

La nature juridique du GSMS varie en fonction du statut de ses membres : public s'il ne comprend que des membres de droit public, privé s'il ne comprend que des membres de droit privé, public ou privé au choix du GSMS s'il comprend à la fois des membres de droit public et privé.

À noter

N'oublions pas les sociétés civiles ou commerciales qui peuvent également être des acteurs du secteur sanitaire ou social. En effet, certaines entreprises peuvent gérer des établissements ou services s'adressant à des populations concernées par l'action sanitaire et sociale. Il existe donc des cliniques, des structures pour personnes âgées ou handicapées privées à but lucratif.

Les entreprises peuvent créer un service social ou adhérer à un service social inter-entreprises. Il en est de même pour certains grands comités d'entreprise.

Pour en savoir + ……

- CAMBERLEIN Philippe, *Le Dispositif de l'action sociale et médico-sociale*, Dunod, 2011.
- DUBOIS-POT Jean-Pierre, *Le Cadre institutionnel de l'action sociale : qui fait quoi ?*, ASH, 2011.
- LAFORE Robert et al., *Faire société : les associations de solidarité par temps de crise*, Dunod, 2010.
- LOCHEN Valérie, *Comprendre les politiques sociales*, Dunod, 2010.
- PRIOU Johan, DEMOUSTIER Séverine, *Institutions et organisation de l'action sociale et médico-sociale*, Dunod, 2013.

2 L'État

1. Rappels sur l'organisation administrative générale de l'État

L'État, collectivité publique nationale, intervient à trois niveaux :

– le **niveau central** avec les ministères et les directions générales ;

– le **niveau régional** avec les préfets de régions et les directions régionales ;

– le **niveau départemental** avec les préfets de départements et les directions départementales.

L'intervention aux niveaux régional et départemental constitue ce que l'on appelle l'administration déconcentrée de l'État, qui applique sur le plan territorial la politique décidée sur le plan national.

a. L'administration centrale de l'État

La dénomination, le nombre et les compétences des ministères ne sont pas fixés par la Constitution française de 1958, mais varient en fonction de chaque gouvernement. En 2015, on compte 17 ministères dans le gouvernement de Manuel Valls.

Chaque ministère est composé de plusieurs grandes directions générales subdivisées en différents services.

b. L'administration régionale de l'État

Le préfet de région est le représentant de l'État sur le plan régional. Six directions régionales sont placées sous son autorité :

– la direction régionale des finances publiques (DRFIP) ;

– la direction régionale de l'alimentation, de l'agriculture et de la forêt (DRAAF) ;

– la direction régionale des affaires culturelles (DRAC) ;

– la direction régionale de l'environnement, de l'aménagement du territoire et du logement (DREAL) ;

– la direction régionale de la jeunesse, des sports et de la cohésion sociale (DRJSCS) ;

– la direction régionale des entreprises, de la concurrence, de la consommation, du travail et de l'emploi (DIRECCTE).

Sont également placés sous l'autorité du préfet de région l'agence régionale de santé (ARS) et le rectorat.

c. L'administration départementale de l'État

Le préfet de département est le représentant de l'État sur le plan départemental. **Cinq directions départementales** sont placées sous son autorité :
– la direction départementale des finances publiques (DDFIP) ;
– la direction départementale de la protection des populations (DDPP) ;
– la direction départementale des territoires (DDT) ;
– la direction départementale de la cohésion sociale (DDCS) ;
– la délégation départementale de l'agence régionale de santé (DDARS).

L'inspection académique dépend aussi du préfet du département.

À noter

L'État, pris dans le sens de collectivité publique, prend toujours une majuscule.

2. L'action sanitaire et sociale de l'État : l'administration centrale

a. Le ministère des Affaires sociales et de la Santé

L'État définit sa politique sanitaire et sociale au sein du (ou des) ministère(s) concerné(s). En 2015, il y a un seul grand ministère qui regroupe les Affaires sociales, la Santé et les Droits des femmes.

b. Les services centraux de l'action sanitaire et sociale

Le ministère comprend 21 services parmi lesquels :
– pour les affaires sociales, l'Observatoire national de la pauvreté et de l'exclusion sociale (ONPES), l'Inspection générale des affaires sociales (IGAS) et la Direction générale de la cohésion sociale (DGCS) ;
– pour la santé, le Haut Conseil de la santé publique (HCSP), l'Observatoire national de la démographie des professions de santé, la Direction générale de l'offre de soins (DGOS), la Direction de la Sécurité sociale (DSS) et la Direction générale de la santé (DGS) ;
– pour les droits des femmes, le Conseil supérieur de l'égalité professionnelle entre les femmes et les hommes et la Mission interministérielle pour la protection des femmes contre les violences et la lutte contre les êtres humains ;
– la Direction de la recherche, des études, de l'évaluation et des statistiques (DREES).

3. L'action sanitaire et sociale de l'État : l'administration déconcentrée

a. Le niveau régional

Dans chaque région, on trouve :

Préfet de région

→ **DRJSCS**
Direction régionale de la jeunesse, des sports et de la cohésion sociale

→ **ARS**
Agence régionale de santé

La DRJSCS est issue de la Réforme générale des politiques publiques (RGPP), initiée dès 2007, et regroupe d'anciennes directions comme la direction régionale des affaires sanitaires et sociales (DRASS). Elle assure le pilotage des affaires sociales sur le plan régional.

L'ARS a été créée par la loi Hôpital, patients, santé, territoire (HPST) du 21 novembre 2009 afin d'assurer le pilotage unifié des politiques de santé sur le plan régional.

Il convient de distinguer les missions respectives des DRJSCS et des ARS.

Missions de la DRJSCS

Secteur social :

- Prévention et lutte contre les exclusions
- Protection des personnes vulnérables
- Hébergement
- Travail protégé des adultes handicapés
- Politique de la ville
- Prévention des discriminations et promotion de l'égalité des chances

Sports, jeunesse, vie associative et éducation populaire

Formation et certification des professions sociales, paramédicales et sportives

Missions de l'ARS

Santé publique :

- Organisation de la veille et de la sécurité sanitaire
- Définition, financement et évaluation des actions de prévention et de promotion de la santé
- Anticipation et gestion des crises sanitaires

Régulation du secteur sanitaire et médico-social :

Autorisation de création, financement, contrôle et évaluation du fonctionnement des établissements et services de santé (hôpitaux et médecine ambulatoire) et médico-sociaux (établissements et services pour personnes âgées et handicapées)

Formation et certification des professions de santé

b. Le niveau départemental

Dans chaque département, on trouve :

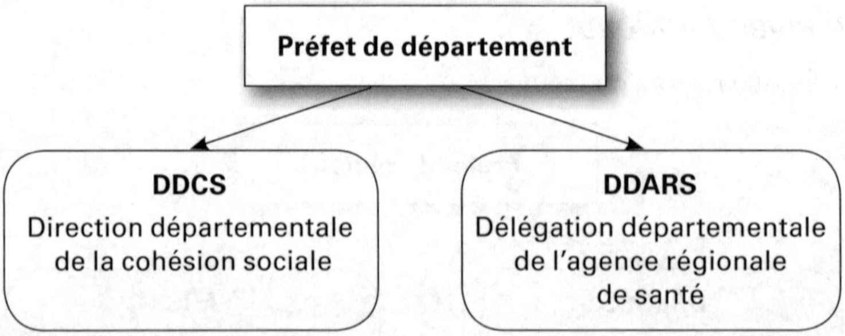

Les DDCS et les DDARS mettent en œuvre les compétences des DRJSCS et des ARS dans chaque département.

À noter

La DRJSCS et l'ARS ne sont pas des administrations régionales (c'est-à-dire relevant du conseil régional), mais des administrations de l'État déconcentrées sur le plan régional. De même, la DDCS et la DDARS ne sont pas des administrations départementales (c'est-à-dire relevant du conseil général), mais des administrations déconcentrées de l'État sur le plan départemental.

Pour en savoir +...

- Collectif, *Réforme de l'État : le big bang ? Regard sur l'actualité*, n° 360, La Documentation française, avril 2010.
- KADA Nicolas, *De la réforme territoriale à la réforme de l'État*, PUG, 2011.
- PALIER Bruno, *Les Réformes de l'État-providence*, PUF, 2011.

3 Les départements

1. Rappel sur l'organisation administrative générale des départements

a. Présentation générale

Le département est une collectivité territoriale. Il existe 101 départements dans lesquels on trouve :

– une assemblée délibérante, le conseil départemental (auparavant conseil général), élue au suffrage universel pour 6 ans lors des élections cantonales ;

– un exécutif, le président du conseil départemental, qui représente le département et est élu par le conseil général en son sein.

b. Les compétences des conseils départementaux

Elles sont déterminées par les lois de décentralisation de 1982 et 1983 :

– éducation (construction et entretien des collèges, emploi des agents administratifs, ouvriers et techniciens des collèges) ;

– culture : création et gestion des archives, bibliothèques et musées départementaux ;

– transports (construction et entretien de la voirie départementale, ports maritimes de pêche) ;

– aménagement rural (remembrement, aménagement foncier, gestion de l'eau et de la voirie rurale) ;

– sécurité (organisation des services d'incendie et de secours) ;

– environnement (gestion des déchets et ordures ménagères ;

– développement économique (aides aux entreprises) ;

– aide sociale et médico-sociale (voir ci-après).

À noter

Le projet de loi NOTRe (nouvelle organisation du territoire de la République) va sans doute modifier la répartition des compétences entre les régions, les départements et les EPCI (établissements publics de coopération intercommunale).

2. L'action sociale des conseils départementaux

a. Les missions obligatoires

La loi du 27 janvier 2004 consacre le département comme le « **chef de file** » **de l'action sociale**, de l'autonomie des personnes et de la solidarité des territoires. L'action sociale représente plus de la moitié des budgets de fonctionnement des conseils départementaux. Les compétences obligatoires des conseils départementaux sont les suivantes :

b. Les schémas départementaux

La loi de décentralisation du 22 juillet 1983 prévoit que chaque conseil départemental doit définir un schéma départemental qui définit la politique d'action sociale du département sur une durée de 5 ans. La loi de rénovation sociale du 2 janvier 2002 en définit le contenu :

– diagnostic territorial portant sur les besoins sociaux et médico-sociaux de la population ;
– état des lieux des ressources des équipements et des dispositifs du territoire ;
– objectifs à atteindre pour adapter les ressources du territoire aux besoins ;
– actions à mettre en œuvre et acteurs mobilisés ;
– critères d'évaluation des actions mises en œuvre.

Le plus souvent, les départements élaborent des schémas ou des plans départementaux spécialisés par domaine de compétences. En voici un exemple :

Compétences	Schémas ou plans départementaux
Polyvalence de secteur	Schéma départemental d'action sociale
Protection de l'enfance	Schéma départemental de protection de l'enfance en danger
Protection maternelle et infantile	Schéma départemental de l'enfance et de la famille

Personnes âgées	Schéma départemental gérontologique ou d'autonomie
Personnes handicapées	Schéma départemental en faveur des personnes handicapées
Insertion	Plan départemental d'insertion (PDI)
Logement	Plan départemental d'accès au logement des personnes défavorisées (PDALPD)

c. Les services sociaux départementaux

Afin d'assurer ses missions, le conseil départemental doit mettre en place les services suivants :

- service social départemental (SSD) ;
- aide sociale à l'enfance (ASE) ;
- protection maternelle et infantile (PMI) ;
- cellule de recueil des informations préoccupantes (CRIP) ;
- observatoire départemental de protection de l'enfance (ODPE) ;
- aide sociale aux personnes âgées ;
- aide sociale aux personnes handicapées.

Il peut également créer d'autres services (service insertion, service APA...).

d. L'exercice des missions départementales

Si les départements ont des missions obligatoires, ils restent libres dans le choix de leur organisation. En général, ils peuvent procéder de trois façons différentes :

- attribuer la mission au service de polyvalence de secteur ;
- attribuer la mission à un service spécialisé du conseil départemental (service insertion, service APA, service adoption...) ;
- passer une convention avec un partenaire extérieur (CCAS, CAF, association...) qui exercera cette mission par délégation et sous contrôle du conseil départemental.

Exemple en matière de protection de l'enfance	
Mission	**Mise en œuvre**
Attribution des aides financières, intervention d'une technicienne de l'intervention sociale et familiale (TISF), accompagnement en économie sociale et familiale	Service social départemental
Mesures d'aides éducatives à domicile	Convention avec une ou plusieurs associations de protection de l'enfance
Suivi des placements	Service de l'aide sociale à l'enfance

Agréments des assistants familiaux et des assistants maternels	Service de protection maternelle et infantile
Adoption	Création d'un service spécialisé adoption

Exemple en matière d'accompagnement des bénéficiaires du RSA socle et majoré	
Mission	**Mise en œuvre**
Familles	Service social départemental ou service spécialisé insertion
Personnes isolées	Centre communal d'action sociale
Jeunes	Mission locale

e. L'organisation territoriale

Là encore, les départements sont libres de s'organiser comme ils le souhaitent. Le plus souvent, ils adoptent l'organisation suivante :

– des **services centraux** situés dans la commune chef-lieu du département avec notamment des directions spécialisées par domaine de compétences (protection de l'enfance, aide sociale aux personnes âgées, aide sociale aux personnes handicapées...) ;

– des **services de proximité déconcentrés** (service social départemental, aide sociale à l'enfance, protection maternelle et infantile...) au sein de territoires définis par le conseil départemental et dont la dénomination varie en fonction de chaque département (espaces départementaux d'action sociale, unités territoriales d'action sociale, maisons départementales des solidarités, circonscriptions sociales...).

3. Le service social départemental

a. Les missions du service social départemental

Ce service est, depuis les lois de décentralisation, placé sous l'autorité du président du conseil départemental. Il assure la mission de polyvalence. L'article L. 123-2 du CASF précise que le service social départemental « a pour mission générale d'aider les personnes en difficulté à retrouver ou à développer leur autonomie de vie ». Les missions de polyvalence comportent :

– l'accueil, l'évaluation, l'information et l'orientation des personnes et des familles ;

– l'accès aux droits ;

– la lutte contre la pauvreté, la précarité et les exclusions et l'insertion sociale et professionnelle ;

– la protection de l'enfance en danger et des personnes vulnérables.

b. L'organisation du service social départemental

Le service social départemental est organisé sur une base territoriale. Dans chaque territoire défini par le conseil départemental, on trouve un service social de polyvalence de secteur le plus souvent associé aux services de l'ASE et de la PMI. Il est composé principalement d'assistants sociaux et de conseillers en économie sociale et familiale.

Les modalités d'organisation et de fonctionnement de la polyvalence varient en fonction de chaque département. À l'heure actuelle, les conseils départementaux ont tendance à organiser les services sociaux de la façon suivante :

– les fonctions d'accueil et d'accompagnement sont séparées. Le « pôle accueil » est composé d'assistants sociaux qui accueillent, évaluent, informent et orientent les personnes. Lorsque l'évaluation met en évidence la nécessité d'un accompagnement spécifique, les personnes sont alors orientées vers le « pôle accompagnement » composé d'assistants sociaux qui assurent un suivi à plus long terme ;

– la plupart des services fonctionnent sur le principe de la sectorisation. Chaque territoire départemental est découpé en secteurs géographiques (en fonction du nombre d'habitants et/ou de caractéristiques territoriales). Un assistant social est affecté à chaque secteur et accueille et accompagne les habitants de ce secteur. Il est également possible de fonctionner par mission ou par objectif. Dans ce cas, la personne est orientée vers un assistant social en fonction de sa problématique principale (insertion sociale, logement ou hébergement...).

4. Le service de l'aide sociale à l'enfance (ASE)

a. Les missions de l'ASE

L'ASE est, depuis les lois de décentralisation, un service non personnalisé placé sous la responsabilité du président du conseil départemental. Ce service assure la mission de protection de l'enfance des conseils départementaux.

L'article L. 221-1 du CASF précise les missions de l'ASE :

– aides à domicile en vue de la protection sociale des mineurs en danger ou en risque de danger (aides financières, intervention de TISF, accompagnement en économie sociale et familiale, aides éducatives à domicile) et protection des majeurs de moins de 21 ans confrontés à de graves difficultés ;

– accueil et hébergement des mineurs confiés au service (en famille d'accueil ou en maisons d'enfants à caractère social), ainsi que des femmes enceintes et des femmes avec enfants de moins de 3 ans (en centres maternels) ;

– prévention des situations de danger et de maltraitance, actions de soutien à la parentalité ;

– recueil, évaluation et transmission des informations préoccupantes et transmission des signalements à l'autorité judiciaire ;

– prévention spécialisée auprès de jeunes en difficulté ou en rupture avec leur milieu afin d'éviter les risques d'inadaptation et de faciliter leur insertion.

Les missions s'exercent donc en direction :
– des mineurs ;
– de leur famille ;
– des femmes enceintes ;
– des jeunes majeurs de moins de 21 ans.

b. L'organisation de l'ASE

L'ASE est organisée sur une base territoriale. Dans chaque territoire défini par le conseil départemental, on trouve un service d'ASE le plus souvent associé au service social départemental et à la PMI.

Le service est composé de travailleurs sociaux (éducateurs spécialisés et assistants sociaux), de psychologues et psychiatres, de TISF, d'assistants familiaux…

Pour exercer ses missions, l'ASE peut faire appel à des organismes publics ou privés avec qui elle passe une convention et qu'elle contrôle. Ainsi, les actions éducatives à domicile et d'hébergement peuvent être confiées à des associations qui gèrent des services d'aide éducative à domicile (AED), des services de placement familial ou des maisons d'enfants à caractère social (MECS).

4. Le service de protection maternelle et infantile (PMI)

a. Le cadre juridique de la PMI

Créée par l'ordonnance du 2 novembre 1945, la PMI est, depuis les lois de décentralisation, un service non personnalisé placé sous la responsabilité du président du conseil départemental. Régie par le Code de la santé publique, elle est, depuis la loi du 7 mars 2007 réformant la protection, inscrite dans le Code de l'action sociale et des familles (CASF) au même titre que le service de l'ASE et de la polyvalence de secteur.

b. Les missions de la PMI

Son objectif principal est d'assurer la **protection médico-sociale des femmes enceintes et des enfants de la naissance à 6 ans**. Elle assure ainsi la prévention et le dépistage des troubles d'ordre psychique ou psychologique et des handicaps des jeunes enfants et participe à la prévention et à la protection des mineurs en danger.

Elle doit assurer les actions suivantes :
– consultations médico-sociales (examens de santé de la femme enceinte et de l'enfant de moins de 6 ans, bilan médico-social du 4e mois de grossesse, bilans de santé en maternelle) ;

– actions de prévention médico-sociale (visites à domicile et accompagnement des femmes enceintes et des enfants de moins de 6 ans en difficulté) ;
– agrément des assistants familiaux et des assistants maternels, formation des assistants maternels ;
– contrôle des modes de garde de la petite enfance (relais assistants maternels, crèches, haltes garderies...) ;
– planification familiale et éducation à la santé ;
– recueil d'informations épidémiologiques et de santé publique.

c. L'organisation de la PMI

La PMI est organisée sur une base territoriale. Dans chaque territoire défini par le conseil général, on trouve un centre de PMI le plus souvent associé au service social départemental et à l'ASE.

Le service est dirigé par un médecin et est composé de sages-femmes, de puéricultrices, d'auxiliaires de puériculture, d'infirmiers, de psychologues, d'éducateurs de jeunes enfants, de techniciens de l'intervention sociale et familiale...

La PMI travaille en liaison avec le service de santé scolaire en vue de l'articulation de la protection des enfants entre l'école maternelle et l'école primaire.

La PMI travaille également en étroite collaboration avec l'ASE et le service social départemental dans le cadre de la protection de l'enfance en danger.

Pour en savoir +...

Ouvrages

- BŒUF Jean-Luc, MAGNAN Manuela, *Les Collectivités territoriales et la décentralisation*, La Documentation française, 2007.
- DREES, « Les Bénéficiaires de l'aide sociale départementale en 2011 », *Études et Résultats*, n° 820, novembre 2012.
- HASSANI Anne, LETORET Anne et al., *La PMI*, Berger-Levrault, 2009.
- Ministère du Travail, de l'Emploi et de la Santé, *Politiques sociales locales*, La Documentation française, 2012.

Publications de l'ODAS consultables sur le site odas.net

- *Les Cahiers de l'ODAS.*
- *La Lettre de l'ODAS.*

Publications des conseils départementaux

- *Les schémas départementaux.*
- *Les règlements départementaux d'aides et d'actions sociales.*

4 Les centres communaux et intercommunaux d'action sociale

1. L'organisation et les missions générales des CCAS

a. Historique

Sous la Révolution française sont créés les bureaux de bienfaisance chargés d'accorder des aides sociales facultatives aux habitants sans ressources de la commune. En 1893, chaque commune se dote d'un bureau d'assistance chargé des aides sociales obligatoires. En 1953, les bureaux d'aide sociale naissent de la fusion des bureaux d'assistance et de bienfaisance. Suite aux lois de décentralisation des années 1980, les bureaux d'aide sociale deviennent des centres communaux d'action sociale (CCAS).

b. Statut juridique

Les CCAS sont des établissements publics administratifs municipaux. À ce titre, ils ont une personnalité juridique différente de celle de la commune à laquelle ils sont rattachés. Ils possèdent notamment un budget propre. Ils sont gérés par un conseil d'administration présidé par le maire de la commune.

Chaque commune doit constituer obligatoirement un CCAS. Les petites communes peuvent se regrouper pour créer un centre intercommunal d'action sociale (CIAS).

À noter

Les CCAS des villes de Paris, Lyon et Marseille ont des statuts particuliers. À Paris, le CCAS s'appelle le CASVP (centre d'action sociale de la ville de Paris) et s'organise par arrondissement.

c. Missions générales

Les CCAS animent une action générale de prévention et de développement social destinée aux habitants de la commune. Ils remplissent trois catégories de missions :

- les missions obligatoires dévolues par la loi et que l'on retrouve dans chaque CCAS ;
- les missions facultatives définies par chaque conseil d'administration et qui sont propres à chaque CCAS ;
- les missions éventuellement déléguées par le conseil général.

À noter

L'ensemble des missions de chaque CCAS est défini dans le règlement municipal d'aide sociale.

2. Les missions obligatoires des CCAS

a. La domiciliation

C'est l'opération administrative qui permet aux personnes sans domicile fixe, en habitat mobile ou précaire, d'avoir une adresse afin de faire valoir leurs droits aux prestations nécessitant une condition de résidence stable en France, comme le revenu de solidarité active (RSA), la couverture maladie universelle (CMU) ou l'allocation personnalisée d'autonomie (APA).

b. L'instruction des demandes d'aide sociale légale

Rappelons que l'aide sociale est un système de protection sociale qui comprend :

- l'aide sociale à l'enfance ;
- l'aide sociale légale, c'est-à-dire l'aide médicale d'État (AME), l'aide sociale aux personnes âgées et l'aide sociale aux personnes handicapées. L'aide sociale aux personnes âgées et handicapées prend en charge les dépenses liées au maintien à domicile ou à l'hébergement en structures d'accueil des personnes sans ressources.

Le CCAS reçoit les demandes d'aide sociale légale des habitants de la commune et vérifie que le dossier est recevable et complet. Il transmet les demandes à la collectivité publique compétente c'est-à-dire :

- à l'État pour les demandes d'AME ;
- au conseil départemental pour les demandes d'aide sociale aux personnes âgées et handicapées.

c. La demande de certaines prestations sociales

Les demandes de RSA, de CMU ou d'AME peuvent être déposées au CCAS de la commune de résidence. Le CCAS fait ainsi partie des organismes habilités à recevoir de telles demandes au même titre que les services sociaux du conseil départemental ou les associations agréées à cet effet. Le CCAS est ensuite chargé de transmettre la demande à l'organisme instructeur compétent.

3. Les missions facultatives des CCAS

a. Les aides sociales facultatives

Le CCAS peut décider de verser :

– des subventions ou des prêts (secours financiers) ;

– des aides en nature (colis alimentaires, distribution de vêtements...) ;

– des chèques d'accompagnement personnalisé permettant d'avoir accès à des biens ou des services en matière d'alimentation, d'habillement, d'hygiène, de transports, de loisirs...

b. La gestion d'établissements ou de services sociaux et médico-sociaux (ESSMS)

Le CCAS peut créer et gérer :

– des ESSMS pour **personnes âgées**, comme des foyers-logements, des foyers restaurants, des établissements d'hébergement pour personnes âgées dépendantes (EHPAD), des services de portage de repas à domicile, des services d'aides ménagères ou d'auxiliaires de vie sociale... ;

– des ESSMS pour **personnes handicapées**, comme des établissements et services d'aide par le travail (ESAT), des foyers d'hébergement, des foyers de vie, des services d'accompagnement à la vie sociale (SAVS)... ;

– des ESSMS pour **personnes en situation d'exclusion ou de précarité**, comme des centres d'hébergement et de réinsertion sociale (CHRS), des accueils d'urgence, des équipes mobiles (SAMU social)... ;

– des ESSMS pour **enfants et adolescents**, comme des centres de loisirs sans hébergement (CLSH), des modes de garde pour la petite enfance (crèches, haltes garderies)...

4. Les missions déléguées des CCAS

Le conseil départemental, on l'a vu au chapitre précédent, peut décider de confier par voie de délégation un certain nombre de ses missions à des partenaires. Le CCAS peut ainsi se voir confier :

- la polyvalence de secteur sur tout ou partie de son territoire ;

- la participation à certains dispositifs, comme l'instruction du RSA, l'élaboration des contrats d'insertion et l'accompagnement social d'une partie des bénéficiaires (personnes seules par exemple), l'instruction des demandes de fonds de solidarité logement (FSL) et l'accompagnement social lié au logement (ASLL)... ;

- la gestion du centre local d'information et de coordination gérontologique (CLIC) ;

- ...

Pour en savoir +...

Publications de l'UNCCAS (Union nationale des CCAS) consultables sur le site UNCCAS.org

- *Le Guide annuel des aides facultatives et les secours des CCAS.*
- *Les CCAS et les CIAS*, juin 2008 (en collaboration avec l'association des maires de France).

5 Les caisses d'allocations familiales

1. Présentation générale

a. La branche famille

La branche famille de la Sécurité sociale a été créée par l'ordonnance du 4 octobre 1945. Elle est composée de la Caisse nationale d'allocations familiales (CNAF) et des caisses d'allocations familiales (CAF). Elle est financée par les cotisations sociales patronales.

La CNAF est un établissement public national. Elle répartit les ressources entre les différentes CAF et définit la politique de la branche famille dans le cadre de conventions d'objectifs et de gestion (COG) passées avec l'État.

On trouve une CAF par département.

Les CAF sont des organismes de droit privé gérés par un conseil d'administration comprenant des représentants :
- des assurés sociaux (désignés par les organisations syndicales de salariés) ;
- des employeurs et travailleurs indépendants (désignés par les organisations syndicales patronales) ;
- des associations familiales (désignés par l'UNAF, l'Union nationale des associations familiales).

Siègent également des personnes qualifiées désignées par l'État.

Chaque CAF définit sa politique dans le cadre d'un contrat pluriannuel de gestion passé avec la CNAF dans le respect des COG.

b. Les missions générales des CAF

Les CAF ont un double rôle :
- verser les prestations légales (prestations familiales et prestations sociales pour le compte de collectivités publiques) ;
- proposer une action sociale destinée aux allocataires et financée grâce au FNAS (fonds national d'action sociale).

2. Le versement de prestations légales

a. Les prestations familiales

Les CAF versent **neuf prestations familiales** aux familles allocataires. Les conditions d'attribution varient en fonction de chaque prestation (condition de ressources ou pas, nombre d'enfants à charge...).

Naissance, adoption ou garde d'enfant	• Prestation d'accueil du jeune enfant (PAJE) composée : – de la prime de naissance ou d'adoption ; – de l'allocation de base ; – du complément de libre choix du mode de garde ; – du complément de libre choix d'activité.
Entretien de l'enfant	• Allocations familiales • Complément familial • Allocation de rentrée scolaire (ARS) • Allocation de soutien familial (ASF)
Logement	• Allocation de logement à caractère familial (ALF) • Prime de déménagement
Handicap/Maladie	• Allocation de l'éducation de l'enfant handicapé (AEEH) composée : – de l'allocation de base ; – d'un complément (catégorie 1 à 6). • Allocation journalière de présence parentale (AJPP)

b. Les autres prestations

Les CAF versent des prestations pour le compte de l'État ou des départements. Il ne s'agit pas de prestations familiales car il n'y a pas de condition d'enfant à charge.

Prestations versées pour le compte de l'État	Prestations versées pour le compte des départements
• Allocation aux adultes handicapés (AAH) • Allocation de logement à caractère social (ALS) • Aide personnalisée au logement (APL) • RSA activité	• RSA socle • RSA socle majoré

3. L'action sociale

a. Les domaines et les modalités d'intervention

L'action sociale des CAF concerne les domaines suivants :

Les CAF peuvent intervenir selon **trois grandes modalités** :

– attribuer des aides financières directes aux familles (aides extra-légales comme les aides aux vacances, le financement du BAFA...) ;

– gérer directement des équipements ou des services (travailleurs sociaux de la CAF, centres sociaux de la CAF...) ;

– financer des partenaires assurant des équipements et des services aux familles (lieux d'accueil de la petite enfance, centres de loisirs, centres sociaux...).

b. Les modes de garde de la petite enfance

Dans le but de concilier vie familiale et vie professionnelle, les CAF encouragent le développement de places d'accueil, notamment dans les territoires les moins bien couverts, ainsi que la diversification des lieux d'accueil de la petite enfance (crèches collectives, crèches familiales, crèches parentales, haltes garderies, relais assistantes maternelles, structures multi-accueil...).

c. Le temps libre et les loisirs

Les CAF aident les familles, les enfants et les jeunes à accéder aux loisirs et aux vacances en finançant les équipements comme les centres de loisirs avec et/ou sans hébergement et les centres sociaux.

Elle accorde des aides financières afin de faciliter le départ en vacances des familles et des enfants.

Elle participe au financement du brevet d'aptitude aux fonctions d'animation (BAFA).

d. Le soutien à la parentalité

Les CAF accompagnent les parents dans leur relation éducative en encourageant :
- les actions de médiation familiale ;
- les espaces de rencontre afin de favoriser le maintien en cas de divorce ;
- les réseaux d'appui et d'accompagnement des parents (REAAP) ;
- les lieux d'accueil parents/enfants (LEAP) et les lieux d'échange entre parents et professionnels.

Afin de prévenir les situations de précarité et d'exclusion, les CAF apportent un soutien aux familles en difficulté sur le plan économique et social. Cette politique s'inscrit également dans le cadre de la protection de l'enfance en danger. À ce titre, les CAF peuvent accorder des aides financières directes aux familles et proposer un accompagnement par des travailleurs sociaux notamment dans le cadre d'actions collectives.

e. Le logement et l'habitat

L'intervention des CAF dans la lutte contre la précarité et les exclusions se manifeste notamment dans le cadre de l'accès et du maintien dans le logement afin de prévenir les expulsions et les impayés de factures d'énergie, d'eau et de téléphone. La plupart des CAF contribuent au financement du FSL (fonds de solidarité pour le logement) et proposent des actions d'ASLL (accompagnement social lié au logement).

Les CAF proposent également aux allocataires des prêts à l'amélioration de l'habitat (PAH) et des prêts ou des subventions pour l'acquisition d'équipements et de mobilier de première nécessité.

Enfin, les CAF participent à l'élaboration de diagnostics et d'actions individuelles et collectives avec les bailleurs sociaux et les associations dans la lutte contre les logements insalubres et indécents.

Pour en savoir +…

Publications de la CNAF

- *L'Essentiel* : publication électronique mensuelle (Direction des statistiques, des études et de la recherche).
- Les rapports annuels d'activité.
- Le guide annuel des prestations familiales.

Publications des CAF

- Les règlements d'action sociale édités tous les ans par chaque CAF.

6 Les établissements et services sociaux et médico-sociaux

1. Définitions

a. La gestion des établissements et services sociaux et médico-sociaux (ESSMS)

Les institutions publiques et privées (voir le chapitre 1 de la partie 2) ont la faculté de créer, pour exercer leurs missions, des équipements sociaux et médico-sociaux. En France, le principal gestionnaire des ESSMS est le secteur associatif. Mais les collectivités publiques, les hôpitaux, les organismes de protection sociale sont également des acteurs importants. Par exemple, un établissement d'hébergement pour personnes âgées dépendantes peut être géré par une association, une commune, un hôpital ou une entreprise privée.

b. Les secteurs sanitaire, social et médico-social

Il faut distinguer les trois secteurs dans lesquels interviennent les assistants de service social :
– le **secteur social** dont la fonction principale est l'accompagnement de personnes en vue de leur protection et/ou de leur insertion sociale (enfants en danger, personnes en situation de précarité…) ;
– le **secteur sanitaire** dont la fonction principale est le soin ;
– le **secteur médico-social** qui concerne les publics nécessitant à la fois un accompagnement social et une prise en charge sanitaire (personnes âgées dépendantes, personnes en situation de handicap...).

La loi de rénovation sociale et médico-sociale du 2 janvier 2002 concerne à la fois le secteur social et le secteur médico-social en ce qui concerne les droits des usagers. Le secteur sanitaire relève, quant à lui, de la loi relative aux droits des patients et à la qualité du système de santé du 4 mars 2002. La loi HPST (hôpital, patients, santé et territoire) du 21 juillet 2009 modifie la loi de rénovation sociale en regroupant le secteur sanitaire et le secteur médico-social pour ce qui concerne les conditions d'autorisation, de création, de tarification et de financement (voir ci-après).

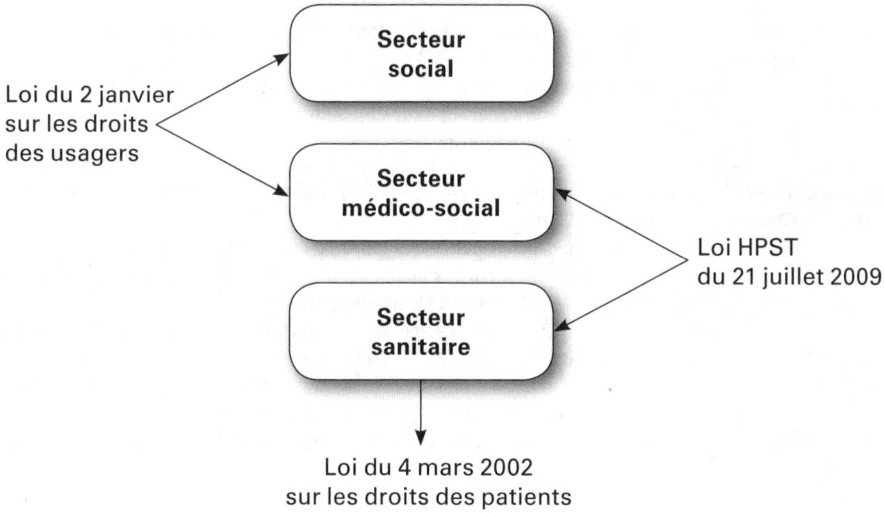

c. Les structures sociales et médico-sociales

Il faut également distinguer la notion d'établissement et celle de service :

– un **établissement** est une structure qui accueille et prend en charge de façon continue (à temps plein ou à temps partiel, en externat ou en internat), comme une maison d'enfants à caractère social pour les enfants en danger, un établissement médico-éducatif pour les enfants handicapés, un foyer d'hébergement pour les personnes âgées, un centre d'hébergement pour les personnes sans domicile fixe… ;

– un **service** est une structure qui accompagne et prend en charge de façon discontinue ou ponctuelle (prise en charge ambulatoire, interventions à domicile, aide au maintien à domicile), comme un service d'aide éducative à domicile pour les enfants en danger, un service d'insertion sociale et professionnelle pour les jeunes adultes…

2. Les différentes catégories d'ESSMS

L'article L. 312-1 du CASF fixe la liste des ESSMS. Nous les présentons ici classés en **huit catégories** en fonction du public auquel ils s'adressent ou de la problématique à laquelle ils répondent.

1. Enfants et jeunes majeurs en danger	Établissements et services mettant en œuvre les mesures sociales et judiciaires de protection de l'enfance : – foyer départemental de l'enfance et pouponnière à caractère social ; – maison d'enfants à caractère social (MECS), village d'enfants, centre maternel, lieu de vie ; – service d'aide éducative à domicile et d'action en milieu ouvert, service de placement familial spécialisé, club et équipe de prévention.

2. Mineurs et jeunes majeurs délinquants	**Établissements et services mettant en œuvre les mesures éducatives pour mineurs délinquants :** – unité éducative d'hébergement collectif (UEHC), centre de placement immédiat (CPI), CER (centre éducatif renforcé), centre éducatif fermé (CEF) ; – service d'action éducative.
3. Enfants et jeunes adultes handicapés	**Établissements et services médico-éducatifs pour handicapés de la naissance à 20 ans :** – institut médico-éducatif (IME), institut d'éducation motrice (IEM), institut d'éducation sensorielle (IES), établissement pour enfants polyhandicapés (EEP), institut thérapeutique, éducatif et pédagogique (ITEP) ; – service d'éducation spéciale et de soins à domicile (SESSAD), service d'accompagnement familial à l'éducation parentale (SAFEP), service de soutien à l'éducation familiale et à l'intégration scolaire (SSEFIS), service d'aide à l'acquisition de l'autonomie et à l'intégration scolaire (SAAAIS) ; – centre d'action médico-sociale précoce (CAMSP), centre médico-psycho-pédagogique (CMPP).
4. Adultes handicapés	**Établissements et services d'insertion professionnelle, de maintien à domicile et d'hébergement pour adultes handicapés :** – établissement et service d'aide par le travail (ESAT), centre d'initiation au travail et aux loisirs (CITL), centre de pré-orientation, centre de rééducation professionnelle (CRP) ; – foyer d'hébergement, foyer de vie, foyer d'accueil médicalisé (FAM), maison d'accueil spécialisée (MAS) ; – service d'accompagnement à la vie sociale (SAVS), service d'accompagnement médico-social pour adultes handicapés (SAMSAH).
5. Personnes âgées	**Établissements et services de maintien à domicile et d'hébergement pour personnes âgées autonomes ou dépendantes :** – établissement d'hébergement pour personnes âgées (EHPA), établissement d'hébergement pour personnes âgées dépendantes (EHPAD) ; – service de soins infirmiers à domicile (SSIAD), service de soins et d'accompagnement à domicile (SSAAD).
6. Personnes en situation de précarité	**Établissements et services d'insertion et d'hébergement pour personnes et familles en situation d'exclusion :** – centre d'hébergement et de réinsertion sociale (CHRS), centre d'adaptation à la vie active (CAVA), centre d'accueil pour demandeur d'asile (CADA), foyer pour jeune travailleur (FJT), lit halte soins santé (LHSS) ; – SAMU social, boutique de solidarité, accueil de jour…
7. Addictions, VIH…	**Établissements et services pour personnes nécessitant des soins et un accompagnement social :** – centre de soins, d'accompagnement et de prévention en addictologie (CSAPA), centre d'accueil et d'accompagnement à la réduction des risques pour les usagers de drogues (CAARRUD) ; – appartement de coordination thérapeutique (ACT).
8. Majeurs protégés et aide à la gestion budgétaire	**Services tutélaires mettant en œuvre les mesures de protection judiciaire :** – service tutélaire d'accompagnement à la protection juridique des majeurs (mise en œuvre des mesures de sauvegarde de justice, de curatelle et de tutelle) ; – service tutélaire d'aide à la gestion du budget : mise en œuvre des mesures judiciaires (mesure d'accompagnement judiciaire – MAJ –, et mesure judiciaire d'aide à la gestion du budget familial – MJABGF).

9. Centres de ressources	Services d'information, de coordination, de conseil et d'expertise spécialisés dans certaines pathologies : – centre local d'information et de coordination gérontologique (CLIC), maison pour l'autonomie et l'intégration des malades d'Alzheimer (MAIA) ; – centre de ressource autisme (CRA), centre de ressource handicaps rares, unité expérimentale d'évaluation, de réentraînement et d'orientation sociale (UEROS).

À noter

Ne sont pas considérés comme ESSMS par le CASF :
– les SPIP (services pénitentiaires d'insertion et de probation) ;
– les centres sociaux ;
– les structures d'accueil de la petite enfance (crèches, haltes garderies).

3. L'autorisation, la tarification et le financement des ESSMS

a. La répartition des compétences

Les acteurs qui souhaitent créer un ESSMS doivent obtenir une autorisation soit de l'État soit du département, en fonction de la répartition des compétences issue des lois de décentralisation. La collectivité publique compétente l'est également pour fixer les tarifs et budget de l'ESSMS. Il est donc important de connaître cette répartition des compétences et d'en comprendre la logique générale.

Le **département** est compétent pour ce qui concerne les ESSMS du secteur de la protection de l'enfance en danger, le maintien à domicile et l'hébergement des personnes âgées et handicapées. C'est le président du conseil départemental qui accorde les autorisations de fonctionner et fixe la tarification. Le financement est assuré par l'aide sociale départementale (ASE, aide sociale aux personnes handicapées et aide sociale aux personnes âgées).

L'**État** est compétent dans tous les autres secteurs et dans l'aspect soins des ESSMS prenant en charge des personnes âgées dépendantes et des personnes handicapées. Les ESSMS qui relèvent du secteur social sont autorisés par le préfet et financés par l'aide sociale d'État (aide sociale au travail protégé des adultes handicapés, aide sociale à l'hébergement et à la réinsertion sociale). Les ESSMS qui relèvent du secteur médico-social sont autorisés par l'ARS et financés par l'assurance maladie de la Sécurité sociale.

En ce qui concerne les ESSMS pour personnes âgées et handicapées, qui assurent à la fois une fonction d'accueil et une fonction de soins (FAM, SAMSAH, EHPAD), il y a donc une **double compétence** :

– la **partie accueil, animation et hébergement** de ces structures relève de la compétence du département ;

– la **partie soins**, quant à elle, relève de la compétence de l'État (ARS et Sécurité sociale).

Seules exceptions, les MAS, les CAMSP et les ESAT obéissent à des règles différentes comme le montre le tableau suivant.

b. Tableau récapitulatif

ESSMS			Collectivité publique	Autorisation et tarification	Financement
1. Enfants et jeunes majeurs en danger			Département	Président du conseil départemental	Aide sociale départementale
2. Mineurs et jeunes majeurs délinquants			État	Préfet	État
3. Enfants handicapés	EME et SESSAD		État	ARS	Sécurité sociale
	CAMSP		État et département	ARS et président du conseil départemental	Sécurité sociale et aide sociale départementale
4. Adultes handicapés	ESAT		État	ARS	Aide sociale d'État
	Foyers d'hébergement, foyers de vie et SAVS		Département	Président du conseil départemental	Aide sociale départementale
	FAM et SAMSAH	Hébergement	Département	Président du conseil départemental	Aide sociale départementale
		Soins	État	ARS	Sécurité sociale
	MAS, CRP		État	ARS	Sécurité sociale
5. Personnes âgées	EHPA		Département	Président du conseil départemental	Personne âgée et/ou aide sociale départementale
	EHPAD	Hébergement	Département	Président du conseil départemental	Personne âgée et/ou aide sociale départementale
		Soins	État	ARS	Sécurité sociale
	SSIAD		État	ARS	Sécurité sociale

6. Personnes en situation de précarité	État	Préfet	Aide sociale d'État
7. Addictions, VIH…	État	ARS	Sécurité sociale
8. Majeurs protégés et aide à la gestion budgétaire	État	Préfet	Aide sociale d'État
9. Centres de ressources	État	ARS	Sécurité sociale

Pour en savoir +…

Ouvrages

- BAUDURET Jean-François, *Institutions sociales et médico-sociales : de l'esprit des lois à la transformation des pratiques*, Dunod, 2013.
- CAMBERLEIN Philippe, *Le Dispositif de l'action sociale et médico-sociale en France*, Dunod, 2011.
- GUEGEN Jean-Yves (dir.), *L'Année de l'action sociale 2010. Social et médico-social : une spécificité en danger ?*, Dunod, 2010.
- HARDY Jean-Pierre, *Financement et Tarification des établissements sociaux et médico-sociaux*, Dunod, 2010.
- JAEGGER Marcel, *Guide du secteur social et médico-social*, Dunod, 2009.
- JAEGGER Marcel et al., *Diriger un établissement ou un service en action sociale et médico-sociale*, Dunod, 2005.
- PRIOU Johan, DEMOUSTIER Séverine, *Institutions et organisation de l'action sociale et médico-sociale*, Dunod, 2013.
- SAVIGNAT Pierre, *Évaluer les établissements et services sociaux et médico-sociaux*, Dunod, 2009.

Publications de l'Agence nationale de l'évaluation et de la qualité des établissements et services sociaux et médico-sociaux (ANESM)

- Les RBPP (recommandations de bonnes pratiques professionnelles).
- Les rapports d'enquêtes et études.
- Les rapports d'activité.
- Les lettres d'information.
- Les outils relatifs à l'évaluation externe.

7 Les professionnels

1. Les travailleurs sociaux

a. Les diplômes en travail social

Le CASF définit **14 diplômes** en travail social.

Source : Ministère des affaires sociales, site Internet www.social-sante.gouv.fr

Diplômes de niveau 1	Métiers
CAFDES Certificat d'aptitude aux fonctions de directeur d'établissement ou de service	« Les **directeurs d'établissement ou de service d'intervention sociale** ont un rôle stratégique vis-à-vis des usagers. Ils doivent leur assurer une prise en charge individualisée de qualité, faciliter leur expression et la satisfaction de leurs besoins et l'accès à leurs droits et l'exercice effectif de leur citoyenneté. Le champ d'action des directeurs d'établissement ou de service inclut la participation à l'élaboration et à la mise en œuvre des politiques territoriales d'action sanitaire et sociale et à leur évaluation, la définition et la conduite d'un projet d'établissement ou de service à visée stratégique et opératoire, la communication interne et externe, le management et la gestion des ressources humaines, la gestion économique, financière et logistique. »
DEIS Diplôme d'État d'ingénierie sociale	« Ce diplôme atteste de compétences pour exercer des **fonctions d'expertise**, de conseil, de conception, de développement et d'évaluation appliquées dans le domaine des politiques sociales et de l'intervention sociale. »

Diplômes de niveau 2	Métiers
CAFERUIS Certificat d'aptitude aux fonctions d'encadrement et de responsable d'unité d'intervention sociale	« Les professionnels, **responsables d'une unité de travail**, assurent l'encadrement d'une équipe et des actions directement engagées auprès des usagers. Ils pilotent l'action dans le cadre des projets de service. Intermédiaires entre direction et équipes, ils sont en position d'interface dans les organisations, ce qui leur confère un rôle essentiel pour la mise en œuvre des réponses aux besoins des usagers. La formation permet d'acquérir des compétences dans les domaines suivants : conception et conduite de projets d'unité ou de service, évaluation et développement de la qualité, expertise technique, management d'équipe, organisation du travail, gestion administrative et budgétaire d'une unité ou d'un service, communication et gestion de partenariats. »
DEMF Diplôme d'État de médiateur familial	« Le **médiateur familial** intervient dans les situations de conflits ou de rupture dans le champ de la famille dans la diversité de son expression actuelle. Il facilite le rétablissement du dialogue, les liens de communication entre les personnes, leur capacité à gérer le conflit ainsi que leur capacité à négocier. Le médiateur familial est un tiers impartial. Il est garant du cadre et du déroulement du processus de restauration du dialogue et de la recherche de solutions aux conflits en prenant en compte les besoins de chacun des membres de la famille.

	Son intervention vise principalement à accompagner les personnes dans la réalisation de leur projet de médiation par le rétablissement du dialogue, les liens de communication et la gestion du conflit et à accompagner la recherche de solutions concrètes en amenant les personnes à trouver elles-mêmes les bases d'un accord mutuellement acceptable dans un esprit de co-responsabilité. »

Diplômes de niveau 3	Métiers
DEASS Diplôme d'État d'assistant de service social	« L'**assistant de service social** (ASS) intervient auprès de personnes confrontées à diverses difficultés : économiques, d'insertion, familiales, de santé, de logement. Il accueille, soutient, oriente et accompagne la construction de projets en tenant compte des potentialités des personnes et des possibilités offertes par la collectivité. L'ASS est tenu au secret professionnel, et dans le cadre de ses missions, il doit réussir à instaurer une relation de confiance avec ses interlocuteurs. Quatre missions principales relèvent de sa compétence : – l'évaluation de la situation des intéressés ; – le conseil et l'orientation des personnes en difficulté ; – l'accompagnement des personnes sur la base d'un projet ; – la participation au développement social local. »
DECESF Diplôme d'État de conseiller en économie sociale et familiale	« Le **conseiller en économie sociale familiale** (CESF) est un travailleur social qualifié dont le cœur de métier est fondé sur une expertise dans les domaines de la vie quotidienne : consommation, habitat, insertion sociale et professionnelle, alimentation-santé. Le CESF intervient auprès des personnes en situation de précarité, ou ayant des difficultés financières, ou connaissant des problèmes d'accès au logement, de surendettement, de chômage. Son action s'inscrit aussi dans les problématiques de vieillissement de la population, de dépendance, du handicap, de protection de l'enfance… Son intervention privilégie une finalité éducative et vise la valorisation et/ou l'appropriation de compétences par les personnes, les familles, les groupes. Ces compétences vont permettre aux publics concernés d'accéder à leurs droits, de prévenir et/ou de gérer les difficultés de leur vie quotidienne. Sa spécificité de travailleur social le conduit à intervenir dans un cadre éthique et dans une dynamique de co-construction avec les bénéficiaires des projets qui les concernent. »
DEES Diplôme d'État d'éducateur spécialisé	« L'**éducateur spécialisé** concourt à l'éducation d'enfants et d'adolescents ou au soutien d'adultes présentant un handicap, des troubles du comportement ou qui ont des difficultés d'insertion. Par le soutien qu'il apporte et par les projets qu'il élabore, il aide les personnes en difficulté à restaurer ou à préserver leur autonomie, à développer leurs capacités de socialisation, d'intégration et d'insertion. Il favorise également les actions de prévention. Son intervention se situe aussi bien dans le champ du handicap, de la protection de l'enfance, de l'insertion sociale et professionnelle, de la prévention spécialisée. Il est également de plus en plus appelé à intervenir dans le cadre de projets de développement local. »
DEETS Diplôme d'État d'éducateur technique spécialisé	« L'**éducateur technique spécialisé** est à la fois éducateur et spécialiste d'une technique professionnelle qu'il transmet aux personnes dont il a la charge. Il est ainsi spécialiste de l'adaptation ou de la réadaptation professionnelle des personnes handicapées jeunes ou adultes. D'une façon générale, il s'occupe de personnes qui rencontrent de grandes difficultés d'insertion professionnelle. Son action vise à favoriser leur autonomie, réinsertion ou intégration dans le monde du travail. »

DEEJE Diplôme d'État d'éducateur de jeunes enfants	« Spécialiste de la petite enfance, l'**éducateur de jeunes enfants** (EJE) assure quatre fonctions : l'accueil, l'éducation, la prévention, la coordination. Il intervient auprès d'enfants âgés de la naissance à 7 ans, en relation avec leurs parents. Il les accompagne dans leur apprentissage de l'autonomie, de la vie sociale… Son rôle consiste à stimuler leurs potentialités intellectuelles, affectives et artistiques à travers des activités ludiques et éducatives. L'EJE tient compte du milieu familial de l'enfant, dans ses dimensions sociales et culturelles. Il est attentif aux problèmes de santé ou de comportement rencontrés chez les petits et contribue à en prévenir l'apparition. À partir d'un projet pédagogique, l'EJE amène les enfants à pratiquer diverses activités (peinture, danse, musique…). Il mobilise leurs sens pour favoriser leur expression verbale et non verbale. Il leur apprend aussi à vivre en société, étape préalable à une scolarité réussie. »

Diplômes de niveau 4	**Métiers**
DEME Diplôme d'État de moniteur éducateur	« Le **moniteur-éducateur** exerce sa fonction auprès d'enfants, d'adolescents ou d'adultes en difficulté, handicapés ou en situation de dépendance. À travers un accompagnement particulier, le moniteur-éducateur aide quotidiennement à instaurer, restaurer ou préserver l'adaptation sociale et l'autonomie de ces personnes. Il participe ainsi à l'action éducative, à l'animation et à l'organisation de la vie quotidienne en liaison avec les autres professionnels de l'éducation spécialisée. »
DETISF Diplôme d'État de technicien de l'intervention sociale et familiale	« Le **technicien de l'intervention sociale et familiale** (TISF) intervient auprès de personnes qui ont besoin d'aide dans des circonstances particulières : difficultés sociales, décès d'un parent, hospitalisation, naissance, longue maladie, handicap… Il soulage et épaule la famille en assumant le quotidien (entretien du logement, préparation des repas, aide aux devoirs…) et soutient les parents dans l'éducation de leurs enfants. Il peut aussi jouer un rôle dans la protection des enfants. Son intervention vise à permettre l'intégration sociale, le développement et l'autonomie des personnes aidées. Son rôle est donc à la fois préventif, éducatif, d'accompagnement et de soutien. »

Diplômes de niveau 5	**Métiers**
DEAMP Diplôme d'État d'aide médico-psychologique	« L'**aide médico-psychologique** (AMP) accompagne au quotidien les personnes âgées ou handicapées ou en difficulté sociale. Il réalise à leurs côtés les gestes de la vie quotidienne (coucher, lever, toilette, habillage, repas, déplacements…). Il peut ainsi aider une personne tétraplégique à faire sa toilette, stimuler la mémoire d'une personne âgée ou encourager un enfant handicapé à s'exprimer… À travers l'aide concrète qu'il apporte, l'AMP doit établir une relation de qualité pour répondre à l'isolement des personnes handicapées ou dépendantes et essayer d'appréhender leurs besoins et leurs désirs afin de leur apporter une réponse adaptée. Il a un rôle d'éveil, d'encouragement et de soutien de la communication et de l'expression. Il organise des activités adaptées à la personne. »
DEAVS Diplôme d'État d'auxiliaire de vie sociale	« L'**auxiliaire de vie sociale** intervient auprès de toute personne qui ne peut assumer seule les tâches de la vie quotidienne (personnes âgées, familles, personnes handicapées, malades…). Il les épaule et les assiste pour permettre leur maintien à domicile, contribuer à la préservation, la restauration et la stimulation de leur autonomie, favoriser leur insertion sociale et ainsi concourir à la lutte contre l'exclusion. L'auxiliaire de vie sociale intervient en général au domicile des personnes privées et doit veiller au respect de l'intimité de ces personnes. »

DEAF Diplôme d'État d'assistant familial	« L'**assistant familial** exerce une profession définie et réglementée d'accueil permanent à son domicile et dans sa famille de mineurs ou de jeunes majeurs de 18 à 21 ans. L'accueil peut être organisé au titre de la protection de l'enfance ou d'une prise en charge médico-sociale ou thérapeutique. L'assistant familial doit être titulaire d'un agrément délivré par le président du conseil général après vérification que ses conditions d'accueil garantissent la santé, la sécurité et l'épanouissement des mineurs accueillis. En cas de circonstances imposant une séparation entre parents et enfant, le fondement de la profession d'assistant familial est de procurer à l'enfant ou à l'adolescent, confié par le service qui l'emploie, des conditions de vie lui permettant de poursuivre son développement physique, psychique, affectif et sa socialisation. »

b. La nouvelle architecture

Le ministère des Affaires sociales envisage une réorganisation de l'architecture actuelle des niveaux et des diplômes en travail social. Il serait question d'instaurer un socle de formation commun aux différents métiers d'un même niveau, voire de fusionner certains diplômes (notamment les diplômes de niveau 5).

2. Les autres professions sociales

a. Les assistants maternels

Les assistants maternels s'occupent, à leur domicile et à la journée, d'enfants dont les parents travaillent. Tout comme les assistants familiaux, ils sont agréés par le conseil départemental au titre de la protection maternelle et infantile.

b. Les auxiliaires de vie scolaire (AVS)

Les AVS accompagnent les élèves handicapés à l'école.

On distingue :

- les auxiliaires de vie scolaire individuels (AVSI) qui interviennent dans les classes ordinaires des écoles, collèges et lycées ;
- les auxiliaires de vie scolaire collectifs (AVSC) qui interviennent dans les classes d'inclusion scolaire (CLIS) et les unités locales d'inclusion scolaire (ULIS).

Le décret n° 2014-714 du 27 juin 2014 prévoit que les AVS sont appelés à se professionnaliser et à devenir des AESH (accompagnants des élèves en situation de handicap). Avec la réforme des diplômes en travail social, il semblerait que le DEAMP et le DEAVS fusionnent en intégrant la formation des AESH. Un nouveau métier d'accompagnant, correspondant à un diplôme unique de niveau 5, serait ainsi créé avec trois spécialités :

- l'accompagnement en institution ;
- l'accompagnement à domicile ;
- l'accompagnement à l'école.

À noter

Il ne faut pas confondre les AVS, auxiliaires de vie scolaire, et les AVS, auxiliaires de vie sociale.

c. Les conseillers pénitentiaires d'insertion et de probation (CPIP)

Les CPIP travaillent dans les services pénitentiaires d'insertion et de probation (SPIP). Ils accompagnent les personnes incarcérées, celles bénéficiant d'aménagements de peine et les sortants de prison. Leur rôle est de :
- proposer au juge d'application des peines (JAP) des mesures d'individualisation et d'aménagement de peine ;
- préparer la sortie de prison et assurer un accompagnement en vue de la réinsertion sociale et professionnelle ;
- assurer en milieu ouvert le suivi et le contrôle des personnes soumises à des obligations, comme l'obligation de soins ou le contrôle judiciaire ;
- prévenir la récidive.

d. Les mandataires judiciaires à la protection des majeurs (MJPM)

La loi du 5 mars 2007 réformant les tutelles a créé la fonction de MJPM. La formation conduit à trois spécialisations :
- le MJPM qui accompagne les personnes bénéficiant d'une mesure de protection juridique (sauvegarde de justice, curatelle et tutelle) décidée par le juge des tutelles ;
- le MJPM qui accompagne les personnes se mettant en danger en raison de leur difficulté à gérer leur budget et intervient sur décision du juge des tutelles dans le cadre des mesures d'accompagnement judiciaire (MAJ) après échec d'une mesure d'accompagnement social personnalisé (MASP) ;
- le délégué aux prestations familiales (DPF) qui met en œuvre la mesure judiciaire d'aide à la gestion du budget familial (MJAGBF) ordonnée par le juge des enfants dans le cadre de la protection de l'enfance en danger.

Les MJPM interviennent soit dans le cadre d'associations tutélaires, comme les unions départementales des associations familiales (UDAF), soit en tant que préposés d'établissement dans les ESSMS, soit en libéral.

3. Les professions sanitaires

a. Les professions médicales et les auxiliaires médicaux

Les **professions médicales** comprennent les médecins, les dentistes et les sages-femmes. Ce sont les seules professions pouvant exercer des actes médicaux et ayant le droit de prescrire. Ils travaillent soit en libéral, soit en tant que salariés dans les structures hospitalières et médico-sociales.

Les **auxiliaires médicaux** comprennent les infirmiers, les aides-soignants, les puéricultrices et les auxiliaires de puériculture.

b. Les professions de la rééducation

Le secteur de la rééducation compte **sept métiers** : masseur-kinésithérapeute, ergothérapeute, psychomotricien, orthophoniste, orthoptiste, diététicien et pédicure-podologue. Ils exercent soit en libéral, soit dans les établissements et les services hospitaliers médico-sociaux, notamment dans les structures pour personnes âgées et handicapées. Au sein de ces structures, l'assistant de service social est amené à travailler plus particulièrement avec les kinésithérapeutes, les ergothérapeutes, les psychomotriciens et les orthophonistes. Ces professionnels interviennent sur prescription médicale.

Kinésithérapeute	Il prend en charge les personnes ayant une atteinte totale ou partielle des capacités fonctionnelles et locomotrices.
Ergothérapeute	Il prend en charge les personnes ayant des déficiences qui les empêchent d'effectuer les actes de la vie quotidienne (communiquer, se déplacer, s'habiller, se laver...). Il conçoit et aménage l'environnement de la personne afin de le rendre plus accessible et sécurisant.
Psychomotricien	Il prend en charge les personnes ayant des troubles du développement psychomoteur à la croisée de la dimension physique et psychologique de la personne (communication verbale et non verbale, mouvements, repérage dans le temps et l'espace...).
Orthophoniste	Il prend en charge les personnes ayant des troubles de la communication écrite et orale (surdité, troubles de l'élocution, difficultés d'apprentissage de la lecture et de l'écriture).

4. Les professionnels de la justice

a. Les juges

Civil	**Juge des tutelles (JDT)**	Le juge des tutelles siège au tribunal d'instance (TI). Il prononce les mesures de protection des personnes : – sauvegarde de justice, curatelle et tutelle pour les personnes qui ont une altération de leurs facultés mentales ; – mesures d'accompagnement judiciaire (MAJ) pour les personnes se mettant en danger en raison de leur gestion budgétaire. Il désigne les tuteurs familiaux et les MJPM chargés de la mise en œuvre des mesures. Il surveille la gestion des comptes de la personne protégée.
	Juge aux affaires familiales (JAF)	Le JAF siège au tribunal de grande instance (TGI). Il est chargé des litiges relatifs au divorce, à l'autorité parentale, à la filiation, à la tutelle des mineurs, à l'obligation alimentaire, aux changements de nom et prénom.

		En matière de divorce, le JAF statue sur les mesures provisoires concernant la résidence et les biens des époux, ainsi que la situation des enfants. Il prononce le divorce et statue sur ses conséquences matérielles et financières ainsi que sur l'autorité parentale (droit de visite, d'hébergement, pension alimentaire).
	Juge de l'exécution (JEX)	Le JEX siège au TGI. Il est compétent pour juger les litiges relatifs à l'exécution des décisions de justice en matière civile. À ce titre, il intervient notamment dans le contentieux des procédures d'expulsion locative et des saisies mobilières et immobilières.
Civil et pénal	**Juge des enfants (JDE)**	Le JDE siège au TGI. Il a une double compétence : – civile : il prononce les mesures d'assistance éducative (MJAGBF, AEMO et placement judiciaire) dans le cadre de la protection judiciaire de l'enfance en danger (article 375 du Code civil) ; – pénale : il est juge d'instruction, prononce les mesures éducatives et est juge de l'application des peines dans le cadre du traitement judiciaire des mineurs délinquants (ordonnance de 1945).
	Juge de proximité	Le juge de proximité est compétent pour juger les petits litiges du quotidien selon une procédure simple et rapide. C'est un magistrat non professionnel recruté parmi d'anciens professionnels de la justice ou des personnes qualifiées dans le domaine juridique. Il a une double compétence : – civile : il statue sur les litiges portant sur une somme inférieure à 4 000 euros ; – pénale : il statue sur les contraventions des quatre premières classes, sauf en cas de diffamation ou d'injure qui sont jugées par le tribunal de police.
Pénal	**Juge de la liberté et de la détention (JLD)**	Le JLD siège au TGI. Il est compétent pour juger des questions relatives à la détention provisoire, au placement sous contrôle judiciaire et aux perquisitions. Il intervient également pour donner son accord en cas de rétention des étrangers et de placement sous soins psychiatriques sans consentement (hospitalisation d'office et à la demande d'un tiers).
	Juge de l'application des peines (JAP)	Le JAP siège au TGI. Il fixe les modalités de l'exécution des peines privatives de liberté ou de certaines peines restrictives de liberté, en orientant et en contrôlant les conditions de leur application (sursis avec mise à l'épreuve, permissions de sorties, semi-liberté, libération conditionnelle...). Il est assisté par le SPIP.

b. Le parquet (ou le ministère public)

Il s'agit de l'ensemble des magistrats qui sont chargés de veiller au respect de la loi et de la bonne conduite du procès pénal au nom de la collectivité. Au cours du procès pénal, il ne juge pas (c'est le rôle des magistrats du siège) mais requiert une peine contre l'accusé.

Le ministère public est constitué :

– du procureur général et des avocats généraux (à ne pas confondre avec les avocats) à la Cour de cassation et dans les cours d'appel ;

– du procureur de la République et des substituts du procureur dans les TGI.

À noter

Il existe également les auxiliaires de justice, comme les avocats, les huissiers de justice, les greffiers et les notaires.

Pour en savoir +...

Ouvrages et articles

- MARQUIER Rémy, « 1,2 million de travailleurs sociaux en 2011 », *Études et Résultats* n° 893, DREES, septembre 2014.
- RAVON Bernard et ION Jacques, *Les Travailleurs sociaux*, La Découverte, 8e édition, 2012.
- ROCHUT Julie, « Métiers de la rééducation : des professionnels toujours plus nombreux », *Études et Résultats* n° 895, DREES, octobre 2014.

Articles de la revue *Lien social*

- « Aide médico-psychologique : un métier en quête de reconnaissance », n° 969, avril 2010.
- « Assistante familiale : le métier impossible ? », n° 1116, décembre 2014.
- « Auxiliaire de vie sociale : femme de ménage ou travailleur social », n° 945, octobre 2009.
- « Éducateur, métier à risque ? », n° 1023, juin 2011.
- « Éducateur de jeunes enfants : acteurs de prévention précoce », n° 774, novembre 2006.
- « Technicien de l'intervention sociale et familiale : un métier en voie de reconnaissance », n° 928, mai 2009.

8 Le secret professionnel

1. Définitions

Il faut distinguer quatre notions.

Le secret professionnel	La discrétion professionnelle	Le droit de réserve	Le respect de la vie privée

a. Le secret professionnel

Cette notion ne concerne que les personnes qui sont soumises au secret professionnel. Il s'agit de l'obligation pénale de ne pas révéler les informations confidentielles recueillies dans l'exercice professionnel. Le secret porte non seulement sur les éléments qui ont été confiés mais aussi sur tout ce qui a pu être vu, lu, entendu, compris ou déduit par le professionnel.

Sa violation constitue une infraction (délit) qui engage la responsabilité pénale. Le secret professionnel n'est pas un droit pour le professionnel mais une **obligation pénale**. En revanche, il constitue un droit pour l'usager.

> Article 226-13 du Code pénal :
>
> « La révélation d'une information à caractère secret par une personne qui en est dépositaire soit par état ou par profession, soit en raison d'une fonction ou d'une mission temporaire, est punie d'un an d'emprisonnement et de 15 000 euros d'amende. »

b. La discrétion professionnelle

Cette notion concerne les salariés en général. Il s'agit de l'obligation qui leur est faite de ne rien divulguer qui puisse nuire à l'institution qui les emploie. Elle protège l'institution employeur. Elle s'applique donc notamment aux salariés des organismes de droit privé gestionnaires d'établissements et des services sociaux et médico-sociaux.

Le manquement à cette obligation constitue une **faute professionnelle** susceptible d'être sanctionnée, en tant que telle, par l'employeur (avertissement, blâme, mutation, licenciement).

c. Le devoir de réserve

Cette notion concerne uniquement les fonctionnaires et les agents contractuels de droit public. Il s'agit de l'obligation de manifester neutralité et impartialité dans l'exercice de leurs fonctions (obligation plus ou moins forte en fonction de la place dans la hiérarchie). Elle vise à sauvegarder les intérêts de l'administration.

Sa violation est une **faute professionnelle** susceptible de sanctions disciplinaires de la part de l'employeur et relève du droit administratif.

d. Le respect de l'intimité et de la vie privée

Cette notion concerne l'ensemble des citoyens. Elle est consacrée à la fois par l'article 9 du Code civil et les articles 226-1 et suivants du Code pénal.

Sa violation engage la **responsabilité civile et pénale**.

2. Les personnes soumises au secret professionnel

On peut être tenu au secret pour différentes raisons.

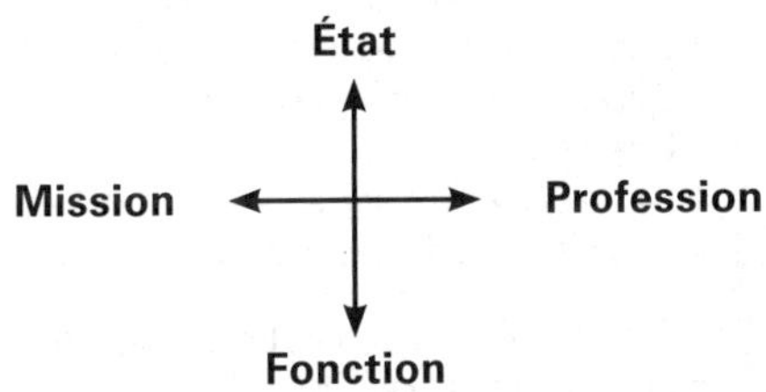

Seules la profession, la fonction et la mission concernent les professionnels du secteur sanitaire et social.

a. Les personnes soumises au secret professionnel en raison de leur profession

Les personnes soumises au secret professionnel en raison de leur profession ne peuvent l'être que parce qu'un texte législatif ou réglementaire le prévoit expressément.

Assistants de service social	Article L. 441-3 du Code de l'action social et des familles : « Les étudiants de service social et les étudiants des écoles se préparant à l'exercice de cette profession sont tenus au secret professionnel dans les conditions et sous les réserves énoncées aux articles 226-13 et 226-14 du Code pénal. » Il s'agit de la seule profession sociale soumise au secret en raison de la profession. Les éducateurs, par exemple, ou les CESF ne sont pas soumis au secret en raison de leur profession. (Ils peuvent l'être à un autre titre, c'est-à-dire en raison de leur fonction ou de leur mission.)

Professions de santé	• Médecins • Sages-femmes • Infirmiers • Masseurs-kinésithérapeutes • Orthophonistes De façon plus générale, l'article L. 1110-4 du Code de santé publique soumet toutes les professions de santé au secret en raison de leur profession.
Professionnels de la protection judiciaire de la jeunesse	Le décret du 30 octobre 2013 soumet les agents de la protection judiciaire de la jeunesse au secret en raison de leur profession (ils le sont également au titre de leur qualité de fonctionnaire).
Professions juridiques	• Magistrats • Avocats • Notaires

b. Les personnes soumises au secret professionnel en raison de leur fonction

Membres de commissions et de conseils	• Conseil pour les droits et devoirs des familles • Commission d'agrément à l'adoption • Conseil national pour l'accès aux origines personnelles (CNAOP) • Commission départementale des soins psychiatriques • Commission des droits et de l'autonomie des personnes handicapées (CDAPH) • Commission de surendettement • Commission de coordination des actions de prévention des expulsions (CCAPEX) • Commission droit au logement opposable (DALO)
Membres de certains organismes	• Service national d'accueil téléphonique de l'enfance en danger (SNATED) • Observatoire national de l'enfance en danger (ONED) • Équipe pluridisciplinaire d'évaluation des MDPH (EPE) • Service pénitentiaire d'insertion et de probation (SPIP) • Système intégré d'accueil et d'orientation (SIAO) • Centre communal d'action sociale (CCAS) • Organismes d'assurance maladie • Services de l'administration fiscale • Coordonnateur nommé par le maire dans le cadre de la loi de prévention de la délinquance
Personnes participant à certains dispositifs	Instruction, évaluation, attribution, orientation dans le cadre des procédures de demande : • de revenu de solidarité active (RSA), projet personnalisé d'accès à l'emploi (PPAE), contrat d'engagements réciproques ; • d'aide sociale ; • de traitement du surendettement ; • d'accès au logement, d'hébergement et d'accompagnement social lié au logement (ASLL).
Fonctionnaires	• Fonction publique d'État • Fonction publique territoriale • Fonction publique hospitalière

c. Les personnes soumises au secret professionnel en raison d'une mission, même temporaire

Mission de protection de l'enfance	• Personnels de l'ASE (inspecteurs, psychologues, éducateurs, TISF, personnel administratif...) • Personnels des établissements et services mettant en œuvre les mesures de protection sociale et judiciaire (foyers de l'enfance et maisons d'enfants à caractère social, services d'aide à domicile, assistants familiaux)
Mission de protection maternelle et infantile	• Personnels des PMI (puéricultrices, éducateurs de jeunes enfants, TISF, personnels administratifs ayant connaissance des carnets de santé, de grossesse, des certificats médicaux...) • Personnels collaborant avec la PMI (services de santé scolaire)

À noter

En revanche, ces personnes sont obligées de transmettre les informations préoccupantes, les situations d'enfants en danger, qu'ils sont amenés à connaître, au président du conseil départemental.

3. Le partage d'informations à caractère secret

Cette notion est consacrée dans quatre situations.

1. Entre professionnels de santé	**2. Entre professionnels de la protection de l'enfance**	**3. Entre professionnels de l'action sociale**	**4. Entre autorité judiciaire et Éducation nationale**

a. Le partage d'informations entre professionnels de santé

La loi du 4 mars 2002 relative aux droits des patients consacre pour la première fois la notion de partage d'informations à caractère secret entre professionnels de santé.

> Article L.1110-4 du Code de l'action sociale et des familles :
>
> « Lorsque la personne est prise en charge par une équipe de soins dans un établissement de santé, les informations la concernant sont réputées confiées par le malade à l'ensemble de l'équipe. »

Quatre conditions sont requises :
- être un professionnel de santé (donc soumis au secret professionnel) ;
- suivre le même patient ;

– ne transmettre que les informations strictement nécessaires à l'objectif thérapeutique ;
– informer obligatoirement le patient qui peut s'y opposer.

b. Le partage d'informations entre professionnels de la protection de l'enfance

La loi du 5 mars 2007 réformant la protection de l'enfance en danger consacre, quant à elle, le partage d'informations entre professionnels concourant à la protection de l'enfance.

> Article L.226-2 du Code de l'action sociale et des familles :
> « Les personnes soumises au secret professionnel qui mettent en œuvre la politique de protection de l'enfance ou qui lui apportent leurs concours sont autorisés à partager entre elles des informations à caractère secret afin d'évaluer une situation individuelle, de déterminer et de mettre en œuvre les actions de protection et d'aide dont les mineurs et leur famille peuvent bénéficier. »

Quatre conditions sont requises :
– être soumis au secret professionnel (peu importe à quel titre) ;
– évaluer une situation individuelle ;
– ne transmettre que les informations strictement nécessaires à la mission de protection ;
– informer obligatoirement les représentants légaux, voire l'enfant (sauf si cela est contraire à l'intérêt de l'enfant).

c. Le partage d'informations entre professionnels de l'action sociale

La loi du 5 mars 2007 relative à la prévention de la délinquance organise un partage d'informations entre professionnels de l'action sociale.

> Article L.121-6-2 du Code de l'action sociale et des familles : « Par exception à l'article 226-13 du même Code, les professionnels qui interviennent auprès d'une même personne ou d'une même famille sont autorisés à partager entre eux des informations à caractère secret, afin d'évaluer leur situation, de déterminer les mesures d'action sociale nécessaires et de les mettre en œuvre.

> Lorsqu'un professionnel de l'action sociale constate que l'aggravation des difficultés sociales, éducatives ou matérielles d'une personne ou d'une famille appelle l'intervention de plusieurs professionnels, il en informe le maire de la commune de résidence et le président du conseil général. L'article 226-13 du Code pénal n'est pas applicable aux personnes qui transmettent des informations confidentielles dans les conditions et aux fins prévues au présent alinéa. »

Le maire peut alors nommer un coordonnateur parmi les professionnels qui interviennent après accord de sa hiérarchie et avis du président du conseil départemental. Ce coordonnateur est bien entendu soumis au secret professionnel.

d. Points communs aux trois situations de partage d'informations évoquées précédemment

Dans tous les cas, il est à noter que :

– l'on parle de partage d'informations à caractère secret et non pas de secret partagé ;

– ce partage est une possibilité laissée au professionnel et en aucun cas une obligation ;

– le partage ne peut se faire qu'entre personnes soumises au secret et ne doit porter que sur les informations strictement nécessaires à l'évaluation et à la prise en charge d'une personne ;

– ces règles sont édictées par le Code de la santé publique et le Code de l'action sociale et des familles, pas par le Code pénal et qu'il n'y a donc aucune sanction pénale possible.

e. Le partage d'informations entre l'autorité judiciaire et l'Éducation nationale

L'article 6 de la loi de programmation relative à l'exécution des peines prévoit que la justice est obligée de signaler certaines infractions aux autorités scolaires. L'objectif est de prévenir les responsables d'établissements scolaires qui accueillent des élèves ayant commis certaines infractions afin de prévenir la récidive.

L'auteur de l'infraction peut être un mineur ou un majeur condamné, placé sous contrôle judiciaire ou bénéficiant d'un aménagement de peine.

Les infractions concernées sont les crimes (de toute nature), les délits d'agression sexuelle, d'atteinte sexuelle sur mineur, de proxénétisme à l'égard d'un mineur, et de recours à la prostitution d'un mineur.

L'information doit obligatoirement être transmise au directeur d'académie et au chef d'établissement. Ce dernier peut informer les conseillers principaux d'éducation ainsi que les professionnels sociaux et de santé soumis au secret professionnel, mais en aucun cas les enseignants, les parents d'élèves ou les élèves.

Si la justice a obligation de transmettre ces informations aux autorités scolaires, la loi lui laisse le choix de transmettre à la personne ou à l'établissement (foyer) qui héberge l'élève.

Pour en savoir +...

Ouvrages et articles

- LAFORE Robert, « Travail social et secret professionnel », *RDSS* n° 5, 2010.
- LE BRIS Maryannick, « Étendre le secret professionnel à tous les travailleurs sociaux : une nécessité, plaide l'ONES », *ASH* n° 2832, 8 novembre 2013.
- LHUILLIER Jean-Marc, « Le secret professionnel des travailleurs sociaux », *ASH* n° 2864, 13 juin 2014.
- LHUILLIER Jean-Marc, « Le secret professionnel des travailleurs sociaux : les exceptions infirment la règle », *ASH Magazine* n° 20, mars/avril 2007.
- ROSENCZVEIG Jean-Pierre et VERDIER Pierre, *Le Secret professionnel en travail social et médico-social*, Dunod, 2011.

Recommandations de bonnes pratiques professionnelles de l'ANESM

- *Le Partage d'informations à caractère secret en protection de l'enfance*, décembre 2010.
- *Le Questionnement éthique dans les établissements et services sociaux et médico-sociaux*, juin 2010.

Textes juridiques

- Guide ministériel sur la cellule départementale de recueil, de traitement et d'évaluation des informations préoccupantes.
- Circulaire du 9 mai 2007 relative à la prévention de la délinquance.
- Circulaire du 14 mai 2012 sur les dispositions de droit pénal et de procédure pénale.

9 Les droits des usagers

1. La loi de rénovation sociale et médico-sociale

Les droits des usagers dans les établissements et services sociaux et médico-sociaux ont été définis par la loi de rénovation sociale et médico-sociale du 2 janvier 2002. Le champ d'application de la loi du 2 janvier 2002 est limité aux établissements et aux services du secteur social et médico-social (voir le chapitre 6 de la partie 2).

La loi de rénovation sociale ne se limite pas aux droits des usagers. Elle définit les fondements et les missions de l'action sociale et médico-sociale et instaure des procédures d'évaluation et des modalités de coopération entre les différents acteurs de ce secteur. Nous ne traiterons ici que des droits des usagers.

a. Les droits

La loi rappelle les droits fondamentaux de la personne et crée de nouveaux droits comme le droit à l'information ou à la participation.

Droits fondamentaux :
- dignité
- respect de la vie privée, confidentialité, intimité
- non-discrimination et égalité de traitement
- protection, sécurité, intégrité, prévention et soutien

Droit à l'information :
- accès au dossier
- information sur les droits et les voies de recours

Les droits des usagers

Droit à une prise en charge individualisée et de qualité :
- projet personnalisé

Droit à la participation :
- libre choix, droit à la renonciation
- participation au projet avec consentement éclairé
- respect des droits civiques

b. Les outils visant à garantir les droits des usagers

Afin de garantir la mise en œuvre effective des droits, la loi crée sept nouveaux outils.

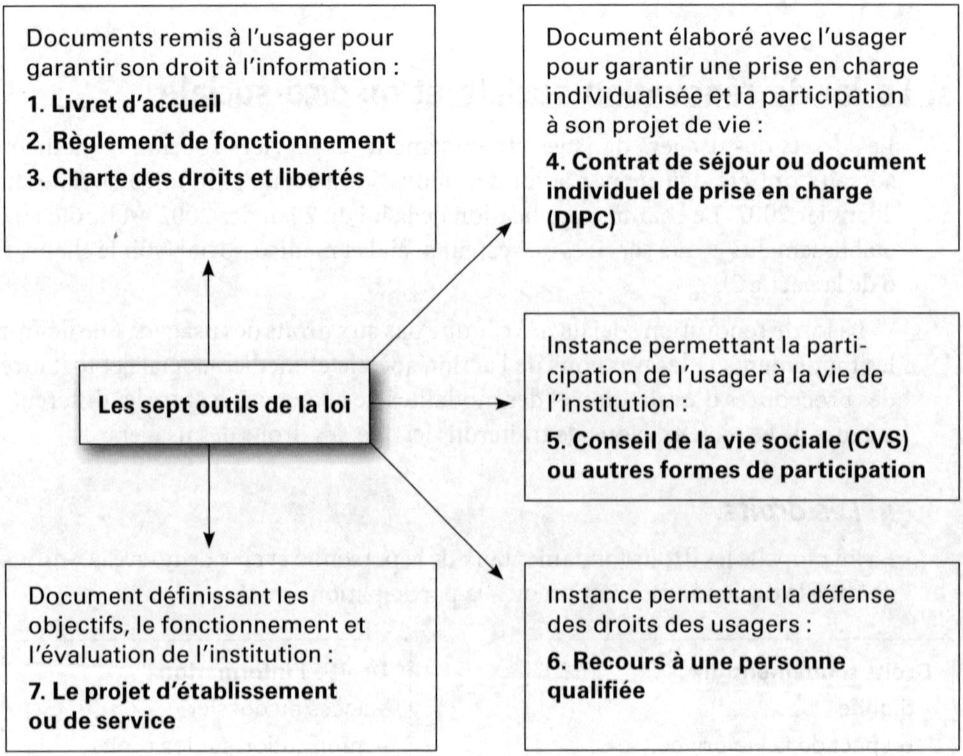

2. L'information des usagers

Trois documents doivent obligatoirement être remis à chaque usager ou son représentant légal afin de garantir le droit à l'information.

a. Le livret d'accueil

L'objectif du livret d'accueil est d'**informer l'usager sur l'institution qui l'accueille**. La loi ne précise pas de mentions obligatoires mais propose un contenu indicatif :

– informations relatives à l'établissement ou au service (situation géographique et moyens d'accès, organigramme, organisation et fonctionnement, organisme gestionnaire, liste des personnes qualifiées) ;

– informations relatives aux conditions d'accueil et de séjour (modalités d'admission, participation financière éventuelle, formes de participation des usagers et de leurs familles…) ;

– informations relatives aux règles concernant la loi du 6 janvier 1978 sur l'informatisation des données nominatives et sur l'accès et la communication du dossier de l'usager.

Le livret d'accueil est élaboré par le gestionnaire de la structure.

b. La Charte des droits et libertés

Elle comprend **12 articles** qui énoncent :

– des **principes**, comme le principe de non-discrimination, de libre choix, de consentement éclairé, de respect de la dignité de la personne et de son intimité ;

– des **droits**, comme le droit à une prise en charge ou à un accompagnement adapté, à l'information, à la renonciation, aux liens familiaux, à la protection, à l'autonomie, à l'exercice des droits civiques et à la pratique religieuse.

c. Le règlement de fonctionnement

L'objectif de ce document est de définir les **droits de la personne accueillie** et les **règles de vie en collectivité** à respecter. Il ne faut pas le confondre avec le règlement intérieur qui concerne les salariés.

Il doit contenir les éléments suivants :

– modalités d'exercice des droits des usagers ;

– modalités d'association des familles à la vie de la structure ;

– règles de vie en collectivité (règles d'hygiène et de sécurité, respect des personnes, des locaux et des équipements, rythmes de vie collectifs…) ;

– organisation et affectation des locaux et des équipements ;

– modalités d'organisation des transports, transferts et déplacements ;

– mesures d'urgence ou de situation exceptionnelle (évacuation des locaux) ;

– temps de sortie autorisés et procédures de signalement déclenchées en cas de sortie non autorisée.

Il est élaboré par le gestionnaire de la structure. Il doit être soumis à l'avis des représentants du personnel et des usagers dans le cadre du conseil de la vie sociale ou des autres formes de participation des usagers. Il est établi pour une durée maximale de cinq ans.

À noter

La Charte des droits et libertés et le règlement de fonctionnement doivent :

– être annexés au livret d'accueil remis à l'entrée dans l'institution de chaque usager ;

– être affichés dans les locaux.

3. La participation des usagers

a. Le contrat de séjour ou le document individuel de prise en charge (DIPC)

Ces documents garantissent le **droit à la participation de l'usager à son projet de vie**. Le projet individualisé de l'usager est formalisé dans un contrat de séjour ou dans un DIPC qui définissent les objectifs de la prise en charge et les moyens mis en œuvre pour atteindre ces objectifs.

Contrat de séjour	DIPC
Proposé dans les structures dont la durée prévisionnelle de séjour est supérieure à deux mois : • structures accueillant des mineurs en danger au titre de la protection sociale, des enfants et des adultes handicapés, des personnes âgées, des familles en difficulté sociale... ; • foyers de jeunes travailleurs (FJT) ; • lieux de vie et structures expérimentales ou innovantes.	Obligatoire en cas d'absence de contrat de séjour : • structures accueillant des mineurs en danger au titre de l'assistance éducative ; • services proposant une prise en charge ambulatoire ou à domicile (c'est-à-dire sans aucun séjour de l'usager en établissement) ; • autres structures avec contrat de séjour lorsque l'usager a refusé de le signer.

➲ Contenu du contrat de séjour ou du DIPC

On doit y trouver les éléments suivants :

– objectifs de la prise en charge ;

– prestations mises en œuvre pour la réalisation des objectifs fixés ;

– conditions d'accueil et de séjour ;

– mesures administratives, judiciaires, médicales, thérapeutiques prises par les autorités compétentes dont doit tenir compte la structure ;

– conditions éventuelles de participation financière de l'usager ;

– durée, conditions de suspension, de modification ou de résiliation du contrat ;

– conditions d'admission à l'aide sociale le cas échéant.

➲ Élaboration du contrat de séjour

La procédure est la suivante :

– rédaction du contrat (ou du DIPC) initial dans les quinze jours qui suivent l'admission ;

– signature du contrat dans le mois suivant l'admission par l'usager ou son représentant légal, et le représentant de la structure ;

– rédaction dans les six mois d'un avenant précisant les objectifs et les prestations adaptées à la prise en charge de l'usager ;

– réactualisation tous les ans des objectifs et des prestations proposées.

À noter

À la différence du contrat de séjour, le DIPC n'est pas signé.

b. Le conseil de la vie sociale (CVS) et les autres formes de participation

Ces instances garantissent le droit à participer à la vie de l'établissement ou du service.

CVS	Autres formes de participation
Instance collective de consultation des usagers : • obligatoire dans les structures assurant un hébergement ou un accueil de jour continu ou une activité d'aide par le travail ; • facultative dans les structures accueillant des mineurs de moins de 11 ans ou des mineurs confiés par l'autorité judiciaire et dans celles n'assurant pas un accueil de jour en continu (services intervenant au domicile par exemple). Mise en place obligatoire dans les structures dans lesquelles il n'y a pas de CVS en raison de son caractère facultatif (structures pour mineurs ou services à domicile par exemple).	Trois modalités possibles : • groupes d'expression ; • enquêtes de satisfaction (obligatoires pour les services à domicile) ; • consultations des usagers. La forme de participation choisie, sa composition et ses modalités de fonctionnement doivent être précisées dans le règlement de fonctionnement.

➲ Rôle du CVS

Il donne un avis non obligatoire et fait des propositions sur les points suivants :
- règlement de fonctionnement et projet d'établissement ou de service ;
- activités et animations institutionnelles, projets de travaux et d'équipement ;
- affectation et entretien des locaux, nature et prix des prestations proposées ;
- modifications importantes concernant les modalités de prise en charge.

Les autres formes de participation peuvent porter sur tout ou partie de ces domaines.

➲ Composition minimale du CVS

Il doit comprendre :
- au moins deux représentants des usagers ou des représentants légaux (le nombre total de représentants d'usagers doit être supérieur à la moitié du nombre total des membres du CVS) ;
- un représentant du personnel ;
- un représentant de l'organisme gestionnaire.

Le directeur de la structure participe avec simple voix consultative.

La présidence est assurée par un représentant des usagers, sauf dans les structures accueillant des mineurs au titre de la protection judiciaire (dans ce cas, c'est le directeur qui préside avec voix délibérative).

➲ Fonctionnement du CVS

Il doit être établi un règlement intérieur du CVS qui précise ses modalités d'organisation et de fonctionnement. Il se réunit au moins trois fois par an. Les membres du CVS sont convoqués par son président qui fixe un ordre du jour communiqué à ses membres au moins huit jours avant la tenue de la séance. Les délibérations sont prises à la majorité des membres présents (quorum obligatoire supérieur à la moitié des membres). Le compte-rendu de séance est signé par le président.

4. Le respect des droits des usagers

a. Le recours à une personne qualifiée

Lorsqu'un usager estime que ses droits ne sont pas respectés, il peut faire appel à une personne qualifiée et éviter ainsi un recours contentieux.

Le préfet du département et le président du conseil départemental établissent conjointement une liste sur laquelle figurent l'ensemble des personnes qualifiées du département. Il s'agit de personnes choisies en fonction de leurs compétences, leur expérience et leur intérêt pour la question des droits des usagers.

En cas de litige sur la question des droits entre l'établissement ou le service et l'usager, ce dernier peut alors demander à consulter la liste des personnes qualifiées et en choisir une qui va intervenir pour tenter une conciliation entre les deux parties.

La personne qualifiée doit rendre compte de toutes ses interventions et des suites à donner à l'usager directement concerné, ou son représentant légal, aux instances chargées du contrôle de l'établissement ou du service, et à l'organisme gestionnaire.

b. Le contrôle de la mise en œuvre des droits des usagers

Les atteintes suivantes aux droits des usagers sont passibles de sanctions pénales :

– non remise des documents aux usagers et à leurs représentants légaux (livret d'accueil, Charte des droits et libertés, règlement de fonctionnement) ;

– absence de règlement de fonctionnement et de projet d'établissement ou de service ;

– absence de CVS ou d'une autre forme de participation ;

– impossibilité de recourir à une personne qualifiée ;

– non-respect du droit à une vie familiale dans les institutions de protection de l'enfance et celles accueillant des personnes en difficulté.

Ces infractions sont constatées lors d'enquêtes effectuées par des agents habilités par le ministère de l'Économie. Ils peuvent accéder aux locaux et à tout document ou élément d'information, recueillir des renseignements et justifications sur place ou sur convocation. Le secret professionnel ne peut leur être opposé. Le fait de s'opposer à ces enquêtes est passible d'une peine d'emprisonnement de six mois et d'une amende de 7 500 euros.

ZOOM SUR

Le projet d'établissement ou de service

Un projet d'établissement ou de service doit être obligatoirement élaboré dans toutes les structures relevant du champ d'application de la loi du 2 janvier 2002. Il garantit la qualité des prestations proposées et comprend a minima les éléments suivants :

– les besoins des personnes accueillies ou prises en charge ;

– les objectifs de l'institution notamment en matière de coordination, de coopération et d'évaluation des activités et des prestations ;

– les activités et prestations proposées ;

– les modalités d'organisation et de fonctionnement ;

– les moyens humains, matériels et financiers ;

Ce projet est établi par le directeur de l'établissement ou du service pour une durée maximale de cinq ans après avis du CVS ou d'une autre forme de participation des usagers.

5. Les droits des malades

a. La loi Kouchner

La **loi du 4 mars 2002 sur les droits des malades et la qualité du système de santé** définit les droits des patients sur le même modèle que la loi du 2 janvier 2002 sur les droits des usagers. Elle met donc en place des garanties visant à leur mise en œuvre effective. Les droits reconnus sont les suivants :

- droit au respect de la dignité, de l'intimité, du secret médical ;

- principe de non-discrimination dans l'accès aux soins ;

- droit à l'information et au droit de ne pas être informé sur son traitement, sa maladie ou ses conséquences ;

- droit d'accès direct au dossier médical sans passer par l'intermédiaire d'un médecin (sauf pour les mineurs et les majeurs protégés) et droit d'accès aux informations médicales ;

- droit au consentement libre et éclairé ;

- droit au traitement de la douleur et aux soins palliatifs.

Il est possible de désigner officiellement une personne de confiance pour exprimer la volonté du patient. Cette personne peut accompagner le malade lors des entretiens médicaux, l'aider dans la prise de décision. Elle représente la volonté du malade et son avis prime sur l'avis des autres proches du malade.

b. La loi Leonetti

La France interdit l'euthanasie mais la loi du 22 avril 2005 reconnaît un **droit au « laisser-mourir »** pour les patients en fin de vie. Elle autorise dans certaines conditions l'arrêt d'un traitement médical ou la prescription d'un traitement antidouleur qui aurait pour effet secondaire d'abréger la vie.

La loi pose ainsi le principe du non-acharnement thérapeutique et de la dignité du mourant. Les actes médicaux ne doivent pas être poursuivis ou entrepris lorsqu'ils sont inutiles ou disproportionnés et n'ont comme effet que le seul maintien artificiel de la vie. Dans ce cas, le médecin informe le malade, la personne de confiance ou à défaut la famille. La décision ne peut être prise qu'après l'avis d'autres médecins : elle doit être collégiale et inscrite dans le dossier médical.

Il est possible de rédiger des directives anticipées dans le cas où une personne serait un jour dans l'incapacité d'exprimer sa volonté. Cette directive est révocable à tout moment. Elle s'impose au médecin si elle est établie au moins trois mois avant l'état d'inconscience.

En l'absence de directives anticipées, l'avis de la personne de confiance prévaut sur tout avis médical et sur celui de la famille. En l'absence de personne de confiance, l'arrêt du traitement peut se faire après avoir consulté les proches du mourant et d'autres médecins..

À noter

Une proposition de loi visant à réformer la loi Leonetti est actuellement en cours de débat au Parlement. L'objectif n'est pas d'autoriser l'euthanasie mais de permettre la prescription d'une sédation profonde et continue.
Il serait également question de donner davantage de poids aux directives anticipées.

Pour en savoir +...

Ouvrages

- ANDRE Sophie, « Les droits des usagers des structures sociales et médico-sociales », numéro juridique des *ASH* 2737, décembre 2011.
- BARBE Laurent, *Une autre place pour l'usager ? Intervenir dans le secteur social et médico-social*, La Découverte, 2006.
- CREAI Rhône-Alpes, *La Loi de rénovation de l'action sociale au quotidien*, L'Harmattan, 2008.
- CSTS, *L'Usager au centre du travail social*, ENSP, 2007.
- JANVIER Roland et MATHO Yves, *Les Droits des usagers*, Dunod, 2013.

- JANVIER Roland et MATHO Yves, *Comprendre la participation des usagers dans les organismes sociaux et médico-sociaux*, Dunod, 2011.
- LHUILLIER Jean-Marc, *Les Droits des usagers dans les établissements sociaux et médico-sociaux*, EHESP, 2009.

Revue *Les Cahiers de l'actif*

- *Du projet institutionnel au projet personnalisé ou comment accompagner le changement dans la complexité*, n° 372/375, 2007.
- *Droit des usagers – Gestion des risques : la double contrainte du directeur*, n° 362/363, 2006.
- *L'Accompagnement personnalisé dans les ESSMS : repères et outils opérationnels à l'usage des professionnels*, n° 448/451, 2013.
- *La Pratique du contrat à l'épreuve des faits depuis la loi du 2 janvier 2002*, n° 396/397, 2009.
- *Le Déploiement de la bientraitance au quotidien : repères et outils à l'usage des professionnels en ESSMS*, n° 462/463, 2014.
- *L'Évaluation des effets de l'action pour l'usager : repères éthiques et méthodologiques*, n° 426/427, 2011.
- *Recommandations, référentiels et procédures de « bonnes pratiques » : des balises pour penser l'intervention sociale et médico-sociale ?*, n° 398/401, 2009.

Dossiers du CREAI Rhône-Alpes

- *Droit des usagers des institutions sociales et médico-sociales : quels effets sur les pratiques des professionnels ?*, octobre 2002.
- *Écrire pour être lu par l'usager : écrits professionnels et dossier de l'usager*, septembre 2005.
- *Le Traitement de la maltraitance dans les institutions : références, protocoles et procédures*, juin 2004.

Recommandations de bonnes pratiques de l'ANESM

- *Accompagner l'accès aux droits dans les établissements ou services de l'inclusion sociale relevant de l'article 31-1 du CASF*, mai 2012.
- *Concilier vie collective et personnalisation de l'accueil et de l'accompagnement*, novembre 2009.
- *Élaboration, rédaction et animation du projet d'établissement ou de service*, mai 2010.
- *La Bientraitance : définition et repères pour la mise en œuvre*, juin 2008.
- *Les Attentes de la personne et le projet personnalisé*, décembre 2008.
- *L'Expression et la participation des usagers dans les établissements relevant du secteur de l'inclusion sociale*, avril 2008.
- *L'Expression et la participation du mineur, de ses parents et du jeune majeur dans le champ de la protection de l'enfance*, décembre 2014.
- *Participation des personnes protégées dans la mise en œuvre des mesures de protection juridique*, juillet 2012.

Articles des *ASH*

- « Déjouer les pièges de la rhétorique », n° 2247, janvier 2002.
- « Loi 2002-2 : logique de marché et/ou promotion de la citoyenneté ? », n° 2411, juin 2009.

Partie 3

Les politiques sociales

Cette partie présente les principales politiques sociales à connaître pour aborder l'épreuve du DC4.

Les **chapitres 1 à 7** traitent des politiques catégorielles, politiques qui s'adressent à une catégorie de personnes concernées par une même problématique sociale :

1. La protection de l'enfance
2. Les mineurs délinquants
3. La politique familiale
4. Les personnes handicapées
5. Les personnes âgées
6. Les majeurs protégés
7. Les migrants

Les **chapitres 8 à 17** sont consacrés aux politiques sectorielles relatives à un secteur d'activité (comme le logement ou la santé) et aux politiques transversales qui concernent différents secteurs (comme la lutte contre les exclusions ou la politique de la ville) :

8. La pauvreté, la précarité et les exclusions
9. Le traitement du surendettement
10. L'accès aux soins des plus démunis
11. Le revenu de solidarité active
12. Le logement des personnes défavorisées
13. L'hébergement
14. La politique de la ville
15. La santé publique
16. La santé mentale et la psychiatrie
17. La toxicomanie et les addictions

Chaque chapitre présentera :

– l'évolution d'une politique sociale, ses objectifs et les dispositifs correspondants ;
– les principaux acteurs impliqués dans l'élaboration et la mise en œuvre de cette politique ;
– une bibliographie.

Les politiques sociales ne sont pas indépendantes les unes des autres. Il y aura donc nécessairement des redondances (politiques sociales du logement et de l'hébergement par exemple).

1 La protection de l'enfance en danger

Le dispositif de protection de l'enfance intervient lorsque « la santé, la sécurité ou la moralité du mineur sont en danger ou risquent de l'être, ou lorsque les conditions de son éducation ou de son développement physique, affectif, intellectuel et social sont gravement compromises » (article 221-1 du CASF).

« La protection de l'enfance a pour but de prévenir les difficultés auxquelles les parents peuvent être confrontés dans l'exercice de leurs responsabilités éducatives, d'accompagner les familles et d'assurer, le cas échéant, selon des modalités adaptées à leurs besoins, une prise en charge partielle ou totale des mineurs. » (article 112-3 du CASF)

Selon l'Observatoire national de l'enfance en danger (ONED), il y aurait, en 2010, 273 000 mineurs en danger et 21 300 jeunes majeurs bénéficiant d'une mesure de protection.

1. La loi du 5 mars 2007 réformant la protection de l'enfance

a. L'évolution du dispositif de protection de l'enfance

➲ De 1958 à 1964, la mise en place d'un double dispositif de protection de l'enfance en danger

L'ordonnance du 23 décembre 1958 crée l'assistance éducative, dispositif de protection judiciaire destiné aux enfants maltraités et ordonné par le juge des enfants. Le décret du 7 janvier 1959 crée un dispositif de protection sociale destiné aux mineurs en risque de danger et mis en œuvre par le service de l'aide sociale à l'enfance (ASE) relevant de la compétence de l'État.

L'enfance en danger comprend donc les enfants en risque de danger qui relèvent de la protection sociale (ou administrative) et les enfants en danger avéré ou maltraités qui relèvent de la protection judiciaire.

Le décret du 30 juillet 1964 réorganise les services de l'État en créant les directions départementales des affaires sanitaires et sociales (DDASS) auxquelles sont alors rattachés les services de l'ASE, de la protection maternelle et infantile (PMI) et de la polyvalence de secteur.

➲ De 1982 à 1986, la décentralisation de l'action sociale

La mission de protection de l'enfance en danger est dévolue aux départements par les lois de décentralisation des 7 et 22 juillet 1983. La loi du 6 janvier 1986 adapte les lois de 1983 au secteur sanitaire et social. Les compétences des DDASS en matière d'action sociale sont transférées aux services départementaux. L'ASE, la PMI et la polyvalence de secteur deviennent donc des services du conseil départemental. La protection judiciaire n'est pas modifiée. Subsiste donc toujours le double dispositif de protection.

➲ La lutte contre la maltraitance

La loi du 10 juillet 1989 a pour objectif la prévention des mauvais traitements. Elle situe le président du conseil départemental comme chef de file du dispositif de protection de l'enfance en danger. Elle affirme la priorité donnée à la protection sociale. Elle crée le Service national d'accueil téléphonique de l'enfance maltraitée (SNATEM). Parallèlement, l'Organisation des nations unies (ONU) adopte la Convention internationale des Droits de l'enfant (CIDE).

La loi du 2 janvier 2004 créé l'Observatoire national de l'enfance en danger (ONED) dans l'objectif de mieux connaître le champ de la protection de l'enfance afin de mieux prévenir et traiter la maltraitance.

b. Le contexte d'émergence de la réforme de 2007

➲ La remise en question du dispositif

De nombreux éléments sont à l'origine de cette remise en question.

Des affaires judiciaires très largement médiatisées révèlent au grand public des situations de maltraitance. Les affaires de Drancy, d'Angers et d'Outreau mettent en évidence les carences du dispositif, notamment en matière de signalement. D'autres affaires, comme celle de l'association Cheval pour tous, sont l'occasion de dénoncer les violences institutionnelles.

Avec le vote de la loi de rénovation sociale du 2 janvier 2002 et la mise en œuvre de nouveaux droits pour les usagers, se pose la question du respect des Droits des enfants et des parents dans le cadre du dispositif de protection de l'enfance.

Le rapport de 2004 du Défenseur des enfants dénonce la judiciarisation du dispositif, c'est-à-dire le nombre très important de signalements et de mesures judiciaires par rapport aux signalements et mesures administratives, montrant ainsi l'échec de la loi de 1989 donnant la priorité à la protection sociale. Il met en relief les très grandes disparités départementales, tant sur le plan des moyens financiers que sur le plan des mesures (disparités en ce qui concerne le nombre de placements par exemple), et les difficultés de coordination entre les départements et la justice, c'est-à-dire entre la protection sociale et la protection judiciaire. Il dénonce également les insuffisances en matière d'évaluation et de contrôle du dispositif. Il regrette enfin l'absence de mesures de protection intermédiaires entre les mesures d'aides à domicile et les placements.

Le rapport de décembre 2006 de l'Observatoire décentralisé de l'action sociale (ODAS) montre la forte augmentation du nombre d'enfants en danger et, notamment, des enfants en risque de danger, victimes de carences éducatives. D'autres rapports proposent une grande réforme du dispositif de protection de l'enfance (rapports parlementaires, de l'ONED, de l'IGAS...).

Des ouvrages de réflexion, comme celui de Maurice Berger, L'Échec de la protection de l'enfance (Dunod), dénonçant « l'idéologie du lien familial », participent également à cette remise en cause. Mais c'est surtout l'appel des 100, lancé en septembre 2005 par le président du tribunal pour enfants de Bobigny, Jean-Pierre Rosenczveig, qui contribue à l'élaboration d'un projet de loi.

➲ L'élaboration du texte et sa mise en œuvre

Le texte de 2007 est le résultat d'une large consultation. De nombreux groupes de travail sont organisés avec la participation de l'ensemble des acteurs, tant sur le plan national que local (associations de protection de l'enfance, présidents des conseils départementaux...), qui sont invités à faire partager leurs pratiques en matière de protection de l'enfance.

Contrairement aux habitudes en matière réglementaire, très peu de décrets d'application seront publiés. La mise en œuvre de la loi est principalement assurée par la publication de cinq guides mis en ligne sur Internet en mai 2005 (cf. bibliographie).

c. Les cinq objectifs et les dispositions de la réforme du 5 mars 2007

➲ Clarifier et articuler les missions du conseil départemental et de la justice

Pour limiter la judiciarisation du dispositif et éviter les difficultés d'articulation entre les différents acteurs, la loi réorganise le double dispositif de protection en subordonnant l'intervention judiciaire à l'intervention du conseil départemental. La protection administrative doit dorénavant intervenir de façon prioritaire pour l'ensemble des situations de danger. La protection judiciaire est limitée aux trois cas suivants :
– échec de la protection administrative ;
– refus des parents d'adhérer à une mesure administrative ;
– impossibilité d'évaluer la situation en cas d'urgence.

➲ Recentrer le dispositif sur la prévention et développer la prévention précoce

La loi supprime la distinction entre enfants en risque de danger et enfants maltraités pour conserver la seule notion d'enfant en danger. Le terme maltraitance disparaît dans les textes et le SNATEM devient le Service national d'accueil téléphonique de l'enfance en danger (SNATED). La mission de protection du conseil départemental est redéfinie comme une mission prioritaire de prévention, d'accompagnement et de soutien des parents dans leurs responsabilités parentales.

Pour développer la prévention précoce et prévenir les situations de maltraitance, la loi renforce le rôle de la PMI :

- intégration de la PMI (jusqu'alors inscrite seulement dans le Code de la santé publique) dans le Code des affaires sociales et des familles ;
- introduction d'un nouvel entretien psychosocial au 4e mois de grossesse ;
- généralisation des bilans de santé entre 3 et 4 ans en maternelle.

De même, elle renforce les actions du service de santé scolaire en rendant obligatoires les examens de santé à 6, 9, 12 et 15 ans.

➲ Centraliser le dispositif d'information, d'évaluation, de traitement et de recueil des situations de danger

Afin de souligner la mission de prévention et d'aide aux familles, on parle désormais d'informations préoccupantes et non plus de signalement. Le terme signalement est alors réservé aux transmissions à la justice. Pour mieux connaître les situations de danger, la loi prévoit la mise en place par le conseil départemental :

- d'une cellule de recueil, d'évaluation et de traitement des informations préoccupantes ;
- d'un observatoire départemental de la protection de l'enfance (ODPE) chargé de transmettre les données relatives aux informations préoccupantes (de façon anonyme) à l'ONED afin de pouvoir disposer de statistiques fiables.

➲ Diversifier les mesures de protection

Pour mieux adapter les mesures de protection à chaque situation, deux nouvelles mesures d'aide à domicile sont créées :

- l'accompagnement en économie sociale et familiale (AESF) dans le cadre de la protection sociale ;
- la mesure judiciaire d'accompagnement à la gestion du budget familial (MJAGBF) dans le cadre de la protection judiciaire.

De nouvelles modalités de prises en charge intermédiaires entre le maintien à domicile et le placement sont généralisées, comme l'accueil modulable, l'accueil périodique ou exceptionnel, le placement à domicile, l'accueil d'urgence…

➲ Réaffirmer les droits des enfants et des parents

Pour mettre en cohérence le dispositif de protection de l'enfance avec les droits des usagers, la loi réaffirme le droit des parents à être informés et associés aux décisions. Pour cela, elle prévoit l'élaboration de deux documents obligatoires :

– le **projet pour l'enfant** (PPE) qui définit les objectifs et les modalités de prise en charge et qui est signé par les parents et le conseil départemental ;

– le **rapport annuel** transmis aux parents qui permet d'évaluer et d'adapter régulièrement la prise en charge.

2. Les acteurs de la protection de l'enfance en danger

L'enfant et ses parents sont les principaux acteurs du dispositif. Le PPE est l'un des outils qui permet de prendre en compte leurs besoins et de définir avec eux les modalités d'accompagnement.

a. Le conseil départemental : chef de file de la protection de l'enfance

➲ Les missions du conseil départemental

La politique du département en la matière est définie dans le **schéma départemental de la protection de l'enfance**. Il organise des actions de prévention du danger, de prévention spécialisée et de soutien à la parentalité. Il finance l'ensemble des mesures de protection, qu'elles soient sociales ou judiciaires. Il assure l'accueil et l'hébergement des mineurs. À ce titre, il gère le foyer départemental de l'enfance chargé d'accueillir 24 h/24 les mineurs nécessitant un hébergement d'urgence. Il délivre les agréments d'assistant maternel et d'assistant familial et assure la formation et le contrôle des familles d'accueil. Il est le garant de l'articulation entre les différents acteurs du territoire et, à ce titre, peut éditer un guide de protection de l'enfance à destination des professionnels impliqués dans le dispositif.

Il intervient également en matière d'adoption (délivrance de l'agrément à l'adoption) et dans la procédure d'accès aux origines personnelles en coordination avec le Conseil national d'accès aux origines personnelles (CNAOP).

➲ Les services du conseil départemental

Cinq services interviennent dans le cadre de l'enfance en danger.

La **cellule départementale de recueil, de traitement et d'évaluation des informations préoccupantes** centralise l'ensemble de ces informations quelle que soit leur origine. Les modalités de traitement et d'évaluation des informations préoccupantes varient d'un département à l'autre. Les cellules départementales peuvent également remplir des missions d'information et de sensibilisation destinée aux personnels du département et à l'ensemble des partenaires concernés.

L'**ODPE** reçoit les données anonymes de la part des cellules départementales (nombre d'informations préoccupantes, de signalements, de mesures sociales et judiciaires) et les transmet à l'ONED qui peut ainsi établir des statistiques complètes sur le plan national. Les statistiques départementales permettent d'analyser, d'évaluer et d'adapter la politique départementale dans le schéma de protection de l'enfance.

En ce qui concerne les missions précises des services de l'ASE, de la PMI et de polyvalence, se reporter au chapitre 3 de la partie 2.

b. Les partenaires du conseil départemental

➲ L'État

La justice intervient de façon subsidiaire dans les trois cas prévus par la loi (voir ci-avant).

Le **procureur de la République** chargé des mineurs reçoit les signalements d'enfants en danger, peut prendre des mesures de protection provisoires et transmet les signalements au juge des enfants.

Le **juge des enfants**, au titre de l'article 345 du Code civil (assistance éducative), est à la fois juge d'instruction (enquêtes) et juge du fond. Il décide les trois mesures judiciaires d'assistance éducative, c'est-à-dire la MJAGBF, l'action éducative en milieu ouvert (AEMO) ou le placement judiciaire.

L'État intervient également avec les services de police, comme la **brigade de protection des mineurs** (BPM).

➲ Le secteur associatif

Les mesures de protection peuvent être exercées directement par l'ASE ou un service spécialisé du conseil départemental ou être confiées, par voie de convention, à un établissement ou un service géré par le secteur associatif et habilité à recevoir des mineurs :

- services de techniciens de l'intervention sociale et familiale (TISF), d'aide éducative à domicile (AED) ou d'AEMO, de mesure judiciaire d'investigation éducative (MJIE), de placement familial spécialisé (PFS), services de délégués aux prestations familiales pour l'exercice des mesures de MJAGBF ;
- établissements d'accueil et d'hébergement, comme les centres maternels, les maisons d'enfants à caractère social (MECS), les pouponnières, les services d'accueil d'urgence (SAU), les internats scolaires, les villages d'enfants...

c. Les institutions qui concourent à la prévention et au signalement du danger

➲ Les institutions lieux d'accueil d'enfants et d'adolescents et de leurs parents

Elles peuvent détecter des situations de danger, transmettre des informations préoccupantes ou collaborer à la mission de prévention et de soutien à la parentalité. Ce sont :

– l'**Éducation nationale**, avec les établissements scolaires, le service de santé scolaire, le service social en faveur des élèves ;

– le **secteur hospitalier**, avec le service social hospitalier, les services de maternité, de pédiatrie ;

– les **communes**, avec les services liés à la petite enfance, les activités périscolaires et de loisirs, les CCAS ;

– les **CAF**, dans leurs missions de soutien à la parentalité, de modes de garde de la petite enfance, de vacances et loisirs ;

– le **secteur médico-éducatif**, avec les établissements et services accueillant ou prenant en charge des enfants handicapés (voir le chapitre 3 de la partie 3).

Sans oublier les réseaux d'appui et d'accompagnement à la parentalité (REAAP) qui ont été développés dans le chapitre sur le soutien à la parentalité (voir la partie 2).

➲ Le groupement d'intérêt public de l'enfance en danger (GIPED)

Il réunit deux services :

– l'**ONED**, créé par la loi du 2 janvier 2004 relative à l'accueil et la protection de l'enfance, a pour objectif de mieux connaître le champ de l'enfance en danger pour mieux prévenir et mieux traiter les situations de danger. Cela implique la nécessaire coordination de l'État, du conseil départemental et des associations. Il a pour mission le recensement statistique (données provenant des CRIP et des ODPE), l'étude et la recherche et la diffusion de la documentation ;

– le **SNATED**, créé par la loi du 10 juillet 1989, a pour objectif principal de prévenir les situations de mauvais traitements. Il reçoit 24 h/24 les appels d'enfants victimes de maltraitance ou de toute personne confrontée à une situation de maltraitance et transmet les informations aux conseils départementaux ou aux parquets.

Rappel des différentes mesures de protection

<table>
<tr><th></th><th>Mesures de protection sociale</th><th>Mesures de protection judiciaire</th></tr>
<tr><td></td><td>Mesures contractuelles proposées par le conseil départemental</td><td>Mesures d'assistance éducative décidées par le juge des enfants</td></tr>
<tr><td>Mesures à domicile</td><td>• Aides financières
• Intervention d'une TISF
• AESF
• AED</td><td>• MJAGBF
• AEMO</td></tr>
<tr><td rowspan="2">Mesures d'accueil et d'hébergement</td><td>Placement administratif</td><td>Placement judiciaire</td></tr>
<tr><td colspan="2">• Chez un parent ou un tiers digne de confiance
• En famille d'accueil
• En établissement</td></tr>
</table>

Pour en savoir +…

Ouvrages

- BATIFOULIER Francis, *La Protection de l'enfance*, Dunod, 2013.
- DERVILLE Grégory, RABIN-COSTY Guillemette, *La Protection de l'enfance*, Dunod, 2009.
- EYMENIER Michel, VERDIER Pierre, *La Réforme de la protection de l'enfance*, Berger-Levrault, 2012.
- HUYETTE Michel, DESLOGES Philippe et al., *Guide de la protection judiciaire de l'enfant*, Dunod, 2014.
- LHUILLIER Jean-Marc, *Aide sociale à l'enfance, guide pratique*, Berger-Levrault, 2007.
- NAVES Pierre et al., *La Réforme de la protection de l'enfance : une politique publique en mouvement*, Dunod, 2007.
- REFALO Patrick, *Guide (très) pratique de l'aide sociale à l'enfance*, ASH, 2008.
- VERDIER Pierre, *L'Enfant en miette*, Dunod, 2013.
- VERDIER Pierre, NOE Fabienne, *L'Aide sociale à l'enfance*, Dunod, 2013.

Numéros juridiques des *ASH*

- CORPART Isabelle, *Les Droits de l'enfant*, ASH, mars 2006.
- LHUILLIER Jean-Marc, *La Protection de l'enfance*, ASH, décembre 2007.

Dossiers de la revue *Lien social*

- « Comment gérer les informations préoccupantes », n° 1045, janvier 2012.
- « Enfants placés, ils se souviennent », n° 1103, avril 2013.
- « Et si on plaçait l'enfant chez lui », n° 957, janvier 2010.
- « La nécessaire mutation des foyers de l'enfance », n° 862, septembre 2007.
- « La prévention primaire, un enjeu pour le travail social », n° 946, octobre 2009.
- « La théorie de l'attachement au service de la protection de l'enfance », n°1012, mars 2011.
- « Le signalement, à manier avec précaution », n° 905, novembre 2008.
- « Prévention spécialisée : ne pas lâcher la rue », n° 1138, octobre 2014.

Les politiques sociales

- « Quel avenir pour le contrat jeune majeur ? », n° 853, septembre 2007.
- « Réflexion autour de la maltraitance sexuelle », n° 810, septembre 2006.

Guides pratiques du ministère de la Santé et des Solidarités du 29 mai 2007 (guides consultables sur www.social-sante.gouv.fr)

- *Prévention en faveur de l'enfant et de l'adolescent.*
- *La Cellule départementale de recueil, de traitement et d'évaluation des informations préoccupantes.*
- *Intervenir à domicile pour la protection de l'enfant.*
- *L'Accueil de l'enfant et de l'adolescent protégé.*
- *L'Observatoire départemental de la protection de l'enfance.*

2 Les mineurs délinquants

1. Les origines de la justice des mineurs

a. Le Code pénal de 1810

Avant la Révolution française, il n'existe pas de traitement pénal spécifique pour les mineurs car la place de l'enfant n'est pas différenciée de celle des adultes. L'ordonnance criminelle de 1670, qui unifie la législation pénale dans l'ensemble du royaume, ne contient donc aucune mention particulière en direction des enfants.

Dans l'esprit de la Déclaration des Droits de l'Homme et du Citoyen de 1789, le Code criminel révolutionnaire fixe la majorité pénale à 16 ans et instaure le principe d'une atténuation des peines pour les mineurs de moins de 16 ans.

Mais c'est le Code pénal de 1810 qui définit les bases d'un traitement judiciaire spécifique pour les mineurs. L'article 66 introduit la notion de discernement : seuls les mineurs capables de discernement sont responsables pénalement. L'article 67 introduit la notion de gradation des peines et établit une différence entre les mineurs de moins de 16 ans et les mineurs de 16 ans et plus. Pour les mineurs de moins de 16 ans capables de discernement, il y a d'une part abolition de la peine de mort, des travaux forcés et de la déportation, et d'autre part réduction des peines d'un tiers à la moitié de celles qui auraient été infligées à un adulte. Les mineurs de 16 ans et plus, capables de discernement, sont jugés comme les adultes.

b. Les colonies pénitentiaires

À partir de 1830, de nombreux projets de prise en charge éducative voient le jour.

La Petite Roquette, maison d'éducation correctionnelle, est le premier établissement pénitentiaire pour mineurs. La volonté initiale d'éducation et de formation est rapidement oubliée. L'isolement cellulaire absolu et les conditions de vie matérielle favorisent suicides et émeutes. La Petite Roquette ferme 30 ans après sa création.

Sous l'influence d'Alexis de Tocqueville, se créent les colonies agricoles basées sur les principes d'éloignement de la ville et du retour à la terre. On en dénombre 31 à la fin du Second Empire, comme celles de Mettray, de Belle-Île-en-Mer, d'Aniane... Ces colonies pénitentiaires vont très vite se transformer en véritables bagnes pour enfants. L'apprentissage n'y est plus guidé par un souci de formation professionnelle mais devient un instrument d'exploitation économique. Les conditions de vie particulièrement cruelles (travail forcé, dortoirs compartimentés en cages à poule, cachots, sous-alimentation...) vont s'aggraver jusqu'à leur dénonciation en 1934 par un journaliste après la révolte de Belle-Île-en-Mer et le poème de Jacques Prévert, *La Chasse à l'enfant*.

c. L'ordonnance du 2 février 1945 relative à l'enfance délinquante

À la fin de la Seconde Guerre mondiale, l'ordonnance n° 45-174 du 2 février 1945 relative à l'enfance délinquante bouleverse le dispositif de prise en charge des mineurs délinquants. Son préambule montre clairement le contexte et la finalité de ce texte :

> « Il est peu de problèmes aussi graves que ceux qui concernent la protection de l'enfance, et, parmi eux, ceux qui ont trait au sort de l'enfance traduite en justice. La France n'est pas assez riche d'enfants pour qu'elle ait le droit de négliger tout ce qui peut en faire des êtres sains. La guerre et les bouleversements d'ordre matériel et moral qu'elle a provoqués ont accru dans des proportions inquiétantes la délinquance juvénile. La question de l'enfance coupable est une des plus urgentes de l'époque présente. »

2. L'évolution de la justice des mineurs depuis 1945

a. Les principes fondateurs de l'ordonnance de 1945

L'ordonnance de 1945 énonce les trois grands principes qui fondent la justice des mineurs.

⊃ La primauté de l'aspect éducatif sur l'aspect répressif

L'idée essentielle est que l'infraction commise par le mineur est avant tout un symptôme et qu'un mineur délinquant est avant tout un mineur en danger. La prise en charge du mineur délinquant doit donc être principalement éducative. Deux catégories de réponses pénales sont prévues :

– les **mesures éducatives** (admonestation, remise à parents, liberté surveillée, placement éducatif, mesure d'aide ou de réparation pénale), qui sont prioritaires ;

– les **peines**, qui ne peuvent intervenir que dans des situations très particulières (amende, suivi socio-judiciaire, emprisonnement avec ou sans sursis) et qui doivent être réduites de moitié par rapport à celles que devraient subir un majeur.

➲ L'irresponsabilité pénale du mineur

Le mineur bénéficie d'une présomption générale d'irresponsabilité qui se traduit par l'excuse de minorité. La notion de discernement est abolie.

Le texte fixe **trois catégories d'âge** :

- les mineurs de moins de 13 ans pour lesquels l'excuse de minorité est absolue ;
- les mineurs de 13 à moins de 16 ans pour lesquels l'excuse de minorité s'applique mais peut être écartée « lorsque les circonstances et la personnalité du mineur l'exigent » et à l'encontre desquels des mesures éducatives peuvent être prononcées ;
- les mineurs de 16 ans et plus pour lesquels l'excuse de minorité est facultative et à l'encontre desquels des mesures éducatives ou des peines peuvent être prononcées.

➲ La spécialisation de la justice des mineurs

Les affaires pénales des majeurs et des mineurs doivent être strictement séparées et les procédures différenciées :

- mise en place de juridictions spécialisées pour mineurs (création du juge des enfants et généralisation des tribunaux pour enfants) ;
- garanties de procédures en matière de garde à vue, de détention préventive, d'assistance d'un avocat, de présence des parents... ;
- personnalisation de la réponse pénale (enquête de personnalité obligatoire) et dérogation au principe de séparation des fonctions afin que le mineur ait affaire à un seul interlocuteur qui le connaît bien (le juge des enfants est donc la fois juge d'instruction, juge du fond et juge d'application des peines) ;
- création de l'éducation surveillée, service de l'administration pénitentiaire chargé de la mise en œuvre de cette nouvelle politique.

b. Des années 1950 aux années 1980 : la mise en œuvre d'une politique éducative

La mise en œuvre de l'ordonnance de 1945 ne va pas se faire du jour au lendemain. Dans les années 1950 et 1960, l'éducation surveillée perpétue l'ancienne tradition pénitentiaire. Les institutions changent de nom et deviennent des institutions publiques d'éducation surveillée (IPES), mais les locaux et les pratiques restent les mêmes. Quant aux juges, formés avant l'ordonnance de 1945, ils sont peu enclins à prononcer des mesures éducatives et à privilégier le milieu ouvert. Parmi l'ensemble des mesures proposées par l'ordonnance de 1945, la seule réponse envisagée reste le placement en institution.

L'intégration des principes de l'ordonnance dans les pratiques professionnelles et la diversification des réponses éducatives s'opèrent dans les années 1970. L'éducation surveillée ferme progressivement les IPES et devient en 1990 la protection judiciaire de la jeunesse (PJJ). Les services éducatifs en milieu ouvert se multiplient. L'ordonnance de 1945 est plusieurs fois modifiée afin d'accentuer la spécialisation de la justice des mineurs (avec par exemple la suppression de la détention provisoire pour les mineurs de moins de 16 ans en matière correctionnelle).

c. Des années 1990 aux années 2010 : vers une politique de plus en plus sécuritaire

➲ Le contexte du changement de politique

Dans les années 1990, on observe une augmentation de la délinquance juvénile, un rajeunissement de l'âge d'entrée dans la délinquance, le développement des « incivilités » qui conduisent à un sentiment d'insécurité largement exploité par certains courants politiques. Le regard porté sur la jeunesse change et, avec lui, celui porté sur les mineurs délinquants. La lutte contre la délinquance devient une priorité. Les principes de protection des victimes, de responsabilisation des mineurs délinquants et de leurs parents, de réponse systématique et rapide à tout acte de délinquance prennent le pas sur les principes fondateurs de 1945. Souvent en réaction à des affaires judiciaires fortement médiatisées, les gouvernements successifs s'orientent alors résolument vers une politique sécuritaire inversant ainsi le primat de l'aspect éducatif sur l'aspect répressif.

➲ Les lois Perben

La loi d'orientation et de programmation pour la justice du 9 septembre 2002 (dite loi Perben I du nom du ministre de la Justice alors en place) et la loi d'adaptation de la justice aux évolutions de la criminalité du 9 mars 2004 (dite loi Perben II) introduisent de nouvelles mesures destinées d'une part à sanctionner les mineurs de moins de 13 ans et d'autre part à rapprocher le traitement judiciaire des plus de 16 ans vers le droit commun des majeurs :

- création d'une nouvelle catégorie, les **sanctions éducatives**, situées entre les mesures éducatives et les peines ;
- **détention provisoire** possible dès 13 ans ;
- application de la **procédure de jugement à délai rapproché** et de **comparution immédiate** qui rend difficile l'enquête de personnalité ;
- …

➲ La loi du 5 mars 2007 relative à la prévention de la délinquance

Dans sa partie sur la délinquance des mineurs, cette loi, initiée par le ministère de l'Intérieur, s'inscrit dans la lignée des lois Perben :

- possibilité de **sanctions éducatives** dès l'âge de 10 ans ;

– **procédure de composition pénale** dès l'âge de 13 ans (choix entre d'une part la reconnaissance de l'infraction et l'accomplissement de certaines obligations sans véritable jugement ou d'autre part la poursuite de la procédure pénale) ;

– **suppression de l'excuse de minorité** pour les récidivistes de 16 à 18 ans ;

– …

➲ Les modifications récentes

Depuis 2007, l'ordonnance a encore été modifiée très régulièrement :

– loi du 10 août 2007 renforçant la lutte contre la récidive des majeurs et des mineurs ;

– loi du 10 mars 2010 visant à amoindrir le risque de récidive criminelle et portant diverses dispositions de procédure pénale ;

– loi du 11 août 2011 sur la participation des citoyens au fonctionnement de la justice pénale et le jugement des mineurs ;

– loi du 26 décembre 2011 visant à instaurer un service citoyen pour les mineurs délinquants ;

– loi du 27 mars 2012 de programmation relative à l'exécution des peines.

Il serait fastidieux de développer dans le détail les modifications instaurées par ces textes. Retenons qu'ils s'orientent tous dans le sens du rapprochement de la justice des mineurs vers le droit commun et la lutte contre la récidive.

D'autres projets de lois, invalidés par le Conseil constitutionnel, n'ont pas vu le jour. L'idée d'une refonte générale de l'ordonnance de 1945, voire de son remplacement par un Code de la justice pénale des mineurs, est toujours en suspens.

3. Les acteurs de la justice des mineurs

a. Les juridictions pour mineurs

➲ Le juge des enfants

Rappelons que le juge des enfants a une **double compétence** : il est **juge civil** en ce qui concerne les mineurs en danger (se reporter au chapitre précédent) et **juge pénal** en ce qui concerne les mineurs délinquants.

Dans le cadre de ses compétences pénales, le juge des enfants assure **trois fonctions.** Il **instruit les affaires judiciaires** dans lesquelles sont impliqués des mineurs. Il **statue** seul pour juger les contraventions et les petits délits et ne peut prononcer que des mesures éducatives. Il **contrôle** le suivi des mesures et sanctions éducatives en milieu ouvert et est juge d'application des peines pour les mineurs incarcérés.

➲ Le tribunal pour enfants

Il est composé d'un président (un juge des enfants) et de deux assesseurs (juges non professionnels). Il juge les délits et les crimes commis par les mineurs de moins de 16 ans. Il peut prononcer des mesures éducatives, des sanctions éducatives et des peines.

➲ La cour d'assises des mineurs

Elle est composée du président de la cour d'assises, de deux assesseurs, juges professionnels, et de neuf jurés. Elle est compétente pour juger les crimes commis par les mineurs de 16 à 18 ans. Elle peut prononcer des mesures éducatives, des sanctions éducatives et des peines.

b. La protection judiciaire de la jeunesse (PJJ)

➲ Les missions et l'organisation de la PJJ

La PJJ est un service placé sous l'autorité du ministère de la Justice. Sa principale fonction est de mettre en œuvre les décisions judiciaires applicables aux mineurs délinquants (mesures éducatives, sanctions éducatives et peines) prononcées par les juridictions pour mineurs.

La PJJ comprend une direction centrale et neuf directions interrégionales subdivisées en directions territoriales, comprenant des établissements et services ou unités.

➲ Les établissements et services ou unités de la PJJ

On peut citer notamment :

– les **services éducatifs** ou **unités éducatives auprès des tribunaux** (SEAT ou UEAT) situés dans les juridictions les plus importantes et chargés d'effectuer les enquêtes de personnalité des mineurs délinquants (recueil de données des éléments socio-éducatifs, évaluation et proposition de solutions alternatives à l'incarcération) ;

– les **services territoriaux éducatifs** ou **unités éducatives de milieu ouvert** (STEMO ou UEMO) qui assurent le suivi des mineurs délinquants bénéficiant de mesures en milieu ouvert ;

– les **services intervenant auprès des mineurs incarcérés**, que ce soit dans les quartiers pour mineurs ou dans les établissements pénitentiaires pour mineurs (EPM) qui assurent leur prise en charge éducative, favorisent le maintien des liens avec les familles et l'environnement social, proposent des aménagements de peine et préparent la sortie ;

– les **établissements de placement éducatifs** (EPE) qui comprennent notamment les unités éducatives d'hébergement (UEH), les centres éducatifs renforcés (CER) et les centres éducatifs fermés (CEF).

c. Le secteur associatif habilité au titre de l'ordonnance de 1945

La mise en œuvre des décisions judiciaires peut également être assurée par les associations habilitées à ce titre par la justice. Le secteur associatif gère donc des établissements et des services au même titre que ceux de la PJJ :

- **services d'action éducative** qui proposent des activités de jour, assurent le suivi de mesures et de sanctions éducatives en milieu ouvert (stages de citoyenneté ou activités de réparation pénale par exemple) ;
- **foyers d'action éducative** qui accueillent des mineurs délinquants dans des conditions similaires aux MECS ;
- **centres de placement immédiat** (CPI) qui accueillent en urgence les mineurs délinquants ;
- **centres éducatifs renforcés** (CER) qui accueillent des groupes de six à huit mineurs multirécidivistes dans le but de créer une rupture avec leur environnement habituel (séjours de rupture d'une durée maximale de 6 mois) ;
- **centres éducatifs fermés** (CEF) qui accueillent dix à douze mineurs multirécidivistes de 13 à 18 ans dans le cadre d'une alternative à la détention.

À noter

Les acteurs de la protection de l'enfance en danger ne doivent pas être oubliés, notamment les services de prévention spécialisée (se reporter au chapitre précédent) ainsi que les structures d'insertion des jeunes de 16 à 25 ans, comme les missions locales.

Pour en savoir +...

Ouvrages

- BELLON Laurence, *L'Atelier du juge : à propos de la justice des mineurs*, Érès, 2011.
- BOUSQUET Richard, RENOIR Éric, *La Prévention de la délinquance*, PUF, 2009.
- FAVIER Yann, FERRAND Frédérique, *Le Juge des mineurs en Europe : une affaire de spécialité ?*, Intersentia, 2011.
- GASTARD Benoit, MOUHANNA Christiane, *L'Avenir du juge des enfants : éduquer ou punir ?*, Érès, 2010.
- GEBLER Laurent, GUITZ Yvan, *Le Traitement judiciaire de la délinquance des mineurs : état des lieux de l'ordonnance de 1945* », ASH, numéro juridique n° 764, juin 2012.
- GHIZZONI Nathalia, *Délinquance des mineurs : de la prévention à la sanction*, ESF, 2007.
- GOASGUEN Claude, ROSENCVEIG Jean-Pierre, *Quelle justice pour les mineurs délinquants*, Autrement, 2010.
- MESLEM Fatima, REFALO Patrick, *Guide la protection judiciaire de la jeunesse*, ASH, 2012.
- PEDRON Pierre, *Guide de la protection judiciaire de la jeunesse*, Gualino, 2012.
- REFALO Patrick, *Guide (très) pratique de l'aide sociale à l'enfance*, ASH, 2008.
- ROSENCVEIG Jean-Pierre, *Baffer n'est pas juger : la justice des mineurs*, Plon, 2007.

Les politiques sociales

Dossiers de la revue *Lien social*

- « Délinquance, les réponses différentes des chercheurs », n° 997, décembre 2010.
- « Le sens de la sanction dans l'action éducative », n° 918, février 2009.
- « Les bagnes d'enfants, histoire d'une tragédie », n° 963, mars 2010.
- « Les dispositifs de rupture, des dispositifs efficaces », n° 886, mai 2008.
- « Les établissements pénitentiaires pour mineurs », n° 879, avril 2008.
- « Les stages de responsabilité parentale pour éviter la réponse répressive », n° 998, décembre 2010.
- « Un cadre de référence pour les séjours de rupture », n° 985, septembre 2010.

3 La politique familiale

La politique familiale a évolué en fonction des changements intervenus dans les formes de conjugalité et de parentalité depuis le XIXe siècle. Ses objectifs actuels sont :

- contribuer à la natalité ;
- assurer une compensation financière des charges familiales ;
- accompagner les familles les plus vulnérables par un soutien à la parentalité ;
- concilier la vie familiale et la vie professionnelle.

Les principaux instruments de la politique familiale sont les prestations familiales et la politique fiscale favorisant les familles.

1. L'évolution de la politique familiale

a. Les origines : un objectif nataliste

Les toutes premières mesures en faveur des familles sont prises à la fin du XIXe siècle par certaines entreprises qui versent un « sursalaire » aux ouvriers pères de famille. Cette pratique, laissée tout d'abord à l'initiative de patrons se réclamant du catholicisme social, s'étend progressivement à partir de 1919 grâce à la création de caisses de compensation patronales. L'objectif est d'encourager la natalité en favorisant les salariés ayant des enfants.

C'est ce « sursalaire » qui va donner naissance aux allocations familiales. En effet, le déficit démographique des années 1930 conduit les pouvoirs publics à intervenir dans la sphère familiale. La loi Landry du 11 mars 1932 généralise les allocations familiales à tous les salariés du commerce et de l'industrie ayant au moins deux enfants. Le **Code de la famille et de la natalité** sera créé en 1939.

b. La création de la branche famille : la compensation des charges familiales

Avec la création de la Sécurité sociale en 1945, le « risque famille » est pris en compte dans le cadre de la branche famille. Les caisses de compensation familiale patronales fusionnent et deviennent les **caisses d'allocations familiales** (CAF). Ceci explique que seuls les employeurs cotisent pour la branche famille. Afin de répondre à la finalité de redistribution sociale de la Sécurité sociale, l'objectif de compensation des charges familiales s'ajoute à celui de la natalité. La progressivité des allocations familiales est renforcée en fonction du nombre d'enfants à charge. L'instauration du quotient familial répond également au souci de justice redistributive.

De nouvelles prestations familiales sont créées : prime de naissance, allocation de logement, complément familial… Les prestations familiales sont déclarées non imposables. Il s'agit d'encourager le développement des familles nombreuses sur un modèle traditionnel : père exerçant une activité professionnelle, mère au foyer, couple marié et famille stable avec au moins trois enfants.

c. Des Trente glorieuses aux années 1970 : l'adaptation aux nouveaux modèles familiaux

Avec le *baby-boom*, l'objectif nataliste n'est plus une priorité. Le statut de la femme évolue (indépendance financière en 1965, autorisation de la contraception en 1967, autorité parentale partagée en 1970, divorce par consentement mutuel et droit à l'avortement en 1975, baisse des mariages et hausse des unions maritales, développement des familles monoparentales, diversification des modèles parentaux...). Les pouvoirs publics vont alors modifier leur politique familiale pour en tenir compte. L'**allocation de parent isolé** est créée et l'**allocation d'orphelin** est étendue aux enfants vivant avec un de leur parent.

La volonté de généraliser les prestations familiales à l'ensemble des familles, qui n'avait pu être mise en œuvre en 1945, revient à l'ordre du jour avec la crise économique qui suit le premier choc pétrolier de 1973. La loi du 24 décembre 1974 (applicable en janvier 1978) permet l'attribution des prestations familiales à toutes les familles indépendamment de toute activité professionnelle.

d. Les années 1980-1990 : la diversification des objectifs

À partir des années 1980, et sans abandonner ses objectifs natalistes et de redistribution sociale, la politique familiale devient plus diversifiée, voire hétérogène, afin d'accompagner des demandes sociales multiples.

Avec la crise économique et la montée de la « nouvelle pauvreté », la politique familiale s'oriente vers le soutien des familles les plus précaires. De nouvelles prestations sont instaurées, toutes versées sous condition de ressources afin de favoriser les familles les plus en difficulté. De plus, les CAF deviennent des guichets de versement de prestations non familiales, comme le RMI (puis le RSA), les aides au logement, comme l'aide personnalisée au logement (APL) et l'allocation de logement à caractère social (ALS) ou l'allocation aux adultes handicapés (AAH). Les CAF s'adressent alors à de nouveaux publics : jeunes salariés ou étudiants, couples sans enfants, personnes handicapées…

Par ailleurs, afin de tenir compte du travail croissant des femmes, les CAF mettent l'accent sur la conciliation de la vie familiale avec la vie professionnelle et notamment sur les modes de garde de la petite enfance : création du congé parental d'éducation, prestations de garde du jeune enfant... Avec la loi du 25 juillet 1994 relative à la famille, l'État développe les **congés parentaux** et favorise le travail à temps partiel.

En 1996, la branche famille est pour la première fois déficitaire. L'État relance la politique familiale en instaurant la **Conférence nationale de la famille** et la **Délégation interministérielle à la famille**.

e. Les années 2000-2010 : le développement de l'action sociale

Aujourd'hui la politique familiale se tourne davantage vers le développement de son action sociale plutôt que vers le versement de nouvelles prestations.

Deux axes prioritaires sont définis :
– le **développement de l'offre de services en matière de petite enfance**, en lien avec la forte augmentation de la natalité et qui se traduit par l'adoption du plan petite enfance en 2006 ;
– la **prise en compte des solidarités intergénérationnelles** (notamment la génération des 50/60 ans confrontée à l'exercice d'une double solidarité envers ses enfants jeunes adultes, pas encore autonomes financièrement, et ses parents âgés dépendants) avec une politique d'aide aux aidants (création du congé de soutien familial, plan solidarité grand âge...).

Afin de mieux coordonner la politique familiale, l'État et la CAF concluent tous les 4 ans une convention d'objectifs et de moyens (COG) qui précise les objectifs de gestion et les actions prioritaires à développer. Cette convention est ensuite mise en œuvre sur le plan départemental par chaque CAF dans le cadre d'un contrat pluriannuel de gestion qui la lie à la CNAF. La dernière COG, 2013/2017, fixe les objectifs suivants :
– développement des services destinés aux familles ;
– réduction des inégalités ;
– accès aux droits et lutte contre le non-recours aux droits ;
– lutte contre la fraude aux prestations.

f. Les enjeux actuels

Plusieurs questions se posent.

⊃ La fonction de la branche famille

Il existe deux types de prestations familiales : celles versées sans condition de ressources (comme les allocations familiales) et celles, de plus en plus nombreuses, versées sous conditions de ressources (comme la prestation d'accueil du jeune enfant ou le complément familial).

Doit-on mettre sous conditions de ressources toutes les prestations (comme avait tenté de la faire le gouvernement Juppé en 1998) avec pour effet la transformation de la branche famille en un système de compensation des inégalités et le risque de stigmatiser les familles en situation de précarité ?

Doit-on, au contraire, rendre les prestations universelles (c'est-à-dire versées à toutes les familles sans distinction) au risque de creuser davantage le déficit de la Sécurité sociale et de renforcer les inégalités sociales ?

➲ Le financement de la branche famille

La branche famille est actuellement financée par les cotisations patronales. Avec la crise et le fait que tout prélèvement sur les salaires pénalise l'emploi, comment envisager l'avenir de ce mode de financement ?

Faut-il instaurer des cotisations salariales, ce qui renforcerait les effets négatifs sur l'emploi mais aussi sur la croissance, ou bien faut-il avoir recours à l'impôt dans une période de remise en cause de la pression fiscale ?

➲ Les modalités d'intervention de la branche famille

Faut-il privilégier les logiques de redistribution par le versement de prestations ou bien faut-il au contraire favoriser les dépenses d'investissement social avec le développement de services, notamment dans le secteur de la petite enfance et du soutien à la parentalité (voir le chapitre 1, sur le soutien à la parentalité, de la partie 4) ?

2. Les acteurs de la politique familiale

L'État	L'État définit sa politique générale avec le secrétariat d'État à la famille. La politique familiale concernant différents ministères, la **Délégation interministérielle à la famille**, créée en 1998, est chargée d'animer et de coordonner l'action des pouvoirs publics dans ce domaine, de participer à la définition des grandes orientations politiques et à l'élaboration des textes visant à leur mise en œuvre. Depuis 2008, le **Haut conseil de la famille** (HCF) remplace l'ancienne Conférence annuelle de la famille et le Haut conseil de la population et de la famille. Il est composé du Premier ministre, des ministres concernés par la politique familiale ainsi que des représentants de l'Union nationale des associations familiales, des organismes de protection sociale et des collectivités territoriales.
La branche famille de la Sécurité sociale	La Caisse nationale des allocations familiales (CNAF) est un établissement public chargé de définir la politique de la branche famille et de répartir les ressources provenant des cotisations patronales entre les différentes CAF. Les **CAF**, implantées dans chaque département, remplissent les missions suivantes (*cf.* guide des prestations CAF) : – versement des prestations familiales aux allocataires (AF, CF, ARS, PAJE, AJPP, ASF, AEEH, ALF et PAH) ; – versement de prestations sociales (RSA, AAH, APL et ALS) ; – action sociale en direction de la petite enfance, des loisirs et des vacances, du soutien à la parentalité et du logement et de l'habitat.

L'UNAF et les associations familiales	Créée en 1945, l'**Union nationale des associations familiales** (UNAF) représente les familles auprès des pouvoirs publics. Elle est membre de droit du HCF. Elle est organisée au plan local en unions départementales des associations familiales (UDAF). Les UDAF gèrent : – des services de délégués aux prestations familiales qui exercent les mesures de MJAGBF (voir la protection de l'enfance) ; – des services de délégués aux prestations sociales qui exercent des mesures de MAJ (voir la protection des majeurs) ; – des services de mandataires judiciaires à la protection des majeurs qui exercent des mesures de tutelle ou de curatelle (voir la protection des majeurs) ; – des services de médiation familiale, de conseil en économie sociale et familiale… Les UDAF peuvent se porter partie civile dans les affaires judiciaires dans lesquelles les intérêts moraux et matériels des familles sont en jeu.
Les collectivités territoriales	Les **départements** et les **communes**, grâce à leur action sociale et leurs services sociaux (polyvalence de secteur, PMI, ASE...), participent aux objectifs de la politique familiale (petite enfance, soutien à la parentalité, solidarités intergénérationnelles...).

Pour en savoir +…

Ouvrages

- BETHOUART Bruno et STECK Philippe, *Prestations familiales*, Comité d'histoire de la Sécurité sociale, 2012.
- DAMON Julien, *Les Politiques familiales*, PUF, 2006.
- FRICOTTE Lisiane, *Les Prestations familiales, ASH*, numéro juridique 2876, septembre 2014.
- GODET Michel, *Repenser la politique familiale*, Institut Montaigne, octobre 2011.
- Groupe Prospective, *La Politique familiale demain*, dossier d'études n° 100, CNAF, janvier 2008.
- SERAPHIN Gilles, *Comprendre la politique familiale*, Dunod, 2013.

Dossiers de la revue *Lien social*

- « La famille, ce n'est pas si facile », n° 851, septembre 2007.
- « La médiation familiale pour retisser les fils du dialogue », n° 851, septembre 2007.
- « Les espaces de rencontre parents-enfants », n° 941, septembre 2009.

À noter

Voir aussi la revue *Politiques sociales et familiales* de la CNAF, consultable sur le site caf.fr

4 Les personnes handicapées

La loi handicap du 11 février 2005 définit le handicap comme :

> « [...] Toute limitation d'activité ou restriction de participation à la vie en société subie dans un environnement par une personne en raison d'une altération substantielle, durable ou définitive, d'une ou plusieurs fonctions physiques, sensorielles, mentales, cognitives ou psychiques, d'un polyhandicap ou d'un trouble de santé invalidant. »

1. La loi handicap du 11 février 2005

a. Le contexte d'émergence

➲ Les origines

Le terme *handicapé* est récent. Jusqu'au XXe siècle, on utilise les termes *infirme* ou *invalide*. C'est à partir du XIXe siècle que l'on va commencer à s'intéresser à l'éducation des enfants infirmes, puis aux adultes invalides de guerre après la Première Guerre mondiale, et enfin aux invalides civils après la Seconde Guerre mondiale.

Jusqu'en 1975, l'État intervient de façon ponctuelle et limitée (pensions d'invalidité et rentes d'accident de travail de la Sécurité sociale, aide sociale aux personnes handicapées sans ressources). Dans les années 1950-1960, se constituent de nombreuses associations de parents d'enfants handicapés qui vont créer et gérer des institutions pour enfants et adultes (instituts médico-éducatifs, centres d'aide par le travail, foyers d'hébergement...). Sous la pression de ces associations et suite au rapport de François Bloch-Lainé sur la situation du handicap en France, est votée la loi d'orientation en faveur des personnes handicapées du 30 juin 1975.

➲ La loi d'orientation du 30 juin 1975

Cette loi fixe le cadre général d'une politique globale de prise en charge du handicap. Elle rassemble et unifie les différentes mesures existantes.

Elle institue la notion de handicap (à la place des notions d'infirme, d'inadapté ou d'invalide) en reconnaissant le statut de personne handicapée.

Elle se fonde sur :

- le **principe de solidarité nationale** : la prise en charge des personnes handicapées devient une obligation nationale ;
- le **principe d'intégration** : les personnes handicapées doivent être intégrées en priorité au milieu de vie ordinaire et en milieu spécialisé seulement lorsque l'intégration en milieu ordinaire n'est pas possible ;
- la **reconnaissance de droits** : droit à l'éducation, au travail, droit à des ressources, droit à l'accès aux lieux publics...

Pour cela, elle crée, dans chaque département, **deux commissions** :

- la commission départementale d'éducation spéciale (CDES), chargée de l'attribution des droits pour les enfants de la naissance à 20 ans ;
- la commission technique d'orientation et de reclassement professionnel (COTOREP), chargée de l'attribution des droits pour les adultes de 20 à 60 ans.

Elle crée également **deux prestations**, toutes deux versées par les CAF :

- l'allocation d'éducation spéciale (AES), afin de compenser les frais liés au handicap pour les enfants de la naissance à 20 ans ;
- l'allocation pour adulte handicapé (AAH), afin de garantir un minimum de ressources aux adultes de 20 à 60 ans ne pouvant subvenir à leurs besoins.

⊃ La remise en cause de la loi de 1975

À partir des années 2000, la loi de 1975 va être l'objet de multiples remises en question, toujours sous l'influence des associations de parents.

La notion de handicap n'est pas définie. De nombreuses situations sont donc exclues du champ d'application de la loi (le polyhandicap par exemple). Il y a un manque d'articulation entre les deux commissions qui rend difficile, notamment, le traitement des situations concernant les personnes âgées de 20 ans. La loi est centrée sur le fonctionnement des institutions et peu sur la personne handicapée et son projet de vie, ce qui est en contradiction avec la loi du 2 janvier 2002 de rénovation sociale qui crée les droits des usagers et les outils visant à leur participation. Le dispositif créé en 1975 ne prévoit aucune compensation du handicap pour les adultes.

Dans la pratique, il y a très peu d'intégration en milieu ordinaire. Les institutions spécialisées se sont multipliées. De plus, la notion d'intégration renvoie à l'effort que doit faire la personne pour s'insérer dans le milieu de vie ordinaire. C'est le cas notamment pour l'accès à l'école, au travail, aux lieux publics, à la vie citoyenne en général.

b. La réforme de 2005

➲ Les nouveaux principes

L'intitulé de la nouvelle loi n°2005-102 du 11 février 2005 montre bien quelle est sa philosophie. Il s'agit de la loi sur « l'égalité des droits et des chances, la participation et la citoyenneté des personnes en situation de handicap ». L'**égalité des droits et des chances** correspond à la volonté de mise en œuvre de dispositifs visant à compenser les situations de handicap afin de permettre une réelle égalité des droits des personnes en situation de handicap. La **participation** et la **citoyenneté** montrent la volonté de considérer les personnes handicapées en tant qu'actrices de leur projet de vie et citoyennes incluses de plein droit dans la société.

➲ Les cinq objectifs et les mesures de mise en œuvre

1. Afin de prendre en compte toutes les situations, la loi définit, pour la première fois en France, la **notion de handicap** (se reporter à l'introduction). Le handicap est donc défini comme une limitation d'activité ou une restriction de participation à la vie en société, conséquence d'une altération fonctionnelle. Ce n'est donc pas la déficience qui constitue en soi le handicap mais les conséquences de cette déficience. On ne parle d'ailleurs plus de personnes handicapées mais de personnes en situation de handicap.

2. Pour simplifier les démarches et les procédures de demandes de droits, la loi supprime les CDES et les COTOREP et crée un lieu d'accueil et de traitement des demandes unique, la **maison départementale des personnes handicapées** (MDPH). Les CDES et les COTOREP sont remplacées par une commission unique, la **commission des droits et de l'autonomie des personnes handicapées** (CDAPH), qui siège à la MDPH. La loi crée également une **procédure de demande unique** valable quels que soient l'âge et la nature de la demande.

3. Afin d'affirmer les droits des personnes handicapées et de les placer au cœur du dispositif, la loi instaure la notion de **projet de vie** et de **plan personnalisé de compensation du handicap**.

Le projet de vie permet à la personne d'exprimer ses attentes, ses aspirations à l'occasion de toute demande de droits. Ce projet de vie est rempli par la personne elle-même avec éventuellement l'aide de la MDPH. La décision prise par la CDAPH doit en tenir compte et proposer un plan personnalisé de compensation du handicap global et individualisé.

4. Pour répondre à l'obligation de solidarité nationale, la loi crée une nouvelle prestation, la **PCH** (prestation de compensation du handicap). Celle-ci s'adresse à toute personne âgée de la naissance à 60 ans, sans condition de ressources, et vise à compenser les frais liés au handicap. Elle se décompose en **cinq aides** :
– aide humaine (pour financer le coût d'une tierce personne ou dédommager les aidants familiaux) ;
– aide technique (pour financer le coût du matériel) ;

- aide à l'aménagement du logement et du véhicule, aide aux transports ;
- aide animalière ;
- aide spécifique ou exceptionnelle pour les dépenses non prises en compte par les aides précédentes.

L'AES est remplacée par l'**allocation d'éducation de l'enfant handicapé** (AEEH) et l'AAH est réformée.

5. Afin de favoriser l'accès au milieu de vie ordinaire, la notion d'intégration fait place à celle d'**inclusion**. La personne handicapée n'a pas à s'intégrer, elle est de fait incluse dans le milieu de vie ordinaire. C'est au milieu de vie ordinaire de faire les efforts d'adaptation aux situations de handicap.

En matière de scolarité, cela se traduit par l'inscription obligatoire dans l'établissement scolaire le plus proche du domicile et la priorité donnée à l'inclusion en classe ordinaire.

En matière d'emploi, la loi transforme les ateliers protégés en entreprises adaptées et les inclut dans le secteur de travail ordinaire. Elle transforme également les CAT en établissements et services d'aide par le travail (ESAT) et élargit les droits des travailleurs.

En matière d'accessibilité aux lieux publics, elle impose une mise aux normes de tous les bâtiments publics et privés et des transports en commun.

2. Les acteurs intervenant dans le secteur du handicap

La personne en situation de handicap est au centre du dispositif. Ses attentes et ses besoins sont définis notamment dans le projet de vie et le plan de compensation du handicap.

a. L'attribution des droits par la MDPH

La MDPH est un groupement d'intérêt public (GIP) sous la tutelle administrative et financière du département. Elle est placée sous l'autorité du président du conseil départemental et gérée par une commission exécutive (COMEX).

➲ Les missions

La MDPH remplit **quatre missions** essentielles.

Elle accueille, informe et oriente les personnes handicapées et leurs familles ainsi que l'ensemble des professionnels intervenant dans le champ du handicap.

Elle instruit les demandes de droits, évalue les besoins, aide à l'élaboration du projet de vie et du plan personnalisé de compensation du handicap.

Elle prend les décisions relatives aux demandes de droit :
- détermination du taux de handicap ;
- attribution des prestations pour personnes handicapées (AEEH, PCH, AAH, carte d'invalidité...) ;

– orientation des enfants dans leur parcours de scolarisation (classes adaptées ou établissements et services médico-éducatifs) ;
– orientation des adultes en structure d'hébergement ou auprès d'un service d'aide à domicile ;
– reconnaissance de la qualité de travailleur handicapé (RQTH) et orientation professionnelle en milieu protégé (ESAT).

Elle facilite la mise en œuvre effective des droits par l'accompagnement dans les démarches en cas de difficultés d'application (fonction de médiation).

➲ Le fonctionnement

Chaque MDPH met en place une ou plusieurs équipes pluridisciplinaires d'évaluation (EPE). Ces équipes remplissent les missions d'accueil et d'information, d'évaluation des demandes et d'instruction des dossiers et d'accompagnement des personnes handicapées et des professionnels du secteur.

Leur composition varie en fonction de leurs missions (équipes enfants et équipes adultes le plus souvent) : médecins, psychiatres, psychologues, assistants sociaux, professionnels du champ du handicap (travailleurs sociaux, directeurs d'établissements et de services médico-sociaux, personnes qualifiées en matière d'orientation scolaire et professionnelle...).

Les EPE transmettent les dossiers de demande de droits à la CDAPH. Cette commission est composée de représentants du conseil départemental, de l'État (DRJSCS, service départemental de l'Éducation nationale), de représentants d'organismes de protection sociale (CPAM, CAF), de représentants d'organisations syndicales et de représentants d'associations de parents d'élèves et de personnes handicapées. Elle se réunit régulièrement (au moins une fois par mois) et prend des décisions pour une durée maximale de 5 ans. La personne handicapée ou son représentant légal peut assister ou se faire représenter lors du passage de son dossier à la CDAPH. Des voies de recours sont possibles.

b. La mise en œuvre des droits

➲ Le secteur médico-social

Il concerne principalement les associations et les fondations intervenant dans le champ du handicap. Ces associations gèrent les établissements et services médico-sociaux pour enfants et adultes. Ces structures sont composées d'équipes pluridisciplinaires :
– équipes médicales et paramédicales : médecins, psychiatres, orthophonistes, kinésithérapeutes, ergothérapeutes, psychomotriciens ;
– équipes éducatives : éducateurs spécialisés, moniteurs-éducateurs, aides médico-psychologiques, éducateurs techniques spécialisés ;
– équipes enseignantes ;
– assistants sociaux.

Les établissements et services sociaux et médico-sociaux comprennent :
- pour les enfants : instituts médico-éducatifs (IME), instituts d'éducation motrice (IEM), instituts d'éducation sensorielle (IES), établissements pour enfants polyhandicapés (EEP) et services d'éducation et de soins à domicile (SESSAD). Ces structures remplissent des missions de soins et de rééducation, d'éducation et de scolarisation. Elles relèvent des annexes XXIV, contenues dans les décrets de 1989 qui définissent leurs normes de fonctionnement ;
- pour les adultes : structures de travail protégé (ESAT), établissements d'hébergement (foyers d'hébergement, foyers de vie, foyers d'accueil médicalisés et maisons d'accueil spécialisées) et services (service d'accompagnement à la vie sociale, service d'accompagnement médico-social pour adultes handicapés).

Le secteur associatif gère également :
- les centres de ressources, structures de diagnostic de troubles spécifiques, comme les centres de ressources autisme (CRA) ;
- les centres d'action médico-sociale précoce (CAMSP), structures de diagnostic et de soins pour les enfants de moins de 6 ans ;
- les centres médico-psychopédagogiques (CMPP), structures de rééducation pour enfants.

L'orientation dans ces types de structures ne relève pas de la MDPH mais d'une décision médicale.

Il existe enfin les services tutélaires qui exercent les fonctions de curatelle et de tutelle pour les majeurs sous protection juridique.

➲ Le secteur sanitaire

Le **secteur psychiatrique** prend en charge les enfants et adultes dans le cadre :
- d'une hospitalisation en cas d'épisode aigu de la maladie mentale ;
- de la sectorisation psychiatrique pour les malades chroniques.

La **sectorisation psychiatrique** s'organise autour des centres médico-psychologiques (CMP) enfants et adultes (CMPE et CMPA) et de ses différentes structures :
- hôpitaux de jour ;
- centres d'accueil thérapeutiques à temps partiel (CATTP) ;
- …

L'orientation dans ces trois types de structures ne relève pas de la MDPH mais d'une décision médicale (voir chapitre 17 de la partie 3).

c. La coordination et le financement du secteur du handicap

➲ L'État

L'État définit la politique nationale en faveur des personnes handicapées par l'intermédiaire du ministère ou du secrétariat d'État aux personnes handicapées. Le gouvernement organise tous les trois ans la **Conférence nationale du handicap** qui remet au Parlement un rapport sur la mise en œuvre de la politique nationale en faveur des personnes handicapées. Il établit un schéma national d'actions prioritaires. L'articulation entre la politique nationale et l'échelon départemental s'effectue grâce aux **programmes interdépartementaux d'accompagnement des handicaps et de la perte d'autonomie** (PRIAC).

L'État finance une partie de l'aide sociale aux personnes handicapées, essentiellement le secteur de travail protégé (ESAT).

➲ La CNSA

La **Caisse nationale de solidarité pour l'autonomie** (CNSA) a été créée par la loi du 30 juin 2004. C'est un établissement public national composé de représentants des collectivités publiques, d'associations et de personnes qualifiées.

Elle remplit les missions suivantes :
- financement de l'accompagnement de la perte d'autonomie des personnes âgées et handicapées (financement de la PCH et de l'APA) ;
- participation au financement des investissements destinés à la mise aux normes techniques des locaux et à la création de nouvelles places dans les établissements et services sociaux et médico-sociaux ;
- proposition de référentiels nationaux d'évaluation des déficiences ;
- participation à l'élaboration des PRIAC ;
- échange d'informations et d'expériences entre les MDPH afin de diffuser les bonnes pratiques.

La CNSA est financée par :
- la contribution « solidarité nationale » résultant de la journée de solidarité ;
- une partie de la contribution sociale généralisée (CSG), du fonds national d'action sociale (FNAS) de la CNAV et des crédits de l'assurance maladie.

➲ Les ARS

Les **agences régionales de santé** (ARS) donnent leur accord pour la création des établissements et services sanitaires et médico-sociaux financés par l'assurance maladie. Elles fixent leurs prix de journée et en assurent la tutelle administrative et financière.

➲ Les départements

Les départements assurent la tutelle des MDPH. Ils élaborent le schéma départemental d'organisation sociale et médico-sociale des personnes handicapées qui adapte les orientations nationales sur le plan départemental.

Ils financent une partie de l'aide sociale aux personnes handicapées :
– les prestations et les services d'aide à domicile (auxiliaires de vie sociale, aides ménagères, service d'accompagnement à la vie sociale) ;
– les orientations en établissements d'hébergement (foyers d'hébergement, foyers de vie et partie hébergement des foyers d'accueil médicalisés).

➲ La Sécurité sociale

Les CPAM versent les pensions d'invalidité et les rentes d'accident du travail ou maladie professionnelle. Elles prennent en charge les soins apportés par le secteur psychiatrique, les CMPP et les CAMSP.

Sur décision des MDPH, elles financent le prix de journée des établissements et services médico-éducatifs pour enfants (IME et SESSAD), ainsi que les MAS et la partie soins des établissements et services médico-sociaux pour adultes (SAMSAH, FAM).

Les CAF versent, sur décision des MDPH, l'AEEH et l'AAH.

Pour en savoir +...

Ouvrages

- CHAMBERLEIN Philippe, *Politiques et dispositifs du handicap en France*, Dunod, 2008.
- CUNIN Jean-Claude, *Le Handicap en France*, Dunod, 2008.
- JULIEN-LECAS Agnès, *Les Droits des personnes handicapées, ASH* numéro juridique 2626, octobre 2009.
- STIKER Henri-Jacques, PUIG José et al., *Handicap et Accompagnement*, Dunod, 2009.
- TERRAL Daniel, *Accompagner la personne handicapée : du SESSAD au SAMSAH*, Dunod, 2013.
- ZRIBI Gérard, POUPEE-FONTAINE Dominique, *Dictionnaire du handicap*, ENSP, 2011.

Numéros juridiques des *ASH*

- ANDRE Sophie, *Le Maintien à domicile des personnes âgées et handicapées*, n° 2550, mars 2008.
- BALLAND Valérie, *L'Accueil familial des adultes*, n° 2458, juin 2006.

Dossiers de la revue *Lien social*

- « Construire un projet de vie avec des personnes polyhandicapées », n° 989, octobre 2010.
- « Handicap, donner la parole à la fratrie », n° 884, mai 2008.
- « La douloureuse épopée des MDPH », n° 867, janvier 2008.
- « La sexualité des personnes très dépendantes », n° 843, juin 2007.
- « Les services d'accompagnement à la vie sociale », n° 808, septembre 2006.
- « Personnes handicapées mentales vieillissantes », n° 926, avril 2009.
- « Prévenir la maltraitance en MAS », n° 858, octobre 2007.
- « Une intervention précoce pour limiter les effets du handicap chez l'enfant », n° 840, mai 2007.
- « Vieillir avec un handicap mental », n° 1062, septembre 2014.

5 Les personnes âgées

Seront traités dans ce chapitre deux axes de la politique sociale en faveur des personnes âgées :
– le financement de la retraite ;
– la prise en charge de la dépendance.

1. L'évolution de la politique sociale en faveur des personnes âgées

a. Le contexte d'émergence

⊃ La mise en place des retraites

Pendant très longtemps, la prise en charge des personnes âgées a relevé uniquement de la solidarité familiale. Ce n'est qu'en 1905 qu'une loi fixe pour la première fois le principe d'une assistance obligatoire aux « vieillards indigents, infirmes ou incurables », assistance qui se traduit essentiellement par un accueil en hospice.

Mais c'est surtout avec la création de la Sécurité sociale que la situation financière des personnes âgées va profondément évoluer. L'ordonnance du 4 octobre 1945 crée la **branche vieillesse de la Sécurité sociale** et instaure un principe de redistribution sociale entre actifs et retraités. Les actifs vont cotiser afin de permettre le versement de pensions de vieillesse aux retraités. Parallèlement aux régimes de Sécurité sociale, se mettent en place, dès 1947, des régimes complémentaires aux retraites de base. Enfin, la création du **minimum vieillesse** en 1956 permet de prendre en compte les personnes n'ayant pas ou trop peu cotisé à la Sécurité sociale.

De nombreuses réformes vont, jusque dans les années 1980, élargir les droits à la retraite et les étendre à de nouvelles catégories de salariés. En 1982, François Mitterrand fait voter la retraite à 60 ans à taux plein à condition d'avoir cotisé 150 trimestres. Afin de répondre aux difficultés de l'assurance-chômage, se développent les dispositifs de pré-retraite et de départ en retraite anticipée.

⊃ Le rapport Laroque

Avec les progrès de la médecine et la baisse de la natalité, le nombre de personnes âgées augmente considérablement. L'évolution démographique et la situation de précarité et de pauvreté d'un grand nombre de personnes âgées sans prise en charge familiale conduisent les pouvoirs publics à se pencher de façon plus globale sur la question des personnes âgées.

En 1960, est créée la Commission d'études des problèmes de la vieillesse. Les travaux de cette commission seront publiés en 1962 dans le rapport Laroque, du nom du président de cette commission. Ce rapport met en évidence la nécessité d'une politique globale en faveur des personnes âgées avec notamment :

- le développement du maintien à domicile et l'adaptation du cadre de vie ;
- l'intégration sociale des établissements d'accueil et l'amélioration des conditions d'hébergement.

Se développe alors une **offre de services de maintien à domicile** destinés à prévenir ou retarder l'entrée en institution : services de soins infirmiers, d'aides ménagères, de portage de repas, de foyers-restaurants... À cela, s'ajoutent des mesures d'adaptation du logement et de l'urbanisme.

La loi du 31 décembre 1970 portant réforme hospitalière confère une mission exclusive de soins aux hôpitaux qui ne seront donc plus habilités désormais à héberger des personnes âgées. La loi du 30 juin 1975 relative aux institutions sociales et médico-sociales prévoit la mise en place de structures d'accueil spécifiques à ces personnes âgées. Les hospices disparaissent donc progressivement et sont remplacés par des **maisons de retraite**. S'opère ainsi une stricte séparation entre le secteur sanitaire réservé aux soins (avec des services de gériatrie de court, moyen et long séjours) et le secteur social réservé à l'hébergement (avec les maisons de retraite).

b. Les réformes successives de l'assurance vieillesse

➲ La finalité des réformes

Si les réformes de 1945 à 1982 allaient dans le sens de l'amélioration du système de retraite au profit des salariés, la tendance va s'inverser à partir des années 1990. La montée du chômage a des répercussions sur les cotisations sociales, et donc le financement des retraites. La perspective des années 2010-2020, période à laquelle la génération très nombreuse du *baby-boom* accédera à la retraite, ainsi que l'augmentation croissante du nombre de personnes âgées, font craindre une faillite du système de l'assurance vieillesse. Il n'y aura plus assez de cotisants pour financer les nombreuses retraites à verser.

Cinq grandes réformes vont tenter de réformer le système sans grand succès. Les éléments de ces réformes portent essentiellement sur :

- l'augmentation de l'âge de départ à la retraite, de la durée de cotisations nécessaire pour obtenir une retraite à taux plein et du nombre d'années prises en compte pour calculer le salaire de référence ;
- la diminution des départs en retraite anticipée.

Le relèvement des cotisations sociales n'est pas privilégié afin de ne pas augmenter le coût salarial et ne pas engendrer de répercussions sur le niveau de chômage.

➲ La réforme Balladur de 1993

Elle concerne le régime général et le régime agricole. Elle prévoit l'augmentation de la durée de cotisations de 37 ans et demi à 40 ans. Elle modifie le calcul du salaire de référence qui passe des 10 meilleures années aux 25 meilleures années de cotisations. Elle indexe le montant des retraites sur l'indice des prix à la consommation et non plus sur l'évolution générale des salaires.

➲ La création du fonds de réserve pour les retraites de 1999

Ce fonds est créé afin de constituer des réserves permettant d'anticiper les années 2020. Il est alimenté par des investissements placés sur les marchés financiers afin de constituer une réserve de 150 milliards d'euros d'ici 2020.

➲ La réforme Fillon de 2003

Elle prévoit l'augmentation progressive de la durée de cotisations de 40 à 41 ans, puis 42 ans. Elle aligne les durées de cotisations du secteur public sur le secteur privé. Elle met fin au mouvement de départ en préretraite en limitant les possibilités de retraite anticipée.

➲ La réforme des régimes spéciaux de 2008

Elle aligne la durée de cotisation, et l'indexation sur les prix à la consommation, des régimes spéciaux sur le régime général.

➲ La réforme Woerth de 2010

Elle porte progressivement l'âge de départ à la retraite à 62 ans, d'ici 2018, et à 67 ans au lieu de 65 ans pour obtenir le taux plein en cas de nombre de trimestres insuffisant.

c. La prise en charge d'un nouveau risque social : la dépendance

➲ Le développement de la dépendance et ses conséquences

Les modifications démographiques, économiques et sociales ont contribué à l'apparition d'un nouveau groupe social constitué de jeunes retraités, génération pivot des solidarités familiales (garde des petits-enfants et aidants familiaux de leurs parents), investis dans la vie sociale et avec un pouvoir d'achat permettant une forte consommation de biens et de services.

Progressivement, se constitue un second groupe de personnes âgées aux capacités et aux besoins très différents : celui du 4e âge confronté à un nouveau risque social très coûteux et non pris en charge par la Sécurité sociale, la dépendance. Celle-ci est définie comme l'incapacité à accomplir seul les actes élémentaires de la vie quotidienne et les tâches domestiques. Le développement de la dépendance, conjugué à la politique de maintien à domicile, engendre les conséquences suivantes :

– l'apparition de nouveaux besoins humains (formation et soutien des aidants familiaux) afin de permettre le maintien à domicile de personnes âgées de plus en plus dépendantes ;

– l'entrée de plus en plus tardive en maison de retraite et donc la création de maisons de retraite médicalisées pour répondre aux besoins de personnes de plus en plus dépendantes, d'où le développement d'un secteur médico-social intermédiaire entre le secteur sanitaire et social (résultant de la stricte séparation de la réforme de 1970).

⊃ La loi du 10 juillet 1989

Elle offre une réponse sécurisée et intermédiaire entre le maintien à domicile et l'accueil en établissement en créant l'accueil à domicile à titre onéreux des personnes âgées et handicapées. L'objectif est de garantir un accueil de qualité aux personnes âgées et d'encadrer les expériences existantes.

La loi impose donc :

– un agrément aux familles d'accueil attribué par le conseil départemental ainsi qu'une formation ;

– la signature d'un contrat d'accueil prévoyant la rémunération de la famille d'accueil et le loyer à payer pour l'hébergement.

Parallèlement, une circulaire de la CNAM de 1989 généralise la mise en place de cantous (petites unités accueillant des personnes atteintes de la maladie d'Alzheimer).

⊃ La loi du 24 janvier 1997

Elle crée la **prestation spécifique dépendance** (PSD) et modifie la tarification des établissements d'hébergement.

L'idée d'une prise en charge spécifique de la dépendance date du début des années 1990. Dans un contexte de crise économique, de déficit de la Sécurité sociale et de remise en cause des retraites, ce n'est qu'en 1997 qu'est votée la loi instaurant la PSD. Ce dispositif est conçu pour une période transitoire en attendant la mise en place d'une prestation d'autonomie. Il a pour but la prise en charge des frais liés à la dépendance, celle-ci étant évaluée au moyen d'une grille, dite grille AGGIR (autonomie – gérontologie – groupe iso-ressource). La prestation est attribuée uniquement sous condition de ressources et aux personnes lourdement dépendantes. Elle exclut donc de très nombreuses personnes âgées et sera très vite critiquée par le secteur associatif.

La loi prévoit également une modification importante de la tarification des établissements. Jusqu'à présent, le montant du tarif à payer se basait sur le statut juridique de l'établissement (secteur sanitaire ou secteur social) et ne tenait pas compte de l'état de santé et donc des besoins et du niveau de soins à apporter aux personnes accueillies. Les associations gestionnaires de maisons de retraite médicalisées étaient ainsi beaucoup moins dotées que les structures sanitaires. Désormais, la nouvelle tarification introduit trois types de tarifs, et ce quel que soit le statut juridique de la structure :

– un **tarif hébergement** financé par le résident ou par le conseil départemental en cas de ressources insuffisantes (aide sociale départementale) ;

– un **tarif soins** financé par l'assurance maladie de la Sécurité sociale ;

– un **tarif dépendance** financé par la PSD (puis plus tard par l'APA) et, si besoin, par le résident.

Les tarifs soins et dépendance sont fixés en fonction du niveau de dépendance annuel moyen de chaque établissement.

Par ailleurs, la loi transforme les maisons de retraite non médicalisées en **établissements d'hébergement pour personnes âgées** (EHPA) et les maisons de retraite médicalisées en **établissements d'hébergement pour personnes âgées dépendantes** (EHPAD).

➲ La loi du 20 juillet 2001

Suite à un rapport parlementaire, la loi du 20 juillet 2001 supprime la PSD et la remplace par l'**allocation personnalisée d'autonomie** (APA). L'objectif est de créer un dispositif universel, c'est-à-dire accessible à toute personne âgée dépendante quel que soit son niveau de revenu. La condition de ressources de la PSD est supprimée ainsi que la récupération des sommes versées sur la succession de la personne âgée. L'APA est donc ouverte à toute personne âgée dépendante d'au moins 60 ans et classée dans un GIR de 1 à 4 (évaluation au moyen de la grille AGGIR). Elle est attribuée suite à l'élaboration d'un plan d'aide personnalisé qui comprend l'ensemble des aides humaines et techniques favorisant l'autonomie de la personne.

➲ L'instauration des plans canicule et la loi du 30 juin 2004

La canicule de l'été 2003 et la surmortalité qu'elle provoque chez les personnes âgées mettent en évidence les failles du système de veille sanitaire et conduisent à une prise de conscience collective sur la question de l'isolement du 4e âge. Un plan canicule est mis en place chaque été et prévoit, à l'image du plan hivernal pour les sans-abri, un système de vigilance et d'alerte en fonction de la météorologie.

La loi instaure également une journée de solidarité destinée à financer la dépendance. Il s'agit d'une journée travaillée et non rémunérée pour l'ensemble des salariés des secteurs public et privé.

Elle crée enfin la **Caisse nationale de solidarité pour l'autonomie** (CNSA) chargée notamment de récolter les fonds issus de la journée de solidarité et de les répartir entre le secteur des personnes âgées et celui des personnes handicapées.

➲ La loi du 26 juillet 2005

L'entrée en vigueur de l'APA a entraîné le développement du secteur de l'aide à domicile, qu'il soit associatif ou privé à but lucratif. Afin d'encadrer et d'accompagner ce secteur, la loi relative au développement des services d'aide à la personne simplifie la procédure d'agrément de ces services, prévoit des actions de formation des salariés de ce secteur et crée le **chèque emploi service universel** (CESU) qui permet la rémunération des intervenants à domicile (services prestataires et mandataires et personnes employées directement par les personnes âgées).

➲ Les plans pluriannuels

Depuis les années 2000, le gouvernement intervient sous forme de programmes nationaux contenus dans différents plans pluriannuels :
- le plan Bien vieillir 2007/2009 ;
- le plan Solidarité grand âge 2007/2012 ;
- le plan de développement de la bientraitance de 2007 ;
- les plans Alzheimer (2001/2004, 2004/2007, 2007/2012).

Le **plan Bien vieillir** vise globalement les personnes âgées de 60 à 80 ans et s'inscrit dans le cadre du concept du « vieillissement réussi » défini par l'OMS en 2004. L'objectif est notamment de lutter contre l'isolement et la solitude en renforçant le rôle social des « seniors ».

Le **plan Solidarité grand âge** concerne plus spécifiquement les personnes âgées dépendantes et vise à leur assurer le libre choix du lieu de vie, notamment le choix de rester à leur domicile.

Le **plan Bientraitance** a pour objectif de lutter contre la maltraitance et de promouvoir le développement d'une culture de la bientraitance dans les établissements d'accueil.

Les **plans Alzheimer** se succèdent depuis 2001. Le dernier plan a créé les maisons pour l'autonomie et l'intégration des malades d'Alzheimer (MAIA) et les consultations mémoire. Il a été reconduit en 2013 et met l'accent sur la recherche, la prévention et le soin, la prise en charge à domicile et en établissement et l'aide aux aidants familiaux.

d. Les enjeux actuels

Deux enjeux majeurs préoccupent les pouvoirs publics : la **survie du système de retraite par répartition** et la **prise en charge de la dépendance**.

En ce qui concerne le second point, la question est de savoir comment se protéger du risque de dépendance qui va concerner de plus en plus de personnes.

Plusieurs pistes de financements sont évoquées :
- la création d'une cinquième branche de la Sécurité sociale, option qui aurait pour effet d'augmenter les cotisations sociales et donc le coût du travail mais aussi d'aggraver le déficit de la Sécurité sociale ;

– le recours aux assurances privées qui aurait pour effet de créer une protection à deux vitesses et laisserait de côté les personnes âgées dont les revenus ne permettraient pas de financer correctement leur protection.

Il est également possible d'envisager un système faisant appel à ces deux solutions de façon complémentaire.

Un rapport de la CNSA préconisait, dès 2007, la création d'un droit universel à la compensation de la dépendance qui réunirait la PCH et l'APA en supprimant la barrière d'âge de 60 ans, évitant ainsi le basculement de la personne d'un système à un autre. Cela impliquerait également l'harmonisation des grilles d'évaluation GEVA (guide d'évaluation des besoins de la personne handicapée) et AGGIR et des services d'aide à la personne (voir le chapitre 4 de la partie 3).

2. Les acteurs du secteur des personnes âgées

a. Les collectivités publiques

➲ L'État

Il définit la politique générale en faveur des personnes âgées.

Au niveau national, le ministère en charge des personnes âgées (actuellement, le ministère des Affaires sociales) prépare et met en œuvre la politique du gouvernement. La CNSA contribue au financement de la prise en charge de la dépendance des personnes âgées.

Au niveau régional, l'ARS accorde les agréments aux établissements et services sanitaires et médico-sociaux, fixe les tarifs de soins et de dépendance et assure le contrôle du fonctionnement de ces structures.

➲ Le département

Il est le **chef de file de l'action sociale pour les personnes âgées**. Depuis les lois de décentralisation, le conseil départemental détient la majorité des compétences en matière d'aide sociale et d'action sociale en faveur des personnes âgées.

Il élabore le **schéma départemental gérontologique** qui évalue les besoins, définit les orientations et les objectifs à atteindre, liste les acteurs impliqués sur l'ensemble du territoire.

Il met en place les services suivants et assure le financement des dispositifs correspondants :

– l'aide sociale aux personnes âgées avec le financement des mesures de maintien à domicile (comme l'aide-ménagère) et l'accueil en établissement pour les personnes ne disposant pas de revenus suffisants ;

– l'APA, avec la mise en place d'une équipe médico-sociale chargée d'évaluer la dépendance et le financement de l'allocation à domicile et en établissement.

Il attribue l'agrément aux familles d'accueil à domicile, assure leur formation et leur suivi.

Il est responsable de la mise en place des **centres locaux d'information et de coordination gérontologique** (CLIC) sur l'ensemble du territoire départemental.

➲ La commune et le CCAS

Depuis la canicule de 2003, les maires sont chargés de recueillir les éléments relatifs à l'identité, à l'âge et au domicile des personnes âgées qui en font la demande. Ces données sont utilisées par les services sanitaires et sociaux afin d'organiser un contact périodique en cas de mise en œuvre du plan canicule.

Le CCAS assure l'instruction des demandes d'aide sociale et transmet les demandes au conseil départemental.

Il peut organiser des services de maintien à domicile (aide-ménagère, portage de repas, livraison de médicaments, téléalarme, transport adapté, aménagement du domicile, accompagnement aux courses...) et assurer la gestion de foyers-restaurants.

Il peut participer également à des actions d'animation, de prévention et de coordination territoriale (activités intergénérationnelles, clubs de 3e ou 4e âges, sorties culturelles, ateliers d'expression et de créativité, prévention de la dépendance, gymnastique douce...).

Il peut gérer des établissements d'accueil (foyers-logements, établissements d'hébergement pour personnes âgées dépendantes ou non...).

b. Les organismes de protection sociale

➲ La Sécurité sociale

La branche vieillesse gère et verse les retraites de base des assurés sociaux ainsi que les pensions de réversion et l'allocation de solidarité aux personnes âgées (ASPA). La branche maladie finance les soins à domicile et en établissement. La CAF participe également au maintien à domicile en versant les aides au logement.

➲ Les caisses de retraites complémentaires

Elles sont gérées par l'association pour le régime de retraites complémentaires des salariés (ARRCO) et l'association générale des institutions de retraites complémentaires des cadres (AGIRC), qui versent les retraites complémentaires à l'ensemble des salariés.

Elles mettent également en place une action sociale au profit des retraités.

c. Le secteur social et médico-social

Les services et établissements pour personnes âgées peuvent être gérés par :
- des associations ;
- des entreprises privées à but lucratif ;

– des collectivités territoriales (département, commune, CCAS) ;
– des hôpitaux.

Les établissements et services cités ci-après sont soumis à la loi du 2 janvier 2002 sur les droits des usagers.

➲ Les services d'aide et de maintien à domicile

Certains d'entre eux proposent une **aide humaine** (toilette, repas, entretien du domicile, écoute et accompagnement), comme les services d'aides ménagères, les services d'auxiliaires de vie sociale, les visiteurs bénévoles, ainsi que les travailleurs sociaux de polyvalence de secteur ou du CCAS. D'autres proposent des **aides matérielles**, comme les services de portage de repas à domicile ou de téléalarme.

➲ Les établissements d'hébergement

Il faut distinguer :

– les **structures pour personnes âgées non dépendantes** : foyers-logements, résidences pour personnes âgées, maisons d'accueil rural pour personnes âgées (MARPA), établissements d'hébergement pour personnes âgées (EHPA)… ;
– les **structures pour personnes âgées dépendantes** : établissements d'hébergement pour personnes âgées dépendantes (EHPAD), cantous…

Il ne faut pas oublier les familles d'accueil à domicile à titre onéreux pour personnes âgées.

d. Le secteur sanitaire

La prise en charge est assurée par la branche maladie de la Sécurité sociale. Les droits des malades sont assurés par la loi du 4 mars 2002 sur les droits des patients.

➲ Les établissements de santé

Il peut d'agir d'hôpitaux spécialisés pour personnes âgées ou de services spécialisés des hôpitaux généraux :

– services de court séjour (gériatrie) ;
– hôpitaux ou services de moyen séjour, services de soins de suite et de réadaptation (SSR) ;
– hôpitaux ou services de long séjour, unités de soins de longue durée (USLD).

La prise en charge peut être également assurée en hospitalisation à domicile (HAD) et par des services de soins infirmiers à domicile (SSIAD).

➲ Les services et praticiens libéraux

Les SSIAD, les médecins de ville, les infirmiers à domicile, les kinésithérapeutes, les ergothérapeutes, les pédicures-podologues... sont également des acteurs de proximité très importants.

e. Les centres de coordination et les réseaux

➲ Les CLIC et les MAIA

La prise en charge des personnes âgées, dépendantes ou non, implique de nombreux acteurs et nécessite donc leur articulation afin de garantir la cohérence des actions. Deux organismes assurent la **coordination** de l'ensemble des professionnels du secteur sanitaire, social et médico-social intervenant auprès de personnes âgées.

Les **CLIC** sont des **structures de proximité** qui s'adressent aux personnes âgées, aux aidants familiaux, aux professionnels du secteur de la gérontologie et du maintien à domicile. Leurs missions varient en fonction du label qui leur a été accordé. Avec le label de niveau 1, le CLIC a pour missions d'informer, d'orienter et de coordonner les acteurs locaux. Le label de niveau 2 ajoute la mission d'évaluation des besoins de la personne âgée et d'élaboration du plan d'aide. Le label de niveau 3 permet en plus d'assurer le suivi du plan en coordination avec l'ensemble des intervenants.

Les **MAIA** sont des **maisons pour l'autonomie et l'intégration des malades d'Alzheimer**. Elles concernent plus spécifiquement les personnes âgées atteintes de la maladie d'Alzheimer et exercent des missions similaires aux CLIC.

➲ Les réseaux gérontologiques

Ils rassemblent plutôt les acteurs du secteur sanitaire (médecine de ville et hôpitaux).

Pour en savoir +...

Ouvrages

- BARNAY Thomas, SERMET Catherine, *Le Vieillissement en Europe : aspects biologiques, économiques et sociaux*, La Documentation française, 2007.
- Centre d'analyse stratégique, *Synthèse du rapport : vivre ensemble plus longtemps*, note de veille n° 185, juin 2010.
- Centre d'analyse stratégique, *Personnes âgées dépendantes : bâtir le scénario du libre choix*, La Documentation française, 2006.
- CESE, *La Dépendance des personnes âgées, Journal officiel*, 2011.
- Collectif, *Accompagnement et cadre de vie en établissement des personnes âgées atteintes de la maladie d'Alzheimer ou autres causes de dépendance*, EHESP, 2012.

Les politiques sociales

- ENNUYER Bernard, *Repenser le maintien à domicile : enjeux, acteurs, organisation*, Dunod, 2006.
- HERVY Bernard, SCHAFF Jean-Luc et al., *Le Projet de vie personnalisé des personnes âgées : enjeux et méthodes*, Érès, 2008.
- NGATCHA-RIBERT Laëtitia, *Alzheimer, la construction sociale d'une maladie*, Dunod, 2012.

Numéros juridiques des *ASH*
- ANDRE Sophie, *Le Maintien à domicile des personnes âgées ou handicapées*, n° 2550, mars 2008.
- BALLAND Valérie, *L'Accueil familial des adultes*, n° 2458, juin 2006.
- BAUDET-CAILLE Véronique, *L'Allocation personnalisée d'autonomie*, n° 2254, mars 2002.

6 Les majeurs protégés

1. La loi du 5 mars 2007 portant réforme de la protection juridique des majeurs

a. Le contexte d'émergence

➲ Les origines

Deux dispositifs permettent la protection des majeurs.

Le premier concerne principalement les personnes qui ont perdu leurs facultés mentales. Les premières mesures de protection juridique datent du Code Napoléon de 1804. Elles sont reprises par la loi de 1838, dite « loi sur les aliénés », qui fixe à la fois les règles d'hospitalisation psychiatrique et celles concernant le régime d'administration des biens des malades hospitalisés.

Le second s'adresse aux personnes qui se mettent en danger du fait de la mauvaise utilisation de leurs prestations sociales. Une loi de 1939 fixe ainsi les règles de contrôle des prestations familiales.

Ces deux dispositifs vont être largement réformés dans les années 1960.

➲ Les réformes des années 1960

Une loi de 1964 crée le **juge des tutelles**. Les règles relatives aux soins et à l'hospitalisation des malades mentaux, d'une part, et celles relatives à la gestion de leurs biens, d'autre part, deviennent indépendantes.

La loi du 3 janvier 1968 prévoit trois régimes de protection juridique :

- la **curatelle**, dispositif d'assistance et de conseil dans lequel la personne protégée conserve une partie de sa capacité juridique ;
- la **tutelle**, dispositif de représentation calqué sur la tutelle des mineurs dans lequel la personne protégée perd totalement l'exercice de sa capacité juridique ;
- la **sauvegarde de justice**, dispositif provisoire dans l'attente d'une décision de curatelle ou de tutelle.

C'est le juge des tutelles qui définit le régime de protection approprié, ainsi que la personne chargée de l'exercer : soit un membre de la famille, soit un professionnel salarié d'une association tutélaire, préposé d'établissement ou exerçant en libéral. Les mesures portent exclusivement sur la protection du patrimoine de la personne protégée. Ils concernent deux catégories de personnes : celles qui n'ont plus leur faculté mentale et celles qui sont victimes de leur « prodigalité, de leur intempérance ou de leur oisiveté », selon les termes du Code civil de l'époque.

Parallèlement, la loi du 18 octobre 1966 définit la **tutelle aux prestations sociales adultes** (TPSA) qui se démarque de la loi de 1939 en mettant l'accent sur la question éducative. C'est également le juge des tutelles qui est compétent pour décider la mise sous tutelle et qui désigne un travailleur social, appelé délégué à la tutelle, chargé d'aider la personne à gérer ses prestations dans son intérêt.

➲ La remise en question du dispositif

De nombreux facteurs intervenus dans les années 1970 et 1980 vont perturber la mise en œuvre de ce double dispositif.

D'importants changements de société conduisent à une augmentation conséquente du nombre de majeurs placés sous protection juridique : allongement de l'espérance de vie, ouverture des institutions psychiatriques et développement du maintien à domicile, diminution des solidarités familiales, augmentation de la pauvreté et du surendettement.

Les mesures de tutelle et de curatelle sont détournées de leur fonction initiale et largement utilisées pour protéger des personnes en situation de précarité mais qui ne relèvent pas du champ de la TPSA. La TPSA ne prenant en compte que les prestations sociales, le critère de choix entre les deux dispositifs va dépendre en fait de la nature des revenus. Mais les conséquences d'une mise sous protection juridique sont très différentes car, dans ce cas, la personne perd tout ou partie de l'exercice de sa capacité juridique. À la fin des années 2000, c'est pratiquement 1 % de la population qui se trouve dans cette situation.

Le dispositif laisse peu de place aux personnes protégées. Elles ne sont pas toujours entendues et leurs souhaits de vie ne sont pas toujours pris en compte. Les mesures de tutelle sont prises sans limitation de durée. Le financement des mesures est complexe et peu transparent.

Enfin, c'est le mode de gestion par des tuteurs parfois peu scrupuleux ou peu compétents, du fait de l'absence de formation, qui est remis en question. Il s'agit notamment des « comptes-pivots » à partir desquels sont gérés les comptes des majeurs protégés (utilisation des intérêts bancaires au profit des services tutélaires).

b. La réforme de 2007

➲ Les principes

La loi de 2007 rappelle les trois grands principes de la loi de 1968 :

– le **principe de nécessité** qui implique qu'une mesure de protection ne peut être mise en place qu'en cas de nécessité absolue ;

– le **principe de subsidiarité** qui ne permet pas la mise sous protection en cas de possibilité de mise en œuvre d'un dispositif de droit commun ;

– le **principe de proportionnalité** qui veut que le choix de la mesure de protection soit adapté à la gravité de la situation.

Afin de respecter ces principes, la loi établit une stricte séparation entre :
- les personnes qui ont des difficultés à gérer leur budget ;
- les personnes ayant une atteinte de leurs facultés.

➲ La séparation des deux formes de protection

Dorénavant, il ne sera plus possible de mettre sous protection juridique des personnes qui ne présentent pas d'altération de leurs facultés mentales. Ainsi, toutes les personnes qui se mettent en danger du fait de la mauvaise gestion de leur budget bénéficieront d'une protection qui ne porte pas atteinte à leur capacité juridique. La TPSA est supprimée. Deux nouvelles mesures sont mises en place :
- la **mesure d'accompagnement social personnalisé** (MASP), mesure contractuelle d'accompagnement dans la gestion du budget ;
- la **mesure d'accompagnement judiciaire** (MAJ), en cas d'échec de la MASP.

Seules les personnes qui présentent une altération de leurs facultés bénéficieront d'une protection juridique. Le placement sous protection au motif de « prodigalité, oisiveté ou intempérance » est supprimé.

➲ Le respect des droits des usagers

Si les trois anciennes mesures de protection juridique (sauvegarde de justice, curatelle et tutelle) sont maintenues, elles sont largement réformées afin de se mettre en conformité avec la loi de rénovation sociale et médico-sociale sur les droits des usagers.

En ce qui concerne la prise de décision, le juge des tutelles doit obligatoirement entendre la personne concernée. Le choix de la mesure doit respecter trois principes fondamentaux : la nécessité, la subsidiarité et la proportionnalité. Les mesures ont désormais une **durée limitée** et doivent être révisées tous les 5 ans. La loi crée enfin un **mandat de protection future** qui permet d'organiser sa propre protection et d'éviter une mesure judiciaire.

En ce qui concerne l'exercice des mesures, priorité est donnée à la famille. Les curateurs et tuteurs familiaux sont tenus de rendre compte régulièrement de leur gestion au juge des tutelles. La loi prévoit pour ces derniers un **droit à l'information sur leurs obligations** vis-à-vis du majeur protégé. Afin de limiter les abus, les mandataires judiciaires doivent suivre une formation et obtenir un certificat national de compétences délivré par l'État. Ils doivent être agréés et inscrits sur une liste préfectorale. Les règles de rémunération sont uniformisées et fixées par décret. Les services tutélaires relèvent désormais du champ d'application de la loi du 2 janvier 2002 sur les droits des usagers.

➲ Le dispositif de protection juridique

Il concerne les personnes ayant perdu leurs facultés mentales et/ou physiques. Il reprend les trois mesures traditionnelles.

La **sauvegarde de justice** constitue le **premier niveau de protection**. Cette mesure provisoire est prise dans l'attente du jugement de tutelle ou de curatelle. La personne conserve toute sa capacité juridique. La protection consiste dans la résiliation possible d'un acte passé qui serait contraire à l'intérêt du majeur. Le juge peut éventuellement nommer un administrateur provisoire chargé de veiller aux intérêts du majeur.

La **curatelle** est le **deuxième niveau de protection**. La personne conserve sa capacité juridique pour les actes simples de la vie courante. Elle est assistée et contrôlée par un curateur pour les actes graves de disposition (actes impliquant le patrimoine comme la vente d'un bien mobilier). La curatelle peut être simple ou renforcée en fonction de l'état de la personne protégée.

La **tutelle** est le **dernier niveau de protection**. La personne perd l'exercice de sa capacité juridique et est représentée par son tuteur dans tous les actes de la vie civile. Le juge peut toutefois l'autoriser à effectuer seule certains actes (dépenses courantes, droit de vote...).

La demande de protection peut être effectuée par la personne elle-même, un membre de sa famille, le tuteur ou le curateur, ainsi que le procureur de la République. Elle nécessite la production d'un certificat médical établi par un médecin spécialiste inscrit sur une liste agréée par le procureur de la République après avis du préfet. Elle est prononcée par le juge des tutelles pour une durée de 5 ans maximum renouvelable, à l'exception de la sauvegarde de justice prise pour une durée de 1 an renouvelable une fois.

La loi crée également une nouvelle mesure, le **mandat de protection future**. Il est désormais possible de choisir à l'avance pour soi, ou son enfant handicapé, la personne qui assurera la protection en cas d'altération future des facultés mentales ou en cas de décès du parent de l'enfant handicapé. Il s'agit d'un contrat passé devant notaire. Le mandat prend effet sur présentation par la personne choisie d'un certificat médical au juge des tutelles. Les effets juridiques sont précisés dans le mandat.

➲ Le dispositif de protection sociale

Il concerne les personnes dont la santé ou la sécurité sont menacées du fait des difficultés à gérer ses prestations sociales. Il comprend deux types de mesures contractuelles.

La première mesure est la **MASP**. Il s'agit d'une **mesure contractuelle** qui s'organise en **trois niveaux** :

– la MASP 1 consiste en un simple accompagnement social et budgétaire effectué par un travailleur social. L'objectif est d'apporter une aide éducative dans la gestion du budget ;

– la MASP 2 implique en plus la gestion financière des prestations sociales par un travailleur social. Les prestations concernées sont les aides au logement (APL,

ALF, ALS), ainsi que l'APA, l'ASPA, l'AAH, le RSA, la PCH et les prestations familiales ;

– la MASP 3 intervient en cas d'impayé de loyer de plus de 2 mois. Le conseil départemental peut alors demander au juge d'instance le versement direct des aides au logement au bailleur.

Les MASP relèvent de la responsabilité des conseils départementaux. Ceux-ci peuvent passer des conventions avec des CCAS, des associations, la CAF..., pour exercer toute ou partie de ces mesures sur le département. Les MASP ont une durée de 6 mois à 2 ans renouvelable dans la limite de 4 ans.

La seconde mesure est la **MAJ**. Elle intervient en cas d'échec ou de refus de la MASP. Le conseil départemental saisit le procureur de la République en cas de danger du fait de l'échec ou du refus de la MASP. Le procureur saisit le juge des tutelles qui peut ordonner une MAJ. Le contenu de la mesure est identique à celui de la MASP mais il s'agit cette fois-ci d'une **mesure judiciaire imposée au majeur**. La MAJ a une durée de 2 ans renouvelable une fois. Elle est exercée par un délégué aux prestations désigné par le juge.

À noter

Il faut faire attention à ne pas confondre les différents dispositifs.

Personnes se mettant en danger en raison de leur gestion budgétaire	Personnes ayant perdu leurs facultés mentales et/ou physiques
• MASP 1 • MASP 2 • MASP 3 • MAJ	• Sauvegarde de justice • Curatelle • Tutelle

Mesures contractuelles proposées par le département	Mesures judiciaires décidées par le juge des tutelles
• MASP 1 • MASP 2 • MASP 3	• MAJ • Sauvegarde de justice • Curatelle • Tutelle

Mesures de protection de l'enfance	Mesures de protection des majeurs
• AESF • MJAGBF	• MASP 1, 2 et 3 • MAJ

2. Les principaux acteurs de la protection des majeurs

Acteurs à l'origine de la demande de protection

- Famille et environnement social proche
- Travailleurs sociaux, en particulier services sociaux du conseil départemental (pour les MASP)
- Procureur de la République (pour les mesures judiciaires)
- Notaire (pour le mandat de protection future)

Acteurs décisionnaires

- Conseil départemental (pour les MASP)
- Juge des tutelles (pour les mesures judiciaires)
- Greffe du tribunal d'instance (pour le mandat de protection future)

USAGER

Acteurs qui exercent les mesures de protection

- Familles (prioritaires)
- Services sociaux du conseil départemental et associations (pour les MASP)
- MJPM des associations tutélaires, préposés d'établissements et MJPM exerçant en libéral (pour les mesures judiciaires)

Acteurs qui financent les mesures de protection

- Usager
- Conseil départemental (pour les MASP)
- État et Caisse des dépôts et consignation (pour les mesures judiciaires)

Pour en savoir +...

- ANDRE Sophie, *La Protection des majeurs vulnérables, ASH*, numéro juridique 2800, mars 2013.
- ARBELLOT Frédéric, *Droit des tutelles, protection judiciaire et juridique des mineurs et des majeurs*, Dalloz, 2007.
- BAUER Michel, FOSSIER Thierry, *Les Tutelles : accompagnement et protection juridique des majeurs*, ESF, 2014.
- CHARRIER Françoise et al., *Les Personnes vulnérables : protection et accompagnement des majeurs en difficulté*, Érès, 2008.
- JEAN Agnès, JEAN Jacqueline, *Mieux comprendre la tutelle et la curatelle*, Vuibert, 2008.
- JEAN Agnès, JEAN Jacqueline, *Tutelle et curatelle : organisation et acteurs*, Vuibert 2007.
- MONCHAMBERT Suzanne, *La Protection juridique des majeurs et les droits des usagers : un paradoxe ?*, EHESP, 2011.
- VALLAS-LENERZ Emmanuelle, *Tutelle, curatelle : le guide pratique*, Prat, 2012.
- WONG Catherine et DUBOIS Bruno, *Guide des tutelles et de la protection juridique des majeurs*, Dunod, 2009.

7 Les migrants

Les politiques sociales en direction des étrangers comprennent trois axes qu'il convient de distinguer :

- l'entrée et le séjour des étrangers en France ;
- l'accueil des réfugiés politiques et le droit d'asile ;
- l'accès à la nationalité française.

1. Les conditions d'entrée et de séjour des étrangers en France

Jusqu'à la fin des années 1960, la France a une politique plutôt libérale en matière d'immigration. La crise économique va remettre largement et durablement en question cette politique.

a. Du XIXe siècle aux années 1970 : la France, terre d'immigration

Dans la seconde partie du XIXe siècle et au début du XXe siècle, alors que l'Europe triple sa population, celle de la France n'augmente plus. Le manque de main-d'œuvre va être à l'origine des premiers flux migratoires venus des pays voisins : Belgique, Italie, Suisse. Une simple déclaration en mairie suffit pour s'établir en France et y travailler. Pendant la Première Guerre mondiale, le ministère de la Guerre fait également appel à des Nord-Africains, des Chinois et des Indochinois. Puis l'immigration va se développer encore et se diversifier avec la venue de Russes, de Tchécoslovaques et de Polonais. Ce sont les employeurs qui organisent alors l'entrée et le séjour de la main-d'œuvre étrangère.

Après la Seconde Guerre mondiale, la reconstruction du pays est l'une des priorités nationales et nécessite à nouveau un afflux de main-d'œuvre. L'ordonnance du 2 novembre 1945 organise l'entrée et le séjour des étrangers sur le territoire français. Elle crée également l'Office national de l'immigration (ONI) qui donne à l'État le monopole de l'introduction de la main-d'œuvre en France. Trois cartes de séjour sont instaurées, d'une durée allant de 1 à 10 ans.

La décolonisation des années 1960 va profondément modifier les sources de recrutement de la main-d'œuvre étrangère. Des accords binationaux favorisent l'arrivée de Marocains, de Tunisiens et d'Algériens. Dès 1960, débute l'immigration d'origine sub-saharienne. Parallèlement, on assiste au déclin de l'immigration italienne et polonaise au profit de l'immigration espagnole et portugaise.

b. De 1974 à 2006 : la fermeture des frontières et le contrôle des flux migratoires

La crise économique et le chômage, consécutifs au premier choc pétrolier de 1973, vont amener le gouvernement à fermer les frontières et à arrêter l'immigration des travailleurs, à l'exception des ressortissants de la Communauté européenne, des étudiants et des stagiaires, des membres de la famille d'un étranger en situation régulière et des personnes hautement qualifiées.

En fonction des gouvernements au pouvoir (gauche, droite ou gouvernement de cohabitation), vont être votés de très nombreux textes qui assouplissent ou durcissent plus ou moins les conditions d'entrée et de séjour des étrangers en France. Malgré ces différences, la législation a pour objectif principal la maîtrise des flux migratoires et la lutte contre l'immigration clandestine. Les mesures prises pendant cette période portent sur :

– la généralisation des titres de séjour à tous les étrangers et l'établissement de règles spécifiques pour certaines catégories d'étrangers (étudiants, chercheurs, personnes autorisées à travailler ou non...) ;

– le renforcement des contrôles aux frontières et l'incitation au retour volontaire ainsi que l'encadrement strict du regroupement familial (conditions de logement, de ressources, durée de présence en France...) ;

– la subordination de l'octroi des prestations sociales et familiales à la régularité du séjour ;

– les procédures de reconduite à la frontière, d'expulsion ou d'interdiction du territoire.

Toutes ces mesures ont pour effet de créer de nouvelles infractions et donc de nouvelles sanctions. Elles créent également de nouvelles catégories, comme les « sans papiers » ou les personnes à la fois non régularisables et non expulsables.

En 2005, l'ordonnance de 1945 est remplacée par le **Code de l'entrée et du séjour des étrangers et du droit d'asile** (CESEDA).

c. Depuis 2006 : de l'immigration « subie » à l'immigration « choisie »

Les pouvoirs publics s'orientent résolument, d'une part, vers la lutte contre l'immigration clandestine et la maîtrise de l'immigration familiale et, d'autre part, privilégient une immigration de travail dans des secteurs économiques déterminés.

La **loi du 24 juillet 2006** relative à l'immigration et à l'intégration a pour objectif de lutter contre l'immigration subie (notamment le regroupement familial) et de privilégier l'immigration choisie (sélection de la main-d'œuvre). Elle se consacre à la lutte contre les détournements de procédures Pour cela, elle :

– durcit les conditions de regroupement familial et renforce le contrôle des mariages mixtes ;

- supprime le principe de la régularisation systématique après 10 ans de présence en France ;
- conditionne la délivrance de la carte de séjour « salarié » à l'existence d'un contrat de travail et à l'obtention préalable d'un visa de long séjour, et établit une liste des secteurs professionnels dans lesquels les employeurs pourront faire appel à des étrangers ;
- crée le contrat d'accueil et d'intégration (CAI).

La **loi du 20 novembre 2007** relative à la maîtrise de l'immigration, à l'intégration et à l'asile réduit encore davantage le regroupement familial.

Pour cela, elle fixe les mesures suivantes :
- la délivrance du visa de long séjour (nécessaire pour l'engagement d'une procédure de regroupement familial) est conditionnée à l'obtention d'une attestation évaluant le degré de connaissance de la langue française et prouvant, si nécessaire, le suivi d'une formation linguistique organisée par le pays d'origine ;
- le recours à des tests ADN est rendu possible comme preuve de la filiation d'un enfant étranger ;
- un contrat d'accueil et d'immigration famille (CAIF) est instauré, qui oblige les parents à veiller à la bonne intégration de leur enfant arrivé en France. En cas de non-respect, le juge des enfants pourra être saisi et les prestations familiales suspendues ;
- enfin, des seuils de niveaux de ressources nécessaires pour pouvoir prétendre au regroupement familial sont fixés en fonction de la taille de la famille.

La **loi Besson du 16 juin 2011** relative à l'immigration, à l'intégration et à la nationalité renforce la lutte contre les personnes en situation irrégulière :
- création de sanctions à l'encontre des employeurs de travailleurs sans papiers ;
- assouplissement des conditions de reconduite à la frontière ;
- restriction des conditions d'accès au titre de séjour « étranger malade » ;
- création du délit d'abus de court séjour (moins de 3 mois) ;
- interdiction de retour sur le territoire français de 3 à 5 ans pour les étrangers expulsés.

2. Le droit d'asile

Le droit d'asile a longtemps été considéré comme un des Droits de l'Homme, à traiter de façon tout à fait indépendante des politiques migratoires. Mais, depuis la crise économique et la fermeture des frontières, le droit d'asile est remis en question et assimilé à la question de l'immigration économique, voire de l'immigration clandestine. Il s'agit de repérer les faux réfugiés, c'est-à-dire les migrants économiques qui essayent de contourner les textes.

a. De 1945 aux années 1990 : l'instauration d'un droit fondamental

Le droit d'asile est un **droit fondamental** reconnu par la Déclaration universelle des Droits de l'Homme, la Charte des droits fondamentaux de l'Union européenne, la Convention de Genève de 1951 et le préambule de la Constitution de 1958 (« Tout homme persécuté en raison de son action en faveur de la liberté a droit d'asile sur les territoires de la République »). À l'origine, le droit d'asile est lié au contexte politique issu de la Guerre froide. Il s'agit, à cette époque, d'accueillir et de protéger les opposants politiques qui fuient les pays du bloc de l'Est.

La **loi du 25 juillet 1952** fixe les conditions d'application de la Convention de Genève en France et crée l'**Office de protection des réfugiés et des apatrides** (OFPRA). Elle définit la procédure « d'asile conventionnel » (puisque issue de la Convention de Genève). Cette procédure concerne les personnes menacées physiquement par les autorités publiques de leur pays d'origine en raison de leurs idées politiques. Le demandeur d'asile qui a obtenu le statut de réfugié politique bénéficie d'une protection et d'un statut très favorables que la France s'engage à maintenir même dans les périodes de restriction de l'immigration économique liée au travail.

La **loi du 11 mai 1998** prend en compte l'évolution des persécutions dans certains pays où les personnes ne sont pas menacées par leur État mais par des groupes que ces États ne sont pas en mesure de contrôler. Elle crée ainsi la procédure « d'asile territorial », remplacé en 2003 par la « protection subsidiaire », pour les personnes menacées dans leur pays d'origine de peine de mort, de torture ou de peines ou de traitements inhumains ou dégradants, ainsi que pour les civils dont la vie est directement menacée en raison d'un conflit armé.

b. Les années 2000 et 2010 : la remise en cause du droit d'asile

La politique d'immigration devenant de plus en plus restrictive, l'asile devient l'une des seules voies d'entrée en France. Malgré l'affirmation récurrente des pouvoirs publics, une confusion s'installe entre asile et immigration. L'objectif principal n'est plus l'accueil et la protection des personnes persécutées mais la lutte contre les demandes d'asile infondées. L'asile est de plus en plus assimilé à l'immigration irrégulière.

De nombreux textes vont traiter dans le même temps ces deux questions. La confusion est également entretenue par le mélange des missions respectives du ministère de l'Intérieur, compétent en matière de migration économique, et le ministère des Affaires étrangères, compétent en matière d'asile. Ainsi, le directeur de l'OFPRA est désormais nommé sur avis du ministre de l'Intérieur. Le siège de l'OFPRA se situe dans les locaux du Comité interministériel de contrôle de l'immigration et c'est le ministre de l'Intérieur qui définit, depuis 2010, la politique gouvernementale en matière d'immigration et d'asile.

La **loi du 11 décembre 2003** introduit la notion de « pays d'origine sûrs » qui présume le caractère infondé des demandes d'asile formulées par les ressortissants de ces pays. Ces derniers sont systématiquement placés en « procédure prioritaire » de reconduite à la frontière ou de placement en zones d'attente. La loi crée ainsi une discrimination entre demandeurs d'asile en fonction de leur pays d'origine, discrimination contraire à la Convention de Genève du 12 août 1949 qui définit les règles de protection des personnes en cas de conflit armé. Les **lois de 2006, 2009 et 2011** ont largement étendu la liste des pays considérés comme sûrs.

3. L'acquisition de la nationalité française

La nationalité est le lien juridique qui unit un individu à un État.

De 1945 aux années 1980, les principes relatifs à l'acquisition de la nationalité française font l'objet d'un large consensus. Le droit de la nationalité, établi par l'ordonnance du 19 octobre 1945, est stable et n'est pas lié à la politique d'immigration.

À partir des années 1980, l'immigration est accusée de mettre en péril l'identité nationale. Le droit de la nationalité va être remis en cause au motif que les étrangers non intégrés ne peuvent pas devenir français. Les politiques sociales en matière d'immigration vont alors influencer la législation sur la nationalité.

a. De 1945 à 1993 : un droit stable basé sur le droit du sang et du sol

C'est l'**ordonnance du 19 octobre 1945** qui définit les conditions d'acquisition de la nationalité française. Celle-ci relève à la fois du **droit du sang** et du **droit du sol**.

La nationalité française s'acquiert par la filiation paternelle ou maternelle (droit du sang). L'enfant est français dès la naissance dès lors que l'un de ses parents est lui-même français.

La nationalité française s'acquiert par la naissance sur le territoire français (droit du sol). L'enfant est français dès la naissance s'il naît en France et que l'un des parents est lui-même né en France.

De plus, l'enfant né en France de parents étrangers devient automatiquement français à sa majorité.

On applique également le principe du droit du sol pour les enfants nés de parents inconnus ou apatrides afin d'éviter qu'ils ne deviennent eux-mêmes apatrides (sans nationalité).

Il est enfin possible d'acquérir la nationalité française :

– par simple déclaration durant la minorité de l'enfant ;

– par mariage après un délai de 6 mois à compter de l'union ;

– par naturalisation (sous conditions d'âge et de durée de résidence de 5 ans en France).

L'acquisition de la nationalité française n'est pas subordonnée à la renonciation à sa nationalité d'origine. Il peut donc y avoir double nationalité.

b. Depuis 1993 : la remise en cause du droit du sol

La **loi du 22 juillet 1993** réforme en profondeur le droit de la nationalité avec une mesure phare : la suppression de l'acquisition automatique de la nationalité française à la majorité pour les enfants nés en France de parents étrangers. Ils devront dorénavant manifester leur volonté de devenir français entre 16 et 21 ans.

La **loi du 16 mars 1998** supprime la manifestation de volonté et rétablit l'acquisition automatique de la nationalité française dès la majorité, mais uniquement pour les enfants ayant résidé en France pendant au moins 5 ans entre l'âge de 11 à 18 ans. Ces derniers peuvent anticiper l'acquisition de la nationalité française dès l'âge de 16 ans s'ils en font la demande, ou dès l'âge de 13 ans à l'initiative de leurs parents.

La loi crée également la déchéance de la nationalité française (sauf si cela a pour effet de rendre la personne apatride) en cas de condamnation pour crime ou délit portant atteinte à la Nation ou pour acte de terrorisme. Ce faisant, elle crée une différence de statut entre les Français de naissance et les Français naturalisés.

La **loi du 26 novembre 2003** réforme les conditions de naturalisation en ajoutant une condition d'assimilation à la communauté française impliquant une connaissance suffisante de la langue française. La **loi du 16 juin 2011** renforce l'exigence d'assimilation en ajoutant l'obligation d'une bonne connaissance de l'histoire et de la culture de la société française ainsi que l'adhésion aux principes et aux valeurs de la République.

4. Les acteurs de la politique en direction des migrants

a. L'État

Le ministère actuellement en charge des politiques sociales liées à l'immigration est le **ministère de l'Intérieur**. Il définit la politique générale en matière d'entrée et de séjour des étrangers en France, ainsi qu'en matière d'asile.

Les **préfets** sont chargés de la mise en œuvre de la politique du gouvernement aux niveaux déconcentrés. Ils accordent le droit au regroupement familial, la délivrance des titres de séjour, signent les contrats d'accueil et d'intégration (CAI), prononcent les arrêtés d'expulsion et de reconduite à la frontière.

Les **ambassades** et les **consulats** peuvent apporter une information, un soutien et des aides financières à leurs ressortissants. Ils établissent et renouvellent les passeports et les visas.

b. L'Office français de l'immigration et de l'intégration (OFII)

L'OFII est un **établissement public national** chargé d'appliquer les textes relatifs à l'entrée et au séjour des étrangers. Il est compétent en matière de recrutement des travailleurs migrants, de regroupement familial, d'accueil des primo-arrivants, des demandeurs d'asile et des réfugiés et de l'aide au retour.

➲ Le recrutement des travailleurs migrants

L'OFII accompagne les entreprises qui souhaitent recruter des travailleurs étrangers dans la procédure d'entrée et de séjour. Il est le **guichet unique** pour les étrangers bénéficiaires des dispositifs d'accès au travail dans les secteurs où la situation de l'emploi ne leur est pas opposable.

➲ Le regroupement familial

L'OFII contrôle les conditions de logement et de ressources du demandeur en France. Dans le pays d'origine, il évalue le niveau de connaissances du français et des valeurs de la République des bénéficiaires du regroupement familial de plus de 16 ans. En cas de niveau insuffisant, il organise une formation. Il délivre l'attestation de réussite à l'évaluation qui permet l'obtention du visa. Après l'accord du préfet et l'obtention du visa de long séjour, il aide le demandeur du regroupement familial à préparer l'arrivée et l'installation de sa famille en France.

➲ L'accueil des primo-arrivants

L'OFII accueille les étrangers qui arrivent en France et souhaitent y résider durablement, que ce soit au titre du regroupement familial ou du travail. Il organise une **demi-journée de formation collective**, une **visite médicale** et un **entretien individuel** afin de définir les formations nécessaires à l'intégration en France. Il organise la signature d'un **CAI** ou d'un **CAIF** s'il y a des enfants de moins de 16 ans. Le contrat comporte notamment l'engagement à suivre une formation civique sur les valeurs de la République, une formation sur les droits et devoirs des parents, une information sur les conditions de vie en France, un bilan de compétences professionnelles et une formation linguistique, si besoin. La participation aux sessions de formation est obligatoire. En cas de refus ou d'absence, le préfet peut résilier le contrat et refuser le renouvellement du titre de séjour.

➲ L'accueil des demandeurs d'asile et des réfugiés

L'OFII gère les entrées dans les centres d'accueil pour demandeurs d'asile (CADA) et les centres provisoires d'hébergement des réfugiés (CPH).

➲ L'aide au retour

L'OFII propose un **accompagnement financier et technique** aux étrangers qui souhaitent créer une activité économique dans leur pays d'origine. Il organise le retour volontaire au pays des étrangers en situation irrégulière. Il apporte des aides matérielles aux étrangers placés dans les centres de rétention administrative afin de faciliter leurs conditions de rétention et d'organiser leur départ.

c. L'Office français de protection des réfugiés et des apatrides (OFPRA)

L'OFPRA est un **établissement public** chargé de la reconnaissance de la qualité de réfugié, d'apatride, et de l'admission à la protection subsidiaire.

L'asile est une protection qu'accorde un État à un étranger qui est ou qui risque d'être persécuté dans son pays, que ce soit par les autorités de son pays ou par des agents non étatiques. Deux formes de protection sont possibles : le **statut de réfugié** et la **protection subsidiaire** qui n'ouvrent pas aux mêmes droits.

L'OFPRA exerce la protection juridique et administrative des réfugiés et apatrides ainsi que celle de certains des bénéficiaires de la protection subsidiaire. Cela se traduit notamment par l'établissement d'actes ou de documents que les personnes protégées par l'OFPRA ne peuvent pas obtenir auprès des autorités de leur pays d'origine.

Selon la Convention de New York de 1954, le terme *apatride* s'applique à toute personne qu'aucun État ne considère comme son ressortissant par application de sa législation. La reconnaissance de la qualité d'apatride entraîne une protection spécifique assurée par l'OFPRA.

d. Les associations

⊃ Missions des associations

Il existe de nombreuses associations spécialisées dans l'aide et l'accompagnement des étrangers. Certaines associations proposent une **aide juridique**, comme le groupe d'information et de soutien des immigrés (GISTI), ou se spécialisent dans l'**accès aux soins**, comme le Comité médical pour les exilés (COMEDE), ou en matière d'**éducation**, comme le Réseau éducation sans frontières (RESF). L'Association nationale d'assistance aux frontières pour les étrangers (ANAFE) et la CIMADE (service œcuménique d'entraide) sont présents dans les centres de rétention administrative et les zones d'attente et peuvent ainsi témoigner des conditions de vie des étrangers dans ces lieux.

Information mineurs isolés étrangers (InfoMIE) s'intéresse plus particulièrement aux mineurs étrangers isolés et la Fédération des associations de soutien aux travailleurs immigrés (FASTI) aux travailleurs. L'Association service social familial migrants (ASSFAM) assure un accompagnement social aux familles.

Enfin, certaines associations sont davantage axées sur la **lutte contre le racisme**, comme le Mouvement contre le racisme et pour l'amitié entre les peuples (MRAP), la Ligue internationale contre le racisme et l'antisémitisme (LICRA), la Ligue des Droits de l'Homme, ou SOS Racisme.

➲ La gestion d'établissements et de services

Certaines associations créent et gèrent des structures d'accueil et d'accompagnement des migrants.

Les **foyers de travailleurs migrants** (FTM) ont pour mission principale d'accueillir des travailleurs immigrés. Cependant, des personnes en situation d'exclusion peuvent désormais y être accueillies également en cas de places vacantes. Ces foyers, en général construits dans les années 1960, sont actuellement réhabilités en résidences sociales. Ces structures permettent d'offrir une modalité de logement collectif temporaire (associant logements privatifs et espaces collectifs).

Les **centres d'accueil pour demandeurs d'asile** (CADA) sont des structures assurant l'accueil, l'hébergement et l'accompagnement social et administratif des demandeurs d'asile pendant la durée d'instruction de leur dossier par l'OFPRA et la Cour nationale du droit d'asile (CNDA), anciennement Commission des recours des réfugiés.

Les **centres d'accueil d'urgence pour demandeurs d'asile** (CAUDA) sont des structures destinées à accueillir, à titre exceptionnel et transitoire, des demandeurs d'asile ne pouvant bénéficier ni d'un hébergement en CADA, ni du versement de l'allocation temporaire d'attente (ATA). Sont notamment accueillis en CAUDA les demandeurs placés en procédure prioritaire (article L. 723-1 du Code de l'entrée et du séjour des étrangers et du droit d'asile).

➲ Liste des principales associations

- Amnesty International, section française
- Association nationale d'assistance aux frontières pour les étrangers (ANAFE)
- Association service social familial migrants (ASSFAM)
- Association Primo Levi (Soins et soutien aux personnes victimes de la torture ou de la violence politique)
- Association des travailleurs maghrébins en France (ATMF)
- Comité médical pour les exilés (COMEDE)
- Fédération des associations de soutien aux travailleurs immigrés (FASTI)
- France Terre d'asile
- Groupe d'information et de soutien des immigrés (GISTI)
- Information mineurs isolés étrangers (InfoMIE)
- Inter service migrants (ISM)
- Ligue internationale contre le racisme et l'antisémitisme (LICRA)
- Ligue des Droits de l'Homme
- Mouvement contre le racisme et pour l'amitié entre les peuples (MRAP)
- Réseau éducation sans (frontières RESF)
- Service œcuménique d'entraide (CIMADE)
- SOS Racisme

Pour en savoir +...

- BALLEIX Corinne, *La Politique migratoire de l'Union européenne*, La Documentation française, 2013.
- BLUM Jean-Yves, *Les Immigrés en France*, La Documentation française, 2014.
- DJEGHAM Myriam, *Au cœur de l'OFPRA : demandeurs d'asile et réfugiés en France*, La Documentation française, 2011.
- GUELAMINE Faïza, *Action sociale et immigration en France : repères pour l'intervention*, La Documentation française, 2008.
- Secrétariat général du comité interministériel et de l'intégration, *Les Chiffres de la politique de l'immigration et de l'intégration*, La Documentation française, 2013.

8 La pauvreté, la précarité, les exclusions et l'inclusion sociale

Quatre termes doivent être définis et distingués, même s'ils ne s'excluent pas et peuvent recouper des réalités similaires. Il s'agit des notions de **pauvreté**, de **précarité**, d'**exclusion** et d'**inclusion**. L'état de pauvreté fait référence à l'insuffisance des revenus. La précarité renvoie à la notion d'insécurité et d'instabilité. L'exclusion s'apparente à l'idée de rupture et s'oppose à l'inclusion.

Si la pauvreté est une notion qui peut être quantifiée, il n'en est pas de même pour la précarité, l'exclusion et l'inclusion, notions beaucoup plus difficiles à cerner.

1. Définitions

a. La pauvreté

⊃ Définition du Conseil européen

> « Des personnes vivent dans des situations de pauvreté si leur revenu et leurs ressources matérielles, culturelles et sociales sont à ce point insuffisants qu'elles les empêchent d'avoir des conditions de vie considérées comme acceptables dans le pays où ils vivent. » (Conseil européen, 1984)

⊃ Caractéristiques

Trois caractéristiques ressortent de cette définition.

La pauvreté est une **notion relative** (comparaison avec l'ensemble de la population).

La pauvreté ne se limite pas à l'absence ou à la faiblesse des revenus. Elle intègre des **dimensions liées aux conditions de vie**.

La pauvreté **peut conduire à l'exclusion** du fait de l'absence de participation au mode de vie dominant.

➲ Indicateurs

Trois indicateurs permettent de mesurer la pauvreté de la population.

La **pauvreté de revenus** (approche monétaire) mesure la proportion de personnes dont les revenus sont inférieurs à un certain seuil. En France, en 2015, le seuil était de 987 euros pour une personne seule.

La **pauvreté en conditions de vie** (approche sociologique) rend compte de la difficulté d'accès à la consommation. L'INSEE retient 27 indicateurs répartis en quatre catégories (contraintes budgétaires, retards de paiement, restrictions de consommation de biens et de services, difficultés de logement). Le taux de pauvreté en conditions de vie est défini par la proportion de ménages subissant au moins 8 carences.

Le **nombre de titulaires de minima sociaux** (approche administrative) permet de rendre compte de situations donnant lieu au versement de minima sociaux (RSA, ASPA, AAH, allocation veuvage, allocation supplémentaire d'invalidité, allocation de solidarité spécifique, allocation temporaire d'attente, allocation équivalent retraite).

➲ Chiffres

Les chiffres de la pauvreté varient en fonction de l'approche retenue (chiffres INSEE de 2015) :

– taux de pauvreté monétaire : 14,1 % de la population, soit plus de 8,5 millions de personnes ;

– taux de pauvreté en conditions de vie : 13,9 % ;

– nombre d'allocataires des minima sociaux : 9,8 % de la population, soit plus de 3,6 millions de personnes.

➲ Facteurs

Les facteurs de pauvreté sont également mesurés par l'INSEE (chiffres de 2015) :

– le **nombre d'enfants** : la pauvreté croît avec le nombre d'enfants, notamment dans les familles monoparentales. Le taux de pauvreté y est trois fois supérieur à celui de l'ensemble de la population ;

– l'**emploi** : La pauvreté croît avec le chômage (36 % de chômeurs vivent en dessous du seuil de pauvreté). Mais l'emploi ne met pas forcément à l'abri de la pauvreté (6,7 % des salariés et 27 % des travailleurs indépendants vivent en dessous du seuil de pauvreté) ;

– l'**immigration** : 35,4 % des personnes immigrées vivent en dessous du seuil de pauvreté.

b. La précarité

⊃ Définition du Conseil économique et social

Le rapport Wresinski présenté au Conseil économique et social en février 1987 définit la précarité comme :

> « L'absence d'une ou plusieurs des sécurités permettant aux personnes et aux familles d'assumer leurs responsabilités élémentaires et de jouir de leurs droits fondamentaux. L'insécurité qui en résulte peut être plus ou moins étendue et avoir des conséquences plus ou moins graves et définitives. Elle conduit le plus souvent à la grande pauvreté quand elle affecte plusieurs domaines de l'existence, qu'elle tend à se prolonger dans le temps et devient persistante, qu'elle compromet gravement les chances de reconquérir ses droits et de réassumer ses responsabilités par soi-même dans un avenir prévisible. »

⊃ Caractéristiques

Deux caractéristiques ressortent de cette définition.

La précarité renvoie à la notion d'insécurité liée à la perte ou la baisse de ses revenus, aux difficultés d'accès aux soins, à l'éducation et à la culture, à l'emploi au logement, à une vie sociale et citoyenne.

La précarité peut conduire à la pauvreté et l'exclusion.

Le Haut Conseil de la santé publique (HCSP) estime que le taux de précarité varie de 20 à 25 % de la population française.

c. L'exclusion

⊃ Définition du ministère des Affaires sociales

> « L'exclusion se définit comme étant un ensemble de mécanismes de ruptures tant sur le plan symbolique (stigmates ou attributs négatifs) que sur le plan des relations sociales (ruptures de différents liens sociaux qui agrègent les hommes entre eux). L'exclusion est à la fois un processus, produit par un défaut de cohésion sociale, et un état, résultat d'un défaut d'insertion. » (Direction de la recherche, des études, de l'évaluation et des statistiques, 2002)

⊃ Caractéristiques

Trois dimensions caractérisent le concept d'exclusion :
– la **sphère économique** : insuffisance des ressources, absence ou précarité de l'emploi ;

– les **droits fondamentaux** : non-accès aux droits sociaux, civils et politiques ;
– les **relations sociales** : situation de déstructuration sociale et psychologique.

d. L'inclusion

➲ Définition de la Commission européenne

> « L'inclusion active consiste à permettre à chaque citoyen, y compris aux plus défavorisés, de participer pleinement à la société, et notamment d'exercer un emploi. » (Recommandation du 3 octobre 2008 relative à l'inclusion active des personnes exclues du marché du travail)

L'inclusion sociale doit permettre l'accès de tous les citoyens à un revenu minimum, à l'accès au marché de l'emploi et à l'ensemble des services publics.

➲ Une politique européenne

La politique française de lutte contre les exclusions se transforme actuellement en politique d'action pour l'inclusion sociale sous l'impulsion des directives européennes initiées par le Conseil européen de Lisbonne de mars 2000. Les États membres de l'Union européenne se sont engagés à coordonner leurs politiques sociales dans le cadre de la **méthode ouverte de coordination** (MOC). Depuis le sommet de Nice en décembre 2000, chaque État membre de l'Union doit élaborer un plan national d'action visant à l'inclusion sociale d'une durée de deux à trois ans. À l'issue de cette période, il transmet un rapport d'évaluation de sa politique d'inclusion à la Commission européenne. Les différents rapports nationaux constituent des indicateurs permettant des échanges mutuels.

2. L'évolution de la politique sociale de lutte contre les exclusions

a. Le contexte d'émergence

➲ De l'assistance à l'assurance (ou de l'aide sociale à la Sécurité sociale)

Dès la Révolution française en 1789 est affirmé le devoir d'assistance de la collectivité publique vis-à-vis des plus pauvres. Face à la paupérisation d'une grande partie de la population, liée aux effets de l'industrialisation et de l'exode rural, cette assistance devient obligatoire en 1889 pour toutes les communes dans le cadre des bureaux de bienfaisance. Il s'agit d'une assistance subsidiaire pour les personnes sans aucune ressource. L'assistance médicale gratuite est instaurée en 1895. Suivent les lois des 27 et 30 juin 1904 sur l'aide à l'enfance et du 14 juillet

1905 sur les vieillards, infirmes et incurables. Au XIXe siècle et au début du XXe siècle, les politiques sociales se limitent donc à une assistance aux catégories de personnes les plus faibles qui ne peuvent pas travailler.

Émerge ensuite l'idée d'une mutualisation des risques par un système d'assurances sociales. Les ordonnances de 1945 créent ainsi la Sécurité sociale. Les différents risques sociaux (accidents du travail, maladie, maternité, charges familiales, invalidité, décès, chômage, vieillesse...) vont ainsi être compensés par le versement de prestations sociales financées par des cotisations sociales sur les salaires.

Durant les Trente Glorieuses et les années 1970, la création des minima sociaux (minimum vieillesse en 1956, AAH en 1975, API en 1976) permet de compléter le dispositif de protection sociale.

La « question sociale » semble ainsi avoir trouvé une solution définitive en raison de la croissance économique et de la généralisation du système de protection sociale. Certains avancent même l'idée de la disparition progressive de l'aide sociale grâce à la généralisation de la Sécurité sociale. Cependant la pauvreté n'a pas disparu. Dès 1954, l'abbé Pierre avait déjà lancé un appel en faveur des sans-logis. En 1974, René Lenoir, dans son ouvrage sur les exclus (*Les Exclus – Un Français sur 10*, Le Seuil), montre que la société de consommation exclut des populations marginalisées par une pauvreté transmise de génération en génération.

➲ Les années 1980 et le retour de la question sociale et la « nouvelle pauvreté »

La crise économique provoquée par le premier choc pétrolier de 1973 va remettre en question cette évolution. L'installation du chômage de masse fait apparaître des situations inédites de pauvreté. Les associations caritatives se mobilisent. Coluche crée les Restos du cœur en 1985. Cinq autres associations fondent la Banque alimentaire. Le père Joseph Wresinski, fondateur d'ATD Quart Monde et membre du Conseil économique et social, présente un rapport intitulé *Grande pauvreté et précarité économique.*

La mise en œuvre par l'État d'une politique globale de lutte contre l'exclusion et la précarité démarre à la fin des années 1980. Il s'agit de faire face à la montée de ce que l'on appelle la « nouvelle pauvreté » et de pallier les insuffisances du système de protection sociale qui exclut les personnes n'ayant pas pu cotiser. Différents textes, portant chacun sur un domaine bien précis, vont être adoptés. Retenons notamment :

– le premier plan pauvreté-précarité pour les sans-abri durant la période hivernale 1984/1985 ;

– la loi du 1er décembre 1988, qui crée le RMI, assure un revenu minimum et propose un contrat d'insertion sociale et professionnelle ;

– la loi du 31 décembre 1989 (loi Neiertz), qui crée la procédure de traitement de surendettement et qui sera réformée en 1995 ;
– la loi du 31 janvier 1990 (loi Besson), qui crée le fonds de solidarité pour le logement (FSL) afin de faciliter l'accès et le maintien dans un logement des personnes les plus démunies.

b. Les politiques actuelles : de la lutte contre les exclusions à l'inclusion sociale

➲ La loi d'orientation relative à la lutte contre l'exclusion du 29 juillet 1998

Afin de lutter contre les exclusions, Martine Aubry présente un programme global qui aboutit au vote de la loi du 29 juillet 1998 et vise les objectifs suivants :
– faire de la lutte contre les exclusions un impératif national et une priorité de l'ensemble des politiques publiques ;
– garantir l'accès de tous aux droits fondamentaux (emploi, logement, santé, revenus, éducation, culture et citoyenneté).

L'idée n'est pas de créer de nouveaux dispositifs mais de s'assurer de l'accès aux dispositifs existants. Cette loi se présente donc sous la forme d'un ensemble de dispositions disparates venant renforcer les dispositifs créés dans les années 1980 et 1990 :
– emploi : développement du parcours d'insertion individualisé pour les jeunes et des contrats aidés… ;
– logement : renforcement de la taxe sur les logements vacants, des réquisitions de logements, de la médiation locative… ;
– réforme du dispositif de prévention et de traitement du surendettement ;
– santé : projet de création d'une protection sociale universelle ;
– revenus : revenu minimal laissé à disposition en cas de saisie, fourniture minimale d'eau, d'énergie et de téléphone… ;
– éducation et culture : lutte contre l'illettrisme, augmentation des bourses de l'Éducation nationale… ;
– citoyenneté : inscription sur les listes électorales pour les personnes SDF, aide juridique gratuite…

Deux nouvelles instances sont créées :
– le Comité interministériel de lutte contre les exclusions (CILE) ;
– l'Observatoire national de la pauvreté et de l'exclusion sociale (ONPES).

Afin de garantir l'accès aux soins des plus démunis, ce texte est complété par la loi du 27 juillet 1999 créant la **couverture maladie universelle** (CMU) qui assure l'accès de tous les citoyens à une protection sociale et donc à l'accès aux soins.

➲ La loi de programmation pour la cohésion sociale du 18 janvier 2005

Malgré la loi contre les exclusions, les statistiques de 2004 montrent que :

- le nombre d'allocataires du RMI est passé de 400 000 en 1988 à 1 100 000 en 2004 ;
- le chômage des jeunes dans les quartiers sensibles est passé de 28 % à 50 % ;
- chaque année, plus de 80 000 enfants entrent en 6e sans savoir ni lire ni écrire ;
- les grandes écoles sont trois fois moins accessibles aux élèves de milieux modestes que dans les années 1950 ;
- le nombre de personnes en attente de logement social a été multiplié par 4 en 15 ans.

Pour tenter de remédier à cette situation, Jean-Louis Borloo présente un plan de cohésion sociale qui aboutit au vote de la **loi de programmation pour la cohésion sociale du 18 janvier 2005**.

Cette loi se compose de trois volets :

- le **volet emploi** prévoit la création des maisons de l'emploi (mettant ainsi fin au monopole de l'ANPE) et facilite l'accès à la fonction publique des jeunes issus de quartiers sensibles. Il réforme le RMI en créant le revenu minimum d'activité (RMA) et le contrat d'activité dans le secteur marchand. Il renforce le développement des métiers des services d'aide à la personne ;
- le **volet logement** prévoit la construction de logements sociaux et l'augmentation du nombre de places en CHRS et en CADA ;
- le **volet égalité des chances**, axé plus particulièrement sur l'intégration des migrants et la politique de la ville, crée l'Agence nationale d'accueil des étrangers et des migrations, le contrat d'accueil et d'intégration (CAI) et augmente la dotation de solidarité urbaine (DSU), péréquation financière entre les communes « aisées » et celles plus en difficulté.

Les mesures du plan de cohésion sociale vont très vite devenir obsolètes. Le RMA et les contrats d'avenir seront remplacés par le revenu de solidarité active (RSA) et le contrat unique d'insertion (CUI) en 2008. Les maisons de l'emploi seront supplantées par la création de Pôle Emploi.

➲ Le plan gouvernemental contre la pauvreté et pour l'inclusion sociale de janvier 2013

Depuis l'instauration d'une politique commune européenne d'inclusion sociale (voir la définition de l'inclusion dans la première partie de ce chapitre), la France a déjà présenté quatre plans nationaux d'action pour l'inclusion sociale (PNAI). Le dernier PNAI de janvier 2013 vise, d'une part, à réduire les inégalités et prévenir les situations de rupture et, d'autre part, à coordonner et mobiliser l'ensemble des acteurs pour une mise en œuvre effective des mesures préconisées. Il s'appuie sur les grands principes suivants :

– le **principe d'objectivité et de non-stigmatisation** qui conduit à ne plus considérer les personnes en situation de pauvreté comme étant paresseuses ou malhonnêtes et donc responsables de leur situation ;

– le **principe de participation** des personnes en situation de pauvreté et de précarité à l'élaboration et la mise en œuvre des politiques publiques ;

– le **principe de juste droit** afin de lutter contre le non-recours aux droits ;

– le **principe de décloisonnement des politiques sociales** qui implique une meilleure articulation entre les différents acteurs.

Il définit des **objectifs** à atteindre :

– réduction des cas de non-recours dans le **domaine de l'accès aux droits**, notamment en ce qui concerne la couverture maladie universelle complémentaire (CMU-C) et l'allocation complémentaire santé (ACS), renforcement de l'accès aux crèches pour les enfants de familles en situation de pauvreté ;

– dans le **domaine budgétaire et de prévention du surendettement**, relèvement des minima sociaux (RSA activité, plafond de la CMU-C), de l'allocation de soutien familial (ASF), du complément familial, instauration d'une garantie jeunes pour les 18-25 ans sans emploi ni formation en situation d'isolement et de précarité, réforme du dispositif de lutte contre le surendettement au profit des personnes les plus démunies ;

– dans le **domaine du logement et de l'hébergement**, augmentation de l'offre de logements grâce au développement de l'intermédiation locative, renforcement de l'accompagnement vers et dans le logement, relogement prioritaire et effectif au titre du droit au logement opposable (DALO), prévention des expulsions, augmentation du nombre de places en CHRS et en CADA ;

– dans le **domaine de l'insertion sociale et professionnelle**, allongement de la durée des contrats aidés et soutien financier aux structures d'insertion par l'activité économique ;

– dans le **domaine de l'éducation**, mise en place d'actions visant à favoriser l'implication des parents dans le suivi de la scolarité, renforcement de la prévention et de la lutte contre l'illettrisme avec le label « grande cause nationale » 2013.

3. Les acteurs de la lutte contre les exclusions

Au niveau national, l'**État** définit une politique générale de lutte contre la pauvreté et les exclusions en s'appuyant notamment sur la Direction générale de la cohésion sociale (DGCS), le Comité national de lutte contre les exclusions (CNLE) et l'ONPES.

Le **CNLE** a été créé par la loi du 1er décembre 1988 sur le RMI. Il donne son avis au gouvernement sur toutes les questions relatives à la lutte contre la pauvreté et l'exclusion sociale. Il assure une concertation et une coordination entre les différents acteurs intervenant dans le domaine de la lutte contre la pauvreté et l'exclusion sociale.

L'**ONPES** a été créé par la loi du 29 juillet 1998 relative à la lutte contre les exclusions. Il rassemble des données relatives à la connaissance du phénomène de pauvreté, de précarité et d'exclusion. Il réalise des études sur ce sujet en lien avec le CNLE. Il diffuse un rapport annuel sur la pauvreté et ses évolutions.

Au niveau régional et départemental, l'État s'appuie sur les **DRJSCS** et les **DDCS** pour mettre en œuvre sa politique notamment en matière d'aide sociale (aide sociale à l'hébergement et aide médicale d'État).

À noter

De nombreux autres acteurs interviennent en complément de l'action de l'État, comme les collectivités territoriales, les organismes de protection sociale et les associations. Ils seront présentés de façon plus précise dans les chapitres suivants.

Pour en savoir +...

Ouvrages

- CSTS, *Le Travail social confronté aux nouveaux visages de la pauvreté et de l'exclusion*, ENSP, 2007.
- DAMON Julien, *L'Exclusion*, PUF, 2011.
- DUVOUX Nicolas, *Le Nouvel Âge de la solidarité : pauvreté, précarité et politiques publiques*, Seuil, 2012.
- KARSZ Saül, *L'Exclusion, définir pour en finir*, Dunod, 2013.
- LOISY Christian, *Pauvreté, précarité et exclusion, définition et concepts*, DREES, ministère des Affaires sociales, 2002.
- ONPES, *Rapport 2007-2008*, La Documentation française, 2008.
- RULLAC Stéphane et OTT Laurent (dir.), *Dictionnaire pratique du travail social*, Dunod, 2e édition, 2005.

Revues

- *Les Actifs en situation de pauvreté : quelles expériences de la pauvreté, Les Cahiers de la recherche* n° 227, CREDOC, novembre 2006.
- *Le Vécu de la pauvreté, Informations sociales* n° 182, CNAF, 2014.

9 Le traitement du surendettement

Être en situation de surendettement, c'est être dans l'incapacité de faire face à l'ensemble de ses dettes (non professionnelles). Il ne faut pas confondre la notion de surendettement avec celle de l'endettement qui est le fait de contracter des dettes (ce qui ne signifie pas que l'on est dans l'incapacité de les payer).

On distingue :

– le **surendettement actif** qui correspond au fait de contracter volontairement des crédits (mobiliers ou immobiliers) sans avoir la capacité de les rembourser ;

– le **surendettement passif** qui correspond à l'impossibilité de faire face à ses dépenses obligatoires (loyer, impôts, factures d'eau et d'énergie...) en raison de ressources insuffisantes.

L'enquête 2014 de la Banque de France dresse le profil type de la personne surendettée. De manière générale, elle vit seule, sans personne à charge, est âgée de 25 à 54 ans, est salariée ou au chômage et a des ressources inférieures à 200 euros par mois. L'endettement moyen est de 38 000 euros environ avec une majorité de crédits à la consommation et des arriérés de charges courantes.

Selon le rapport annuel de la Cour des comptes de 2010, il devient difficile de différencier les situations de personnes en situation de surendettement actif de celles en situation de surendettement passif.

1. L'évolution de la politique sociale de prévention et de lutte contre le surendettement

a. Le contexte d'émergence

Avant 1989, en cas de surendettement, le débiteur était seul face à ses créanciers. La seule possibilité était d'obtenir un délai de grâce devant le juge.

Le phénomène du surendettement apparaît dans les années 1980. Les causes sont essentiellement liées au développement de la société de consommation, du crédit mobilier, des nouvelles formes de crédits (crédit *revolving*, prêts à taux et mensualités progressifs) et de la publicité pour le crédit. De même, le développement de l'accession à la propriété conduit à celui du recours au crédit immobilier. La montée de la nouvelle pauvreté va accentuer le phénomène.

b. La loi Neiertz du 31 décembre 1989

➲ Les objectifs et les axes de la loi

La loi Neiertz est le **premier dispositif de lutte contre le surendettement**. Elle comporte deux volets, la prévention et le traitement du surendettement.

La **prévention du surendettement** consiste à protéger le consommateur qui contracte un prêt :
- règlementation de la publicité en matière de crédit ;
- création du délai de rétractation de 7 jours après la signature d'un prêt ;
- création du fichier des incidents de remboursement des crédits aux particuliers (FICP) géré par la Banque de France qui centralise les situations de surendettement et permet ainsi d'apprécier la solvabilité des personnes sollicitant un emprunt.

Le **traitement du surendettement** a pour finalité l'accompagnement de la personne en situation de surendettement :
- création des commissions de surendettement (une par département), qui ont une mission de conciliation entre le débiteur et l'ensemble de ses créanciers ;
- instauration d'une procédure de traitement des situations de surendettement des particuliers.

➲ La procédure de traitement du surendettement

Elle comprend deux phases :
- une **phase amiable** devant la commission de surendettement qui propose un plan conventionnel de redressement (rééchelonnement de la dette) au débiteur et à ses créanciers ;
- en cas de refus de la part du débiteur ou d'un créancier, une **phase contentieuse** devant le juge d'instance, appelée procédure de redressement.

c. La loi du 8 février 1995

Le nombre très important de dossiers déposés dans les commissions de surendettement et leur absence de pouvoir décisionnaire provoque un engorgement des tribunaux d'instance, ce qui conduit à une première réforme de la loi Neiertz. L'objectif principal est la déjudiciarisation du dispositif. Il s'agit donc de donner de nouvelles compétences à la commission de surendettement pour éviter un recours systématique au juge d'instance en cas d'échec de la négociation amiable.

Avec la loi de 1995, apparaissent deux grandes nouveautés dans la procédure et les pouvoirs donnés au juge :
- la commission peut faire des recommandations qui vont s'imposer au débiteur et à ses créanciers ;
- la commission peut imposer une nouvelle mesure : un **moratoire des dettes** pouvant aller jusqu'à 5 ans.

Le juge n'est plus que le garant de l'exécution des mesures recommandées.

d. La loi contre les exclusions du 29 juillet 1998

➲ Les insuffisances de la loi Neiertz

La loi Neiertz est conçue pour aider les personnes en situation de surendettement actif à s'acquitter de leurs mensualités de crédit. Le moratoire permet d'accorder un temps de répit en vue du remboursement des créanciers. Le dispositif repose donc sur l'idée que le débiteur va se sortir de sa situation de surendettement.

Mais, dans les années 1990, le surendettement change de nature. Avec la crise et les nouvelles formes de pauvreté, se développe le surendettement passif. Les commissions vont accorder des moratoires successifs à des personnes qui n'ont pas forcément contracté de crédits mais qui sont sans ressources et ne font plus face aux dépenses de la vie courante. À la fin du moratoire, les débiteurs se trouvent dans la même situation qu'au départ et ne peuvent toujours pas rembourser leurs dettes. La prise en compte du surendettement passif va conduire à la deuxième réforme de la loi Neiertz.

➲ L'objectif de la réforme

Ce texte a pour vocation de proposer un ensemble de dispositions visant à lutter contre la pauvreté et la précarité. Parmi celles-ci, deux nouvelles mesures tentent de répondre aux inconvénients de la réforme de 1995 :

- la possibilité pour le juge d'instance de prononcer l'**effacement** pur et simple de la dette lorsqu'il estime que le débiteur est dans l'impossibilité manifeste de rembourser après un moratoire ;
- la définition d'un « **reste à vivre** », somme qui ne peut être saisie, afin de laisser au débiteur de quoi faire face aux dépenses de première nécessité, somme correspondant au RSA pour un allocataire seul (protection d'un minimum vital).

e. La loi Borloo du 1er août 2003

L'insuffisance du recours à l'effacement de dettes par les tribunaux rend illusoire la possibilité de sortie du surendettement des personnes les plus démunies. Cette situation conduit à la troisième réforme.

Cette loi s'adresse essentiellement aux débiteurs n'ayant pas ou trop peu de ressources pour pouvoir faire l'objet d'un plan de redressement. Elle crée la **procédure de rétablissement personnel** en s'inspirant du modèle allemand et alsacien de la « faillite personnelle » ou « faillite civile », procédure qui s'apparente à la liquidation judiciaire des entreprises. Elle permet l'effacement de l'ensemble des dettes et élargit les possibilités de moratoire.

f. La loi Lagarde du 1er juillet 2010

La loi Borloo reproduit la même erreur que la loi Neiertz en confiant au seul juge la procédure de rétablissement personnel avec liquidation de l'actif du débiteur.

Les juges d'instance sont contraints de statuer sur des dossiers de plus en plus nombreux, sur des situations de plus en plus dégradées et dans le cadre d'une procédure plus complexe.

La loi Lagarde intervient donc pour tenter de pallier ces inconvénients et fixe deux objectifs :
- elle **recentre le rôle du juge** sur le contrôle de la procédure. La commission a le pouvoir d'établir un plan de redressement avec des mesures qui s'imposent au débiteur et à ses créanciers sans intervention du juge (sauf en cas de contestation ou en cas d'effacement des dettes) ;
- elle **développe la prévention** du surendettement par une meilleure information des consommateurs, la responsabilisation des organismes de crédit et la distinction des cartes de fidélité des cartes de crédit renouvelable.

g. Les dernières modifications

Deux textes viennent encore réformer le dispositif de traitement du surendettement :
- la **loi du 26 juillet 2013** allège quelques éléments de procédure (comme la suppression du passage systématique par la phase de négociation amiable ou la possibilité d'ouvrir une procédure de rétablissement personnel sans liquidation judiciaire) ;
- la **loi Hamon du 17 mars 2014** réduit la durée du plan de redressement de 8 à 7 ans (avec une date d'application en juillet 2016). Cette loi prévoyait par ailleurs la création d'un registre national de crédit aux particuliers (RNCP), disposition annulée par le Conseil constitutionnel pour atteinte au respect de la vie privée.

2. Les acteurs de la lutte contre le surendettement

L'**État** conduit la politique nationale de lutte contre le surendettement. La commission de traitement du surendettement intervient dans le cadre de la phase non contentieuse et le juge d'instance dans la phase contentieuse.

Il existe une **commission de surendettement** par département. Le secrétariat de la commission siège dans les locaux désignés par la Banque de France. La commission est composée de sept personnes :
- le préfet du département qui préside la commission ;
- le directeur départemental des finances publiques qui assure la vice-présidence ;
- le responsable local de la Banque de France qui assure le secrétariat de la commission ;
- une personne désignée par le préfet sur proposition de l'Association française des établissements de crédit et des entreprises d'investissement (AFECEI) ;
- une personne désignée par le préfet sur proposition des associations familiales ou de consommateurs ;

– une personne justifiant d'une expérience d'au moins 3 ans dans le domaine de l'économie sociale et familiale désignée par le préfet sur proposition du conseil général, de la CAF ou de la MSA ;
– une personne ayant un diplôme juridique au moins de niveau 2 et une expérience dans le domaine juridique désigné par le préfet sur proposition du président de la cour d'appel.

À noter

Il y a également de nombreux acteurs qui interviennent soit dans le cadre de la prévention, soit dans le cadre de l'accompagnement des personnes surendettées (services sociaux du conseil départemental, CCAS, associations, CAF et MSA...).

Les étapes de la procédure de traitement des situations de surendettement
Présentation simplifiée

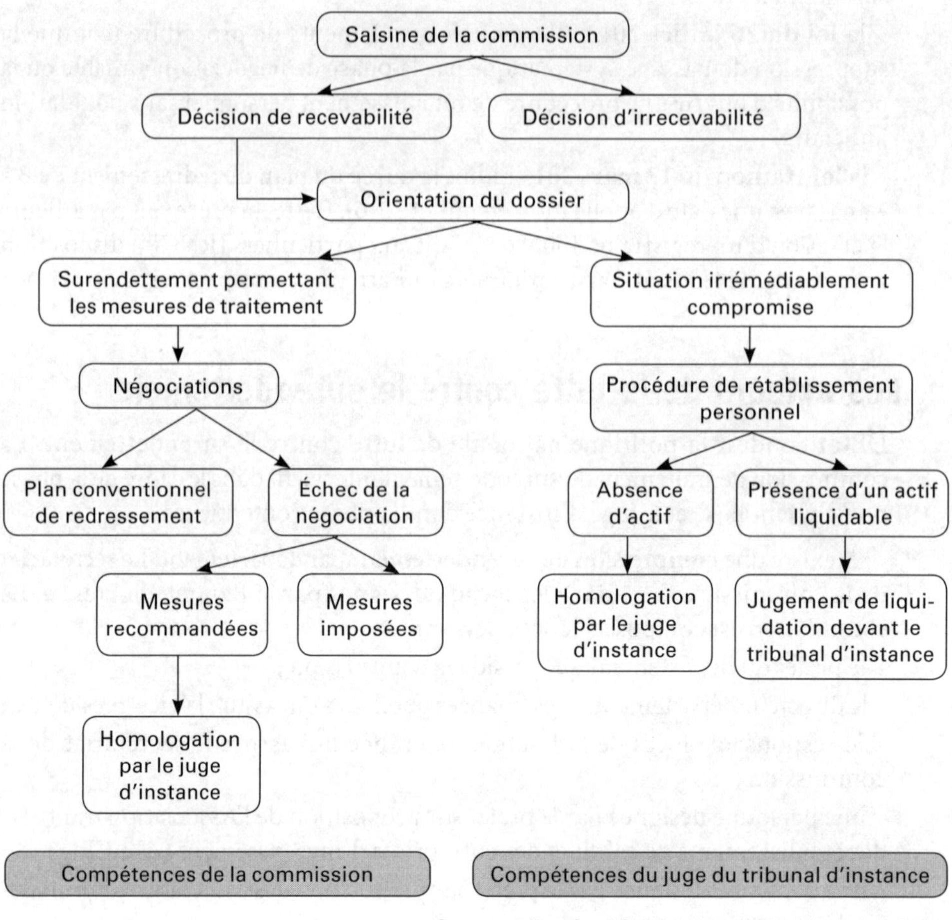

Source : d'après *ASH* n° 2 887 du 12 décembre 2014.

Pour en savoir +...

- Banque de France, *Bilan national 2014 de l'activité des commissions de surendettement*, consultable sur www.banque-france.fr
- Cour des comptes, *La Lutte contre le surendettement des particuliers : une politique publique incomplète et insuffisante*, rapport annuel de 2010 consultable sur www.ccompte.fr
- FERRIERE Frédéric, *Surendettement des particuliers*, Dalloz, 2012.
- GRANIER Jean-Marc, *Le Traitement du surendettement des particuliers, ASH*, numéro juridique 2887, décembre 2014.
- NEIERTZ Véronique, GOUTTE Valérie, *Le Surendettement et vous ?*, Cristel, 2008.

10 L'accès aux soins des plus démunis

Le droit à la santé fait partie des **droits fondamentaux** consacrés par la Constitution française. Les pouvoirs publics ont mis en place tout au long du XXe siècle un ensemble de dispositifs destinés à mettre en œuvre ce droit aux soins : la Sécurité sociale, puis la couverture maladie universelle (CMU), sans oublier l'aide médicale d'État (AME).

Pourtant, de nombreuses personnes en situation de grande précarité renoncent aujourd'hui aux soins. L'accès aux soins et aux droits sociaux des plus démunis est donc l'un des grands axes de la lutte contre l'exclusion pour les différents acteurs intervenant dans le champ de l'insertion sociale.

1. L'évolution de la politique sociale d'accès aux soins

a. La mise en place d'une protection sociale

➲ Une intervention ciblée avant 1945

L'intervention de l'État dans la mise en place d'une protection sociale s'est développée à partir de la fin du XIXe siècle en direction de deux catégories de population :

- les **plus démunis** avec l'aide sociale (loi du 15 juillet 1893 sur l'assistance médicale gratuite) ;

- la **classe ouvrière** (loi du 1er avril 1898 sur la reconnaissance du mouvement mutualiste et celle du 9 avril 1898 sur les accidents du travail et les maladies professionnelles) et, plus particulièrement, les ouvriers des professions à hauts risques (régimes spéciaux des marins, des mineurs...).

➲ L'ordonnance du 4 octobre 1945 sur la Sécurité sociale

La **création de la Sécurité sociale**, à l'initiative du Conseil national de la résistance, avait pour objectif de permettre à l'ensemble de la population de bénéficier d'une protection sociale. Elle reposait sur **deux principes** :

- la **généralité** avec une couverture sociale concernant toute la population ;

- l'**unicité** avec une couverture sociale proposant des prestations identiques.

La réticence de certaines catégories professionnelles au principe de solidarité, ainsi que l'attachement aux régimes spéciaux et aux mutuelles créés de longue lutte durant tout le XIXe siècle, ne vont pas permettre la mise en œuvre de ces deux principes. La Sécurité sociale sera donc composée d'une série de régimes s'adressant exclusivement aux salariés et proposant des prestations spécifiques :

- le **régime général** pour les salariés du secteur secondaire et du secteur tertiaire ;
- le **régime agricole** pour les salariés du secteur primaire ;
- les **régimes spéciaux** pour les salariés qui bénéficiaient déjà d'une protection sociale avant 1945.

Parallèlement, l'aide médicale gratuite va subsister pour les plus démunis puisque l'accès à la Sécurité sociale est subordonné au versement de cotisations sociales et est donc lié à une activité professionnelle.

➲ La généralisation progressive de la Sécurité sociale

Les années qui suivent voient l'extension au coup par coup de la Sécurité sociale à telle ou telle partie de la population :

- salariés à temps très partiel et ne cotisant pas suffisamment, comme les étudiants ou les invalides ;
- professions indépendantes, comme les professions libérales et les employeurs ;
- création d'une assurance facultative (contribution à l'assurance volontaire en 1975, puis à l'assurance personnelle en 1978) pour les personnes dépourvues de protection sociale.

En 1988, l'**attribution du RMI** ouvre un droit automatique à l'assurance maladie-maternité grâce à la prise en charge des cotisations à l'assurance personnelle par l'État. Cependant, le mécanisme d'affiliation n'étant pas automatique, il reste encore un nombre important de personnes sans protection sociale. De plus, de nombreux assurés sociaux en situation précaire ne peuvent ni effectuer l'avance des frais ni supporter le coût du ticket modérateur. Ne pouvant financer une mutuelle, ils renoncent à se soigner. C'est pour pallier ces difficultés que les pouvoirs publics ont mis en place un dispositif spécifique d'accès aux soins des plus démunis.

b. La lutte contre l'exclusion et l'insertion par la santé

Dans son volet « accès aux soins », la **loi contre les exclusions du 29 juillet 1998** (complétée par la loi du 9 août 2004 relative à la politique de santé publique) prévoit la mise en place dans chaque région d'un **programme régional pour l'accès à la prévention et aux soins** (PRAPS) en faveur des personnes les plus défavorisées. Ce programme, arrêté par le préfet après consultation de la conférence régionale de santé, a pour objectif l'amélioration de l'accès aux soins des personnes les plus démunies et notamment :

- les personnes sans domicile ;

– les jeunes, les familles monoparentales, les personnes âgées et handicapées, les populations étrangères en situation de vulnérabilité ;

– les personnes détenues et sortant de prison ;

– les gens du voyage.

Les PRAPS sont établis par les préfets de région à partir de l'analyse des besoins et des difficultés d'accès aux soins sur le territoire. Ils définissent la politique à mener sur le territoire et déclinent l'ensemble des actions prioritaires à mettre en œuvre pour atteindre les objectifs définis.

La loi prévoit également que les hôpitaux doivent mettre en place des **permanences d'accès aux soins de santé** (PASS) destinées aux personnes sans couverture sociale. Enfin, le gouvernement doit déposer un projet de loi instaurant la protection sociale universelle et une protection complémentaire gratuite pour les plus démunis afin de rendre effectif l'accès aux soins pour tous. Ce sera la loi du 27 juillet 1999 portant création de la CMU.

c. La protection universelle

➲ La CMU de base

La loi de 1999 crée un **droit universel à la protection sociale**, droit indépendant du niveau de revenu et d'une activité professionnelle. L'objectif est de permettre l'accès à une protection sociale pour toute personne résidant en France. Le droit à la CMU de base est soumis à deux conditions :

– ne pas avoir droit à l'affiliation à un régime de Sécurité sociale sur critère professionnel ;

– résider en France de manière stable (depuis au moins 3 mois) et régulière (posséder un titre de séjour en cours de validité pour les étrangers résidant sur le territoire).

Il n'y a donc pas de condition de ressources pour l'obtention de la CMU de base (ne pas confondre avec le fait que les personnes ayant des revenus dépassant un plafond doivent s'acquitter d'une cotisation).

Les prestations de la CMU de base correspondent aux prestations en nature de l'assurance maladie-maternité du régime général. Cela implique pour ses bénéficiaires :

– l'avance des frais de santé ;

– le remboursement partiel des frais de santé (ticket modérateur, forfait journalier, dépassements de tarifs, participation forfaitaire de 1 euro, franchise médicale).

Les bénéficiaires de la CMU de base sont donc dans la même situation que les assurés sociaux sur critère professionnel. Les personnes ayant de faibles ressources ne peuvent pas toujours supporter l'avance des frais ni les dépenses non couvertes par la Sécurité sociale, ce qui peut conduire à un renoncement aux soins.

➲ La CMU-C (couverture maladie universelle complémentaire)

Elle a pour objectif d'aider les personnes n'ayant pas de ressources suffisantes à accéder à une mutuelle (qu'elles soient affiliées à un régime de Sécurité sociale sur critère socio-professionnel ou à la CMU de base). Environ deux tiers des bénéficiaires de la CMU de base ont droit à la CMU-C. Le droit à la CMU-C est soumis à deux conditions :

- une condition de résidence en France (identique à celle de la CMU de base) ;
- une condition de ressources.

Le bénéficiaire de la CMU-C a le droit de choisir l'organisme qui prendra en charge la complémentaire santé : la CPAM ou une mutuelle ayant accepté de participer au dispositif.

Les bénéficiaires de la CMU-C ont droit à :

- la **prise en charge des dépenses** non couvertes par un régime de Sécurité sociale (ticket modérateur, forfait journalier, dépassements de tarifs, participation forfaitaire de 1 euro, franchises médicales) ;
- la **prise en charge en tiers-payant** (dispense d'avance des frais).

Cependant ce dispositif laisse de côté des personnes ayant des ressources supérieures au plafond requis pour la CMU-C mais qui n'ont pas de revenus suffisants pour adhérer à une mutuelle ou faire l'avance des frais.

➲ L'acquisition d'une complémentaire santé (ACS)

Pour pallier les effets de seuil relatifs à l'accès à la CMU-C, la **loi du 13 août 2004 portant réforme de l'assurance maladie** crée une aide à l'acquisition d'une complémentaire santé. Le but est d'aider financièrement les personnes dépassant légèrement le plafond d'accès à la CMU-C. Plusieurs fois modifiée, elle est attribuée aux personnes dépassant jusqu'à 20 % le plafond de ressources de la CMU-C. Elle prend la forme d'un chèque qu'il suffit d'adresser à l'organisme choisi pour obtenir une complémentaire santé et qui permet de réduire la cotisation annuelle d'adhésion.

D'autres dispositifs permettent d'atténuer l'effet de seuil. Il s'agit de dispositifs prenant en charge tout ou partie :

- des dépenses non couvertes par un régime obligatoire de Sécurité sociale ;
- des frais d'adhésion à une mutuelle.

Il s'agit de :

- l'aide sociale facultative des conseils généraux et des CCAS ;
- les fonds d'action sanitaire et sociale des CPAM.

➲ L'aide médicale d'État (AME)

La loi de 1999 supprime l'aide médicale gratuite. Subsiste l'aide médicale d'État destinée aux étrangers en situation irrégulière qui ne peuvent accéder à la CMU du fait de la condition de résidence. Plusieurs lois de finance ont depuis modifié le dispositif dans le but de réduire l'accès à l'AME. Il a même été question d'instaurer un ticket modérateur, non mis en œuvre aujourd'hui en raison de l'absence de décret d'application. Actuellement, le droit à l'AME est soumis à deux conditions :
- une condition de ressources (même plafond que celui de la CMU-C) ;
- une condition de durée de résidence ininterrompue en France de 3 mois.

Cette condition ne s'applique pas :

- aux mineurs ;

- aux soins urgents (lorsque l'absence de soins met en jeu le pronostic vital ou peut conduire à une altération grave de l'état de santé) ;

- à la grossesse et l'accouchement, ainsi qu'à l'IVG.

L'AME donne droit aux prestations en nature de l'assurance maladie-maternité, la dispense d'avance des frais et la suppression du ticket modérateur (prestations identiques à celles de la CMU-C).

➲ La mise en œuvre de ces droits

Afin de faciliter l'accès à ces dispositifs, la loi de 1999 prévoit que les demandes peuvent s'effectuer auprès de plusieurs organismes :
- les services sociaux des conseils généraux ;
- les CCAS ;
- les hôpitaux ;
- les CPAM.

Afin de lutter contre le refus de soins des bénéficiaires par les professionnels de santé, les circulaires de février 2001 et juin 2008 rappellent les obligations qui s'imposent aux praticiens et aux fournisseurs de dispositifs médicaux. Elles prévoient une procédure de traitement des signalements relatifs aux refus de soins devant les conciliateurs des CPAM, les conseils de l'ordre ou les DIRECCTE. Rappelons qu'il est aussi possible de saisir le défenseur des droits.

Pour pallier les disparités d'accès aux soins et favoriser l'accès aux droits sociaux des plus défavorisés, un rapport gouvernemental propose 40 pistes. Il s'agit notamment de rendre effectif l'accès aux droits, de lever les effets de seuil, de lutter contre le refus de soins et de soutenir les structures accueillant les plus démunis. Malgré cet ensemble de dispositifs, les difficultés d'accès aux soins et à la protection sociale pour les plus démunis persistent. Un projet de loi actuellement en discussion au Parlement prévoit la généralisation du tiers-payant à l'ensemble de la population.

2. Les acteurs de l'accès aux soins des plus démunis

a. Les collectivités publiques

➲ L'État

L'État est le **garant de l'amélioration de l'état sanitaire** de la population. Au niveau national, il existe plusieurs ministères intervenant dans l'élaboration des politiques de santé et protection sociale : ministères de la Santé, de la Sécurité sociale, du Travail, des Affaires sociales.

La **Haute autorité de santé** (HAS), créée en 2004, est un organisme public indépendant chargé de contribuer au maintien d'un système de santé solidaire et au renforcement de la qualité des soins, au bénéfice des patients.

Au niveau régional, les **agences régionales de santé** (ARS), instaurées par la loi « hôpital, patients, santé, territoires », votée en 2009, sont des services de l'État chargés de mettre en œuvre au niveau régional la politique nationale de santé, en tenant compte des spécificités de chaque région. Elles ont pour mission :

- la sécurité sanitaire, les actions de prévention, la répartition de l'offre de soins, l'organisation de la permanence des soins, le contrôle des établissements de santé, l'amélioration des pratiques professionnelles en ville comme à l'hôpital ;
- la collecte et l'interprétation des données de santé ;
- la coopération entre professionnels de santé et établissements de santé pour faciliter la prise en charge des patients, notamment pour les maladies chroniques, les personnes âgées ou les personnes handicapées ;
- le respect de l'objectif national de dépenses d'assurance maladie.

➲ Les départements

En matière de santé publique, les départements peuvent exercer les missions suivantes :

- vaccination publique ;
- prévention et dépistage du cancer, des infections sexuellement transmissibles (IST) et de la tuberculose ;
- protection maternelle et infantile pour les femmes enceintes et les enfants de la naissance à 6 ans ;
- accès aux soins des plus démunis dans le cadre de la lutte contre la pauvreté et la précarité (instruction des demandes de CMU et d'AME, accompagnement des bénéficiaires du RSA…).

Sont particulièrement concernés les services sociaux de polyvalence, les services de PMI et les services de prévention en matière de santé gérés par les départements.

➲ Les communes et les CCAS

Les CCAS sont chargés d'instruire les demandes de CMU et d'AME.

Les communes peuvent, au titre de l'action sociale facultative, mettre en place des actions visant à l'accès aux soins.

b. Les organismes de protection sociale et les professionnels du secteur sanitaire et social

➲ Les caisses primaires d'assurance maladie (CPAM) et les mutuelles

Les CPAM ont pour mission d'aider les personnes à acquérir une protection sociale de base et complémentaire à la CMU de base, la CMU-C, l'ACS ou l'AME. Elles versent les prestations en nature de l'assurance maladie-maternité aux assurés sociaux bénéficiaires de la CMU et de l'AME.

Les mutuelles jouent également un rôle important dans l'attribution de la CMU complémentaire.

➲ Les hôpitaux

Ils comprennent les **hôpitaux publics** et les **établissements privés à but non lucratif**. La circulaire du 17 décembre 1998 rappelle que les hôpitaux ont une mission de service public qui va au-delà de la mission de soins et comprend une mission sociale de lutte contre l'exclusion sociale, d'orientation et d'accompagnement social.

Cette mission est remplie notamment dans le cadre des services d'urgence, des services sociaux hospitaliers et des **permanences d'accès aux soins de santé** (PASS). Les PASS sont des cellules médico-sociales destinées à faciliter l'accès aux soins des personnes en situation de précarité. Elles remplissent les missions suivantes :
- accès à une couverture sociale ;
- prévention, notamment en matière de contraception ou d'IVG ;
- information et orientation vers les structures sociales et médico-sociales.

➲ Les praticiens libéraux

La médecine de ville (médecins généralistes et spécialistes, dentistes, pharmaciens) et les professions paramédicales (infirmiers, kinésithérapeutes…) ont également un rôle à jouer dans l'accès aux soins et aux droits.

➲ Les associations humanitaires et caritatives

Il existe de nombreuses associations qui œuvrent pour l'accès aux soins ou l'accès à une protection sociale pour les plus démunis : Médecins du monde, Médecins sans frontières, Croix-Rouge…

c. Les structures d'accès aux soins gérées par l'ensemble des acteurs

Voici quelques exemples de structures ou dispositifs gérés par tout ou partie des acteurs (collectivités territoriales, professionnels de santé et associations).

➲ Les lits halte soins santé (LHSS)

Créés par la loi du 19 décembre 2005 de financement de la Sécurité sociale, les LHSS sont des structures médico-sociales assurant des activités de soins, d'hébergement temporaire et d'accompagnement social destinées aux personnes sans domicile qui présentent des problèmes de santé mais qui ne nécessitent pas une hospitalisation.

➲ Les équipes mobiles

La vocation des équipes mobiles est d'aller à la rencontre des populations les plus marginalisées et qui ne demandent aucune aide.

Les SAMU sociaux sont des structures gérées par le service public ou confiées à une association par voie de convention. Ils effectuent des maraudes afin de repérer les personnes sans domicile et de les orienter, en cas de besoin, vers des structures sanitaires ou médico-sociales.

Les antennes de premier accueil reçoivent les personnes en situation de précarité, de réinsertion dans les structures de soins de droit commun grâce à un accompagnement social global.

➲ Les centres de santé et les maisons de santé

Créés à l'initiative d'associations ou de collectivités territoriales, ces dispensaires assurent des activités de soins sans hébergement, participent à des actions de santé publique, de prévention, de dépistage et d'éducation à la santé. Ils associent des professionnels de santé et des professionnels sociaux et médico-sociaux. Ils participent à la couverture médicale des territoires les moins peuplés ou les plus fragiles. Structures de proximité agréées par le préfet de région, ils permettent de bénéficier de la gratuité des soins et participent activement à l'accès aux soins des plus démunis.

➲ Les ateliers « santé ville »

Ce sont des lieux de coordination locale entre tous les acteurs de santé dans le but d'élaborer un diagnostic partagé des problèmes à traiter, d'élaborer et de mettre en œuvre un programme d'actions et d'en évaluer les résultats. Ces ateliers s'inscrivent dans le cadre des contrats de ville de la politique de la ville.

➲ Les réseaux de santé

Organisés de manière informelle dans un premier temps, les réseaux de santé ont été consacrés sur le plan juridique par les ordonnances du **plan Juppé de 1996**. Ils sont constitués, sur la base du volontariat et dans une zone géographique donnée, par les professionnels de santé, les établissements de santé, les associations, les collectivités territoriales... Ils peuvent prendre la forme juridique d'une association, d'un GIE, d'un GIP ou d'un groupement de coopération sanitaire (GCS).

L'objectif est d'améliorer la prise en charge d'une pathologie ou d'une population ciblée (personnes en situation de précarité par exemple) par un décloisonnement et une meilleure coordination entre les différents acteurs afin d'assurer la continuité des soins. L'organisation des réseaux permet de prendre en charge des patients mal ou non soignés dans un système plus cadrant et facilitateur.

Ainsi, les réseaux « ville/hôpital », créés en 1996, assurent une coordination entre les structures hospitalières, les associations et les structures médico-sociales dans le but d'améliorer la prise en charge sanitaire des patients les plus démunis.

Pour en savoir +...

- ARCHIMBAUD Aline, *L'Accès aux soins des plus démunis : 40 propositions pour un choc de solidarité*, Rapport au Premier ministre, 2013.
- BAUDET-CAILLE Véronique, BALLAND Valérie, *La Couverture maladie universelle*, *ASH*, numéro juridique 2586, décembre 2008.
- CNLE, *Accès aux soins des plus démunis*, juillet 2011.
- Conférence contre la pauvreté et pour l'inclusion sociale, *Santé et accès aux soins : pour un accès plus égal et facilité à la santé et aux soins*, novembre 2012.
- Médecins du monde, *État des lieux des PASS*, août 2010.
- Médecins du monde, *L'Accès aux soins des plus démunis en 2010*, Dossier de presse, octobre 2010.
- Ministère de la Santé, *Organiser une PASS : recommandations et indicateurs*, 2008.

11 Le revenu de solidarité active

1. La loi du 1er décembre 2008 sur le revenu de solidarité active

a. Du RMI…

➲ La loi du 1er décembre 1988

La crise économique et sociale, consécutive aux deux chocs pétroliers de 1973 et 1979, et le chômage qu'elle produit mettent à jour une catégorie de population qui ne bénéfice d'aucun système de prestations. Seuls sont pris en charge les chômeurs indemnisés, d'une part, et, d'autre part, les populations bénéficiaires de minima sociaux en raison de leur incapacité à travailler (personnes handicapées ou invalides, personnes âgées). Les chômeurs de longue durée ou les personnes qui n'arrivent pas à accéder au marché de l'emploi n'ont plus droit aux prestations chômage ou n'y ont pas accès. Ces personnes de plus en plus nombreuses viennent grossir les rangs de ce que l'on appelle alors les « nouveaux pauvres ».

Quelques communes créent alors, dans le cadre de leur action sociale, des allocations destinées à ces personnes exclues des dispositifs existants et demandent à l'État une participation financière. S'ensuit alors un débat parlementaire qui aboutit à la création du RMI. Conçu comme un dispositif d'insertion, le RMI avait pour principal enjeu la lutte contre la pauvreté et la précarité.

L'article 1er de la loi précisait :

> « Toute personne qui, en raison de son âge, de son état physique ou mental, de la situation de l'économie et de l'emploi, se trouve dans l'incapacité de travailler, a le droit d'obtenir de la collectivité des moyens convenables d'existence. L'insertion sociale et professionnelle des personnes en difficulté constitue un impératif national. »

Il instaurait en fait un double droit :

– un **droit objectif et universel à un revenu minimal** assorti d'un ensemble de droits connexes (notamment le droit à une protection sociale et le droit à une allocation de logement) ;

– un **droit à une insertion sociale**, droit formalisé dans un contrat d'insertion.

Le dispositif est alors copiloté par l'État et le département.

➲ La remise en cause du RMI

Dès sa mise en place, le RMI suscite de nombreuses questions :

– Faut-il ou non exclure les jeunes de 18 à 25 ans ?

– Le contrat est-il la contrepartie de l'allocation ou bien celle-ci doit-elle être versée de façon inconditionnelle ?

– Le montant du RMI doit-il s'approcher du SMIC ou s'en éloigner pour éviter l'installation dans le dispositif ?

Mais c'est surtout autour de la question de la reprise d'activité que se cristallise le débat. Le texte de 1988 sera modifié plusieurs fois afin d'inciter les bénéficiaires à une reprise d'activité, avec notamment la loi du 29 juillet 1998 qui permet de cumuler l'allocation du RMI et un revenu d'activité par un mécanisme dit « d'intéressement ».

La principale réforme est la loi du 18 décembre 2003. Elle confie aux départements la gestion complète du dispositif (à l'exception de la détermination du montant et des conditions d'attribution de l'allocation qui restent fixées au niveau national). Elle crée le **contrat d'insertion-revenu minimum d'activité** (CI-RMA) qui ne rencontre pas un franc succès.

L'échec du volet insertion du RMI conduit alors le législateur à élaborer un nouveau dispositif fondé sur la valorisation du travail.

Le concept de revenu de solidarité active naît avec le rapport d'avril 2005 de la Commission « familles, vulnérabilité, pauvreté » présidée par Martin Hirsch, alors président d'Emmaüs France. Il part du constat suivant : l'accès à un emploi, souvent à temps partiel ou précaire, par un bénéficiaire de minima sociaux implique la diminution ou la perte des prestations sociales (couverture maladie universelle, allocation de logement, tarification sociale du téléphone...) et ne se traduit pas nécessairement par une augmentation des revenus. Il faut donc créer un dispositif garantissant un retour à l'emploi plus intéressant que l'attribution du RMI. Créé à titre expérimental dans quelques départements par la loi Travail, emploi et pouvoir d'achat (TEPA) du 21 août 2007, le **RSA** est généralisé à l'ensemble du territoire en **décembre 2008** sans même attendre le rapport final d'évaluation de l'expérimentation.

b. ... Au RSA

➲ Les objectifs de la loi du 1er décembre 2008

Vingt ans jour pour jour après la création du revenu minimum d'insertion (RMI), la loi du 1er décembre 2008 instaure un nouveau dispositif, le **revenu de solidarité active** (RSA).

Il « garantit à toute personne, qu'elle soit ou non en capacité de travailler, de disposer d'un revenu minimum, et de voir ses revenus augmenter quand les revenus qu'elle tire de son travail s'accroissent ».

Il remplace le RMI et l'allocation de parent isolé (API).

Le dispositif est financé par les départements et le fonds national des solidarités actives alimenté par une nouvelle taxe sur les revenus du capital et du patrimoine.

Le nouveau dispositif crée une rupture avec la philosophie du RMI en poursuivant un double objectif :

- garantir un revenu minimum aux personnes privées d'emploi ;
- apporter un complément de ressources aux personnes qui travaillent mais ne perçoivent que des ressources limitées.

Il permet donc de **cumuler prestation sociale et emploi**. Le dispositif d'insertion s'oriente résolument vers l'insertion professionnelle et le retour à l'emploi. L'insertion sociale est limitée à des situations temporaires ou particulièrement complexes. Le lien entre le droit à l'allocation et le devoir d'insertion est renforcé. Autre différence importante avec le RMI, l'attribution des droits connexes était jusqu'alors automatique. Avec le RSA, leur attribution dépend du niveau de ressources de l'allocataire.

En 2010, est créé le **RSA « jeunes »** pour les moins de 25 ans ayant au moins 2 ans d'ancienneté professionnelle.

➲ Les principales mesures

En ce qui concerne l'allocation, on distingue :

- le **RSA « socle »**, revenu minimum garanti versé aux personnes n'exerçant aucune activité professionnelle ;
- le **RSA « majoré »**, revenu minimum garanti pour les anciens bénéficiaires de l'API ;
- le **RSA « chapeau »** ou **RSA « activité »**, revenu minimum garanti destiné aux personnes qui reprennent ou exercent une activité professionnelle.

En ce qui concerne l'insertion, on distingue :

- une insertion professionnelle prioritaire pour les personnes capables d'occuper un emploi ;
- une insertion sociale subsidiaire et temporaire pour les personnes qui ne peuvent occuper directement un emploi en raison de leurs difficultés sociales et qui doit déboucher sur une insertion professionnelle.

L'organisme instructeur du RSA oriente le bénéficiaire du RSA en fonction de sa capacité ou non à occuper directement un emploi soit vers un organisme d'insertion professionnelle soit vers un organisme d'insertion sociale. L'organisme désigné nomme un référent qui accompagne le bénéficiaire du RSA et lui fait signer un contrat d'insertion professionnelle ou sociale qui lie le bénéficiaire du RSA au conseil départemental, responsable de l'insertion professionnelle et sociale dans son département. L'équipe pluridisciplinaire remplace l'ancienne CLI. Elle est mise en place par le conseil départemental et donne son avis en cas de réduction, suspension ou radiation du RSA ou bien en cas de réorientation du bénéficiaire dans le cadre de son parcours.

La loi réforme également tout le dispositif des contrats aidés. Avant la réforme, coexistaient de nombreux contrats tels que les contrats d'avenir, les contrats insertion-revenu minimum d'activité (CI-RMA)... Ils sont tous supprimés au profit du **contrat unique d'insertion** (CUI).

À noter

Fin juin 2014, la CAF recensait 2,36 millions de foyers bénéficiaires du RSA, soit une augmentation de 6 % entre fin juin 2013 et fin juin 2014 (*RSA conjoncture*, n° 7, septembre 2014). Devant l'échec relatif du RSA et le taux très important de non-recours au RSA activité, le gouvernement envisage une réforme en profondeur et la mise en place d'une prime pour l'emploi.

2. Les acteurs du champ de l'insertion sociale et professionnelle

Le bénéficiaire du RSA et sa famille sont bien entendu les premiers des acteurs à prendre en compte. Leurs besoins et leurs attentes sont formalisés dans le **contrat d'insertion**.

a. Le conseil départemental : chef de file de l'insertion

Le département **pilote la mise en œuvre du RSA** et les dispositifs d'orientation et d'accompagnement des allocataires.

Il élabore trois documents :

- le **programme départemental d'insertion** (PDI), qui définit la politique départementale d'accompagnement social et professionnel, recense les besoins et l'offre locale d'insertion ainsi que les actions d'insertion ;
- le **pacte territorial pour l'insertion** (PTI), qui est conclu avec l'ensemble des acteurs de l'insertion et définit leurs modalités de coordination ;
- la **convention d'orientation et d'accompagnement**, qui est également conclue avec l'ensemble des partenaires et définit les modalités de mise en œuvre du dispositif d'orientation et du droit à l'accompagnement garanti aux bénéficiaires du RSA.

Le conseil départemental décide de l'attribution du RSA, l'allocation étant versée par les CAF et les MSA. Il finance le versement du RSA ainsi que les actions d'insertion et d'accompagnement sur le territoire.

Il organise et coordonne le dispositif d'insertion sur le territoire. Il peut, à ce titre, confier les missions d'instruction du RSA, d'orientation et d'accompagnement au service social départemental, ou créer des services spécialisés ou bien encore passer des conventions avec les partenaires locaux (CCAS, CAF, MSA, associations agréées, Pôle Emploi).

Il désigne le référent social qui assure l'accompagnement des bénéficiaires les plus éloignés de l'emploi.

b. Les partenaires institutionnels du conseil départemental

Pôle Emploi assure l'accompagnement des bénéficiaires du RSA les plus proches de l'emploi. Se pose la question d'un accompagnement par des agents non formés et qui travaillent dans des conditions très difficiles depuis la réorganisation des ASSEDIC et des ANPE.

La CAF ou la MSA assurent l'instruction des dossiers et le versement de l'allocation. Ces caisses peuvent également entreprendre des actions d'accompagnement et d'insertion sociale dans le cadre de leur action sociale de lutte contre la pauvreté et la précarité des familles.

Les CCAS peuvent également assurer, par délégation du conseil départemental, l'instruction des dossiers et l'orientation des bénéficiaires vers un accompagnement social ou professionnel.

c. Les acteurs de l'insertion professionnelle

Les employeurs (entreprises ordinaires) et le secteur de l'insertion par l'activité économique sont des acteurs essentiels de l'insertion professionnelle.

Les **structures d'insertion par l'activité économique** (SIAE) se sont développées au début des années 1980. Elles proposent une insertion professionnelle à des personnes éloignées de l'emploi (jeunes en situation de précarité, chômeurs de longue durée, bénéficiaires du RSA). Les salariés en insertion qui y travaillent ont des contrats à durée déterminée. Ils bénéficient d'un accompagnement renforcé et d'une formation. Il existe quatre formes de SIAE, toutes conventionnées par l'État et bénéficiant de subventions destinées à compenser la faible productivité :

– les **entreprises d'insertion** produisent des biens et des services marchands et fonctionnent comme de véritables entreprises ;

– les **associations intermédiaires** mettent des salariés en insertion à la disposition d'associations, de collectivités territoriales ou de particuliers (aides à domicile par exemple) ;

– les **entreprises de travail temporaire d'insertion** (ETTI) fonctionnent comme des entreprises intérimaires du secteur marchand ;

– les **ateliers et chantiers d'insertion** (ACI) organisent des activités temporaires ou permanentes (chantiers dans le cadre de la rénovation de bâtiments par exemple).

À noter

Il existe également les régies de quartier qui recrutent des salariés parmi les habitants du quartier dans le but de développer le lien social et de créer des activités centrées sur le développement durable (entretiens d'espaces verts, jardins partagés, réhabilitation du bâti...).

d. Les autres partenaires mobilisables

Les **régions** peuvent être sollicitées pour leurs compétences en matière de formation et de transport.

Le **secteur associatif** peut gérer des services d'accompagnement social et/ou professionnel.

De nombreux acteurs peuvent intervenir dans un domaine plus ciblé (insertion par le logement, la santé...) ou auprès de populations spécifiques (jeunes, chômeurs, familles monoparentales...) comme les missions locales.

Il est donc important de se référer au PDI et au PTI pour connaître l'ensemble des acteurs impliqués sur le territoire départemental.

Pour en savoir +...

Articles et rapports

- FRICOTTE Lisiane, *Le Revenu de solidarité active, ASH*, numéro juridique 2725, septembre 2011.
- CEE, *Du RMI au RSA : la solidarité et la décentralisation en débats*, n° 81, juin 2011.
- CEE, *Le RSA : innovation ou réforme technocratique ?*, n° 152, novembre 2011.
- CNLE, *RSA : un levier en faveur d'une politique de l'emploi et de la lutte contre les exclusions*, mai 2011.
- LAVILLE Jean-Louis, *Insertion par l'activité économique*, Desclée de Brouwer, 2010.
- ODAS, *Départements et RSA : une forte mobilisation*, octobre 2009.

Études et résultats de la DREES

- *Les Allocataires des minima sociaux en 2009*, n° 756, mars 2011.
- *Les Allocataires du RSA fin juin 2011 et leurs trajectoires*, n° 782, novembre 2011.
- *Les Modes d'organisation des conseils généraux avec la mise en place du RSA*, n°800, mars 2012.

12 Le logement des personnes défavorisées

1. L'évolution de la politique sociale en matière de logement

a. De l'aide à la pierre à l'aide à la personne

Jusqu'au milieu du XIXe siècle, l'État n'intervient pas dans le domaine du logement. Pour loger et contrôler la classe ouvrière, le patronat crée des cités ouvrières comme la cité Michelin à Clermont-Ferrand. Les premiers logements sociaux sont donc essentiellement des **logements patronaux**. Le développement industriel et l'exode rural massif qu'il provoque conduisent l'État à commencer à intervenir dans ce secteur. La **loi Bonnevay** de 1912 crée les **habitations bon marché** (HBM) ainsi que les offices publics chargés de les gérer.

En 1945, la situation du logement est catastrophique. Des milliers de logements ont été détruits ou endommagés. Une grande partie de la population vit dans des logements insalubres ou surpeuplés. Les bidonvilles se multiplient dans les périphéries des grandes villes. Pour faire face à la reconstruction du pays, à la poursuite de l'exode rural, puis à la croissance démographique (*baby-boom*, arrivée des rapatriés d'Afrique du Nord et des travailleurs migrants), l'État s'engage dans une politique d'aide à la pierre qui se traduit par la construction massive de logements sociaux.

Les HBM sont remplacés par les **habitations à loyer modéré** (HLM) qui s'ouvrent aux classes moyennes. Un décret de 1958 crée les **zones à urbaniser en priorité** (ZUP). Les grands ensembles sont construits dans l'urgence. La loi Debré de 1964 a pour objectif l'éradication des bidonvilles et des cités de transit.

La crise économique provoque un changement de cap. La politique d'aide à la pierre est complétée par la politique d'aide à la personne afin d'aider financièrement les locataires en situation de précarité. En 1973, la circulaire « barres et tours » met fin à la construction des grands ensembles. L'**aide personnalisée au logement** (APL) est ouverte à l'ensemble de la population sous seule condition de ressources.

b. Du droit au logement...

➲ La loi Besson du 31 mai 1990

L'article 1er de cette loi instaure un droit au logement pour les personnes défavorisées :

> « Garantir le droit au logement constitue un devoir de solidarité pour l'ensemble de la nation. Toute personne éprouvant des difficultés particulières, en raison notamment de l'inadaptation de ses ressources ou de ses conditions d'existence, a droit à une aide de la collectivité pour accéder à un logement décent et indépendant et à s'y maintenir. »

Sont concernées les personnes sans-abri, en logement insalubre ou surpeuplé, menacées d'expulsion ou ayant des difficultés financières à accéder à un logement.

La loi instaure le **plan départemental d'accès au logement des personnes défavorisées** (PDALPD) élaboré par l'État et le département. Ce plan définit les besoins en matière d'accès au logement, précise quelles sont les personnes prioritaires ainsi que les actions à mettre en œuvre dans chaque département.

La loi crée également le **fonds de solidarité pour le logement** (FSL). Ce fonds départemental est alimenté obligatoirement par l'État et le département, et complété de façon facultative par d'autres acteurs comme la CAF. D'une part, il octroie des aides financières permettant l'accès à un logement grâce au paiement des frais relatifs à l'installation, comme les loyers d'avance ou l'assurance ;d'autre part, il permet le maintien dans son logement en cas de menace d'expulsion grâce au paiement des impayés de charges locatives. Il peut financer également un **accompagnement social lié au logement** (ASLL) qui aide le locataire (ou l'accédant à la propriété) à s'intégrer dans son logement et dans son quartier et son environnement.

➲ La loi contre les exclusions du 29 juillet 1998

Elle comporte toute une série de mesures visant à protéger les personnes en situation de précarité et à favoriser l'accès au logement. Elle réforme les procédures de réquisition des logements vacants et d'attribution des logements HLM.

Elle renforce les mesures de prévention des expulsions, de protection des locataires d'hôtels meublés et de lutte contre le saturnisme infantile.

Elle crée des incitations financières afin de développer l'offre de logements aux personnes les plus démunies.

Elle uniformise enfin les règles de fonctionnement du FSL.

➲ La loi Solidarité et renouvellement urbain (SRU) du 13 décembre 2000

Afin de renforcer le droit au logement, cette loi prévoit la relance de la construction de logements locatifs sociaux. Elle définit de nouvelles obligations pour les communes en matière de logement et de mixité sociale. Les communes de plus de 3 500 habitants et les agglomérations de plus de 50 000 habitants doivent désormais avoir un parc locatif social représentant au moins 20 % des résidences principales implantées sur leur territoire. En cas de manquement à cette obligation, elles devront s'acquitter d'une contribution financière. La loi renforce également la procédure de lutte contre l'insalubrité.

➲ La loi relative aux libertés et aux responsabilités locales du 13 août 2004

Toujours dans l'objectif de faciliter le droit au logement, le préfet du département peut désormais déléguer aux maires la gestion du contingent de réservation des logements locatifs sociaux. Par ailleurs, la gestion du FSL est confiée exclusivement aux départements et les aides du FSL sont étendues aux factures impayées d'eau, d'énergie et de téléphone.

c. ... Au droit au logement opposable

➲ Le contexte d'émergence

Malgré la loi SRU, la construction de logements sociaux ne progresse pas assez pour répondre aux demandes de plus en plus nombreuses. Certains maires préfèrent, en effet, payer des pénalités par peur de construire des logements attirant une population défavorisée.

De plus, les programmes de rénovation urbaine mis en œuvre dans le cadre de la politique de la ville (voir le chapitre 14 de la partie 3) ne sont pas totalement compensés par les programmes de construction de logements neufs. L'évolution démographique de la France, l'augmentation du nombre de familles recomposées, l'allongement de la durée de la vie et la volonté de se maintenir à domicile sont autant d'éléments expliquant le besoin grandissant en matière de logement. La précarité et les difficultés économiques liées à la crise ne permettent pas une mobilité suffisante à l'intérieur du parc locatif social.

Dès 2002, le Haut comité pour le logement public publie un rapport intitulé *Vers un droit au logement opposable*. Une nouvelle idée émerge, celle d'une obligation de résultat en matière d'accès au logement qui s'imposerait à l'État. Le conseil économique et social et une plate-forme associative fédérant une soixantaine d'associations contribuent également à faire progresser cette notion de droit opposable dans le débat public.

➲ La loi DALO (droit au logement opposable) du 5 mars 2007

Votée dans l'urgence, suite à l'occupation des berges du canal Saint-Martin par l'association Les enfants de Don Quichotte, la loi DALO introduit pour la première fois le principe du droit au logement opposable.

L'article 1er de la loi précise :

> « Le droit à un logement décent et indépendant, mentionné à l'article 1er de la loi du 31 mai 1990 visant à la mise en œuvre du droit au logement, est garanti par l'État à toute personne qui, résidant sur le territoire français de façon régulière et permanente, n'est pas en mesure d'y accéder par ses propres moyens ou de s'y maintenir. Ce droit s'exerce par un recours amiable puis, le cas échéant, par un recours contentieux. »

Pour cela, elle crée dans chaque département une commission de médiation chargée d'examiner les demandes urgentes et prioritaires de logement non satisfaites et de transmettre ces demandes au préfet du département. Le préfet est alors chargé de désigner un bailleur social à chaque bénéficiaire du DALO. En cas d'absence d'offre de logement, le bénéficiaire du DALO peut alors intenter un recours judiciaire devant le tribunal administratif qui peut ordonner à l'État de le reloger sous peine d'astreinte.

La loi prévoit une procédure identique pour les personnes en situation d'hébergement (voir chapitre 13 de la partie 3).

➲ Les enjeux

La question essentielle qui se pose est celle de l'effectivité de cette loi. Dans un contexte de pénurie de logements locatifs sociaux, il est légitime de se demander comment l'État pourra répondre à cette nouvelle obligation. Un rapport sénatorial de 2012 montre que, depuis 2007, seuls 40 000 relogements ont été proposés sur les 280 000 recours devant les commissions de médiation. Le Comité de suivi du DALO préconise un certain nombre de mesures indispensables pour permettre une réelle application de la loi comme :

- l'augmentation du contingent de réservation préfectoral dans le parc public et la création d'un contingent dans le parc privé ;
- la réquisition des logements vacants ;
- l'accessibilité du 1 % logement aux chômeurs indemnisés et en formation ;
- la mise en œuvre d'une garantie des risques locatifs.

d. La prévention des expulsions et la protection des locataires

➲ La loi MOLLE (mobilisation pour le logement et la lutte contre l'exclusion) du 25 mars 2009

Cette loi allonge de trois mois à un an le délai qu'un juge peut accorder avant une expulsion pour permettre de trouver une solution de relogement ou d'hébergement provisoire. La loi crée également une commission, la **Commission de coordination des actions de prévention des expulsions** (CCAPEX), copilotée par l'État et le département pour mieux coordonner et renforcer les actions de prévention des expulsions locatives.

➲ La loi ALUR (accès au logement et urbanisme rénové) du 26 mars 2014

Cette loi a notamment pour objectif de lutter contre l'augmentation des loyers et de limiter les risques d'expulsion.

En ce qui concerne l'encadrement des loyers, la loi crée un **observatoire local des loyers** dans certaines zones dites « tendues » (28 agglomérations de plus de 50 000 habitants dans lesquelles l'offre de logement est insuffisante). Un arrêté préfectoral fixera, pour chaque type de logement et de quartier, un loyer médian de référence.

Afin de mieux protéger les locataires, des décrets définiront la liste des justificatifs à fournir lors de la mise en location et établiront des formulaires types pour le contrat de bail et l'état des lieux. Une astreinte de 1 000 euros par jour de retard sera appliquée aux bailleurs qui tardent à effectuer les travaux nécessaires à l'amélioration des logements insalubres.

Pour encourager la mise en location de logements vacants et protéger les propriétaires contre les risques d'impayés, une garantie universelle des loyers (GUL) sera mise en place à partir de janvier 2016. Une nouvelle caisse, l'**Agence de la garantie universelle des loyers**, sera chargée de verser les loyers impayés aux propriétaires dans la limite du loyer médian de référence. Les modalités de financement de cette agence ne sont pas encore clairement définies.

Dans le cadre de la prévention des expulsions, les bailleurs (exclusivement les personnes morales) seront obligés de signaler les impayés de loyers à la CCAPEX au moins deux mois avant l'assignation du locataire, sous peine d'irrecevabilité de la procédure. Enfin, la trêve hivernale est étendue du 15 octobre au 31 mars de l'année suivante.

2. Les acteurs de la politique du logement

a. Les bénéficiaires du droit au logement et du DALO

Les principaux bénéficiaires sont précisés dans le PDALPD et dans la loi DALO. Il s'agit des personnes :
- sans logement ;
- vivant dans un logement surpeuplé, insalubre, de fortune ou inadapté ;
- hébergées temporairement chez un tiers ou en structure collective ;
- menacées d'expulsion sans relogement ;
- cumulant des difficultés financières et d'insertion sociale.

Sont plus particulièrement concernés les familles monoparentales ou les familles nombreuses, les jeunes en situation précaire et ne bénéficiant pas de la solidarité familiale, les personnes âgées ou handicapées, les gens du voyage.

b. L'intervention des pouvoirs publics

➲ L'État

La politique sociale en matière de logement relève de la compétence de l'État qui définit les orientations générales et les outils juridiques et financiers nécessaires à sa mise en œuvre. Dans le cadre de sa lutte contre la pauvreté, la précarité et les exclusions, il élabore le PDALPD avec le département. Il a une obligation de résultat en matière d'attribution de logements dans le cadre de la loi DALO.

Pour élaborer sa politique, l'État s'appuie le **Haut Comité pour le logement des personnes défavorisées**, service créé en 1992 et rattaché au Premier ministre. Il a pour mission de faire des propositions sur toute question relative au logement des personnes défavorisées.

Le **préfet du département** est responsable de la mise en place de la commission de médiation de la loi DALO et de la CCAPEX avec les services déconcentrés de l'État, les DRJSCS (ou la direction régionale et interdépartementale de l'hébergement et du logement en Île-de-France – DRHIL).

➲ Les départements

Ils interviennent dans le domaine du logement en tant que chef de file de l'action sociale. À ce titre, ils élaborent le PDALPD avec l'État. Ils financent le FSL. Ils peuvent agir directement en accompagnant les personnes et les familles dans l'instruction des dossiers FSL (accès, maintien et énergie) et dans l'accompagnement social lié au logement. Ils peuvent confier cette mission au service social départemental ou bien déléguer tout ou partie de leurs compétences à des partenaires, comme la CAF ou une association spécialisée.

➲ Les communes et les EPCI

Ils doivent respecter le quota de 20 % de logements locatifs sociaux sur leur territoire. Depuis 1983, ils approuvent les documents d'urbanisme et délivrent les actes relatifs à l'occupation de sols (certificats d'urbanisme, permis de construire...). Les maires sont membres de droit des commissions d'attribution des logements sociaux des organismes HLM.

c. Les commissions

➲ La commission de médiation

Cette commission est compétente pour **reconnaître le droit au logement opposable** des personnes prioritaires qui n'ont pu trouver une solution de logement par leurs propres moyens.

Elle est présidée par une personne qualifiée désignée par le préfet et se compose de représentants de l'État, du département, des EPCI et des communes, des bailleurs sociaux publics et privés, d'organismes gestionnaires de structures d'hébergement, d'associations de locataires et d'associations intervenant dans le domaine de l'insertion par le logement des personnes défavorisées.

La commission se prononce sur la recevabilité et le caractère prioritaire de la demande. Elle transmet la liste des demandes urgentes et prioritaires au préfet.

➲ La CCAPEX

Cette commission intervient principalement en faveur de la **prévention des expulsions**. Elle examine les situations de risque d'expulsion en cas d'impayés de loyers ou de troubles de jouissance. Elle permet à l'ensemble des acteurs concernés de se coordonner dans les situations les plus complexes. Elle émet des avis ou des recommandations afin de trouver la solution la plus adaptée en vue du maintien du locataire dans son logement.

Elle est composée de représentants de l'État, du département, de la CAF, de l'association départementale d'information sur le logement (ADIL), de la commission de surendettement de la Banque de France, des bailleurs publics et privés et des associations intervenant dans le domaine du logement.

Elle peut être saisie par l'un de ses membres ainsi que par le locataire seul ou par l'intermédiaire d'un travailleur social.

d. Les organismes d'HLM

Ces organismes construisent, achètent et gèrent des logements sociaux. Ils attribuent et louent ces logements à des personnes ou des familles remplissant certaines conditions, de ressources notamment. Ils mettent pour cela en place des commissions d'attribution de logements auxquelles participent les maires. Ils remplissent une **mission de service public** en permettant l'accès à un logement à des personnes de condition modeste et peuvent jouer un rôle en matière de mixité sociale. Ils peuvent également exercer une action sociale en créant des services sociaux qui accompagnent les locataires en cas de difficultés budgétaires par exemple. En échange, l'État leur accorde des exonérations fiscales.

Ces organismes peuvent être **publics** ou **privés**. Les organismes publics sont des **offices publics de l'habitat** (OPH) et remplacent depuis 2007 les offices publics d'aménagement et de construction (OPAC) et les offices publics d'habitation à loyer modéré (OPHLM). Les organismes privés sont des entreprises sociales pour l'habitat et des sociétés coopératives d'HLM.

L'État, les départements, les communes, les EPCI, les chambres de commerce et d'industrie bénéficient d'un droit de réservation d'une partie des logements locatifs sociaux en échange de garanties financières définies dans une convention transmise au préfet du département. Le préfet peut déléguer tout ou partie du contingent préfectoral au maire ou au président de l'EPCI.

e. Le rôle des CAF

La CAF verse les prestations sociales ou familiales d'aide au logement :
- l'aide personnalisée au logement (APL) ;
- l'allocation de logement à caractère social (ALS) ;
- l'allocation de logement à caractère familial (ALF) ;
- la prime de déménagement.

Elle attribue également, au titre de son action sociale, le prêt à l'amélioration de l'habitat (PAH) et des prêts ou des subventions en matière d'équipement du logement en mobilier ou appareils électroménagers de première nécessité.

Elle peut proposer des actions d'accompagnement individuel ou collectif en matière d'accès au logement, de prévention des expulsions ou d'insertion sociale dans l'habitat.

À noter

- Les associations ont un rôle d'information et d'orientation comme l'ADIL. Elles peuvent également être agréées pour faire de l'ASLL ou de la médiation locative.
- Les entreprises de plus de 20 salariés participent à l'effort de construction grâce à l'Action logement (anciennement 1 % patronal) à hauteur de 0,45 % de la masse salariale brute.

Pour en savoir +…

Ouvrages et rapports

- DERREZ Pascal, BALLAND Valérie, *Le Logement des personnes défavorisées, ASH*, numéro juridique 2526, octobre 2007.
- DRIANT Jean-Claude, *Les Politiques du logement en France*, La Documentation française, 2009.
- Fondation Abbé Pierre, *L'État du mal-logement en France*, rapport 2015.
- STEBE Jean-Marc, *Le Logement social en France*, PUF, 2013.

Articles

- « FSL, des outils efficaces mais mal évalués », *ASH* n° 2612, juin 2009.
- « Le DALO en panne », *Lien social* n° 984, septembre 2010.

13 L'hébergement

Un rapport de 2015 de la Fondation Abbé Pierre fait état de plus de 3 500 000 personnes en situation de mal-logement.

Personnes en situation de mal-logement

Personnes privées de domicile personnel	**694 985**
• dont sans domicile fixe	141 500
• dont résidence principale en chambre d'hôtel	38 000
• dont habitat de fortune : cabane, construction provisoire, personnes vivant à l'année en camping ou *mobil-home*	85 000
• dont personnes hébergées chez des tiers dans des conditions de logement très difficiles	411 000
• dont personnes en structures d'hébergement et d'insertion : CHRS, CADA, places en hôtel pour demandeurs d'asile, accueil d'urgence, résidences sociales	19 485
Personnes vivant dans des conditions de logement très difficiles	**2 778 000**
• dont pas de confort	2 123 000
• dont surpeuplement accentué	800 000
Gens du voyage qui ne peuvent accéder à une place dans les aires d'accueil	**51 632**
TOTAL	**3 524 617**

1. L'évolution de la politique sociale en matière d'hébergement

a. La construction du secteur de l'hébergement

➲ L'aide sociale à l'hébergement

Avec la réforme de l'aide sociale en 1953, est créée l'**aide sociale à l'hébergement et à la réadaptation sociale**. L'État prend alors en charge l'accueil, l'hébergement et le « reclassement » des femmes en danger de prostitution ou des personnes sortant d'hôpitaux ou de prisons.

La loi du 19 novembre 1974 définit le statut des **centres d'hébergement et de réadaptation sociale** (CHRS) et élargit la liste des personnes accueillies à l'ensemble des familles ou des personnes privées de logement et ayant besoin d'être hébergées momentanément.

La circulaire du 14 mai 1991 les transforme en **centres d'hébergement et de réinsertion sociale** en ajoutant à la mission d'accueil et d'hébergement la mission d'insertion.

➲ Le développement de l'urgence sociale

Dans les années 1980, l'augmentation du nombre de personnes en situation de précarité et d'exclusion conduit les pouvoirs publics à envisager la prise en charge des personnes sans domicile sous l'angle de l'urgence sociale. Dès 1983, les **plans hivernaux** sont mis en place pour prévenir l'augmentation des décès des personnes sans abri pendant la période hivernale (augmentation de l'offre d'accueil dans les CHRS).

Les années 1990 voient se développer et se diversifier les formes de prises en charge. À côté de l'hébergement traditionnel en CHRS, se créent des lieux d'accueil de jour à bas seuil d'exigence, c'est-à-dire avec accueil inconditionnel. En 1993, Xavier Emmanuelli crée le **Samu social de la ville de Paris**. Calqué sur le modèle des services d'urgence sanitaire, le Samu social va à la rencontre des personnes vivant dans la rue et qui ne demandent aucune aide ou bien refusent l'hébergement en CHRS. Dès 1994, les équipes mobiles se généralisent dans toutes les grandes villes. En 1997, un dispositif d'écoute et de veille sociale voit le jour avec le **115**. La loi du 29 juillet 1998 contre les exclusions étend le 115 à l'ensemble du territoire et accorde le statut d'institutions sociales aux services d'urgence et de veille sociale. Le dispositif s'étoffe avec la généralisation des services d'accueil et d'orientation.

En 2006, l'association Les enfants de Don Quichotte installe un campement pour sans-abri le long du canal Saint-Martin à Paris. Les pouvoirs publics réagissent en instaurant le **plan d'action renforcé pour les sans-abri** (PARSA). L'objectif est d'assurer un hébergement des personnes sans domicile tant qu'une solution pérenne n'est pas trouvée. Une nouvelle répartition des places d'accueil s'effectue : des places temporaires d'hébergement d'urgence sont transformées en places d'hébergement de stabilisation sans limitation de durée d'accueil.

➲ Le droit à l'hébergement opposable

La **loi DALO** du 5 mars 2007, plus connue dans son versant logement, instaure également un droit opposable à l'hébergement, c'est-à-dire le principe de continuité de l'hébergement (amendement « anti-remise à la rue »).

Le respect de ce principe est assuré de la façon suivante :

– la notion de durée maximale de séjour est supprimée. Seule la proposition d'orientation en structure plus adaptée peut justifier la rupture de l'hébergement en accueil d'urgence. En cas d'orientation, un entretien d'évaluation doit être systématiquement proposé. Tant que l'orientation n'a pas eu lieu, la personne peut rester dans la structure d'accueil ;

– l'accueil ne cesse que si la personne quitte la structure de son plein gré, ne s'y présente pas pendant une période fixée dans le règlement intérieur, refuse l'entretien d'évaluation ou a un comportement dangereux envers les personnes accueillies ou le personnel.

La suppression de la limitation de la durée d'accueil et le principe de la continuité de l'hébergement aboutissent à la transformation de l'hébergement d'urgence en **hébergement de « stabilisation »**.

b. La refondation du secteur de l'AHI

L'échec du dispositif d'urgence et d'hébergement conduit l'État à repenser sa politique de prise en charge des personnes sans domicile. Initiée en novembre 2009 par Benoist Apparu, ministre chargé du Logement, cette refondation s'accompagne de la mise en place de trois nouveaux outils, le **plan départemental d'accueil, d'hébergement et d'insertion** (PDAHI), le **système intégré de l'accueil et de l'orientation** (SIAO), et l'**accompagnement vers et dans le logement** (AVDL).

➲ Le PDAHI

La loi MOLLE du 25 mars 2009 met en place dans chaque département un PDAHI. Afin d'assurer la continuité des parcours d'insertion des personnes sans domicile vers le logement, le PDAHI est intégré dans le **plan départemental d'accès au logement des personnes défavorisées** (PDALPD). Il est élaboré tous les cinq ans par le préfet du département en partenariat avec les collectivités territoriales, les associations, les CAF et les bailleurs sociaux.

Les objectifs du PDAHI sont précisés dans la **circulaire du 9 décembre 2009** relative à la planification de l'offre d'accueil, d'hébergement et d'insertion des personnes sans domicile. Il s'agit de :
- faciliter l'accès au droit commun des personnes démunies ;
- améliorer l'orientation et assurer la continuité de la prise en charge des personnes sans domicile.

Le contenu du PDAHI est défini par l'article L. 352-5-3 du CFAS :
- diagnostic partagé qui analyse les besoins du territoire en matière d'hébergement des personnes sans domicile et qui dresse un bilan des moyens existants ;
- définition des publics prioritaires et des actions à mener afin de répondre aux besoins du territoire et aux objectifs du « logement d'abord » ;
- modalités de coordination et de coopération des acteurs locaux de la veille sociale, de l'hébergement d'urgence et d'insertion et articulation avec le secteur sanitaire, social et médico-social ;
- modalités de pilotage et d'évaluation du dispositif.

➲ Le SIAO

Dans le but d'instituer un véritable service public de l'hébergement et de l'accès au logement, est créé un SIAO, plate-forme départementale sous l'autorité du préfet, fonctionnant sans interruption et chargée d'évaluer la situation des personnes sans abri et de les orienter vers les établissements ou services adaptés. La **circulaire du 8 avril 2010** précise ses objectifs :

- simplifier les démarches d'accès à l'hébergement ou à un logement adapté pour les personnes sans domicile ;
- traiter les demandes avec équité grâce à la connaissance de l'ensemble de l'offre existante sur le territoire et des besoins des personnes sollicitant l'accès à un hébergement ou à un logement adapté ;
- coordonner les acteurs locaux de la veille sociale, de l'urgence, de l'hébergement, de l'insertion et du logement, c'est-à-dire les services de l'État, les associations gestionnaires, les CCAS, les communes et les départements ;
- contribuer à la constitution d'observatoires locaux permettant d'ajuster l'offre aux besoins.

➲ L'AVDL

Il s'agit de mesures d'accompagnement financées par l'État et mises en place par un ou plusieurs opérateurs locaux déterminés par les préfets de départements. La **circulaire du 19 juillet 2010** définit les trois missions de la mesure d'AVDL :

- accompagner vers le logement les ménages les plus fragiles dans la recherche d'un logement adapté à leur situation ;
- accompagner en facilitant l'installation dans le logement (démarches administratives, installation dans le logement) et dans son environnement (accès aux services publics et équipements de proximité) ;
- accompagner dans le logement en prévenant ou en gérant les difficultés de parcours (surendettement, troubles du voisinage...).

La demande d'AVDL peut provenir du SIAO, des travailleurs sociaux de secteur, de la CCAPEX, de la commission DALO, des bailleurs sociaux, des associations agréées pour le logement des personnes défavorisées et des gestionnaires d'établissements ou de services participant au dispositif d'accueil, d'hébergement et d'insertion.

Ces mesures intégrées dans le PDAHI doivent s'articuler avec les mesures d'accompagnement social lié au logement (ASLL) prévues dans le PDALPD.

À noter

La situation particulière de l'Île-de-France conduit aux aménagements suivants :

- il n'y a pas de PDAHI, mais un plan régional d'accueil, d'hébergement et d'insertion (PRAHI) élaboré par le préfet de région ;
- le SIAO est mis en place par le préfet de région.

c. L'enjeu actuel : le « logement d'abord »

➲ L'origine du concept

Le principe du « logement d'abord » s'inspire d'un programme américain intitulé *Pathways to housing* qui s'adressait à des personnes souffrant de troubles psychiques ou d'addictions et leur proposait un accès direct à un logement de droit commun.

D'autres programmes menés dans les pays scandinaves semblent montrer que les personnes bénéficiant de ces programmes conservent davantage leur logement et s'insèrent plus facilement que celles qui ont suivi un parcours traditionnel passant par le secteur d'hébergement d'urgence. La Conférence de consensus européenne de 2010 sur le sans-abrisme préconisait la transition vers ce type de dispositif.

En France, de nombreux rapports, comme celui de l'IGAS sur l'hébergement d'urgence, de 2005, ou celui de la Cour des comptes sur les personnes sans domicile, de 2007, dénoncent d'une part l'augmentation du nombre de personnes sans domicile ou mal logées malgré des moyens financiers de plus en plus importants et d'autre part un empilement de dispositifs qui ne facilite pas l'accès au logement de droit commun.

➲ Les objectifs du « logement d'abord »

L'accès à un logement de droit commun est actuellement conçu comme le résultat d'un parcours dit « en escalier » comprenant différentes phases par lesquelles il est nécessaire de passer à condition de s'inscrire dans un processus d'insertion long et complexe : hébergement d'urgence, hébergement de stabilisation, hébergement d'insertion, logement de transition adapté, logement de droit commun.

Le « logement d'abord » s'inscrit dans une logique inverse : il s'agit de permettre l'accès direct et inconditionnel à un logement autonome de droit commun. Il peut être proposé un accompagnement social global mais qui ne conditionne pas l'accès au logement.

La refondation de la politique d'hébergement mise en œuvre depuis 2009 est présentée comme s'inscrivant dans cette logique de « logement d'abord ». La **circulaire du 13 janvier 2012** relative à la mise en œuvre opérationnelle du logement d'abord précise les objectifs et les conditions de cette nouvelle démarche :

- favoriser l'accès direct à un logement pérenne et adapté, point de départ du parcours d'insertion ;
- limiter le recours au statut d'hébergé et aux structures collectives.

Mais cela impliquerait, comme le préconise la Fédération nationale des associations d'accueil et de réinsertion sociale (FNARS), d'inscrire les PDAHI, les SAIO et les mesures d'AVDL dans cette nouvelle logique et de développer la transformation de l'offre d'hébergement en offre de logement.

2. Les acteurs de l'hébergement et du logement adapté

a. L'État

L'État est la collectivité publique compétente en matière d'hébergement.

Sur le plan national, le **ministère des Affaires sociales** et la **DGCS** élaborent la politique sociale en matière d'hébergement et de réinsertion sociale des personnes en situation d'exclusion.

Les services déconcentrés de l'État sont chargés de la mise en œuvre de cette politique sur le plan régional ou départemental. L'État finance l'aide sociale à l'hébergement et à la réinsertion sociale, agrée les structures relevant de ce secteur et met en place les SIAO.

b. Le service intégré de l'accueil et de l'orientation (SIAO)

➲ Les missions des SIAO

Le SIAO doit répondre à deux niveaux de prise en charge : l'urgence et l'insertion (dans le cadre de l'hébergement stable ou du logement adapté).

En ce qui concerne l'**urgence**, le SIAO doit :

- coordonner l'attribution des places d'hébergement d'urgence ;
- réguler l'hébergement d'urgence en recensant l'offre dans une base de données, en veillant au principe de continuité de la prise en charge et en prévenant les remises à la rue ;
- coordonner les acteurs de la veille sociale en assurant la couverture du territoire par les équipes mobiles et en désignant un référent (*cf.* la circulaire du 4 mars 2011 relative à la mise en place de référent personnel dans les SIAO).

En ce qui concerne l'**insertion**, le SIAO doit gérer en direct l'attribution des places de stabilisation et d'insertion d'une part et de logement adapté d'autre part en recensant les demandes, en orientant les demandeurs vers les places disponibles et en animant une commission d'orientation composée des acteurs locaux du dispositif (associations, communes, département, bailleurs sociaux, services déconcentrés de l'État).

➲ La mise en place des plates-formes

C'est le préfet du département qui met en place le SIAO en tenant compte de la taille et des problématiques spécifiques à chaque territoire. En fonction du contexte local, le préfet choisit un opérateur unique, chargé de l'urgence et de l'insertion, ou deux opérateurs distincts. Cet opérateur doit avoir la personnalité morale. Il peut s'agir par exemple d'une association ou bien d'un groupement de personnes morales sous la forme d'un groupement de coopération sociale ou médico-sociale (GCSMS) ou d'un groupement d'intérêt public (GIP). L'opérateur est lié à l'État par voie de convention. Le pilotage du SIAO est assuré par la direction départementale de la cohésion sociale (DDCS).

À noter

En Île-de-France, c'est le préfet de région qui est compétent et la direction interdépartementale de l'hébergement et du logement (DRIHL) qui pilote le dispositif.

c. Le dispositif AHI (accueil, hébergement et insertion)

➲ Les services de veille sociale

Le dispositif de veille sociale est chargé d'accueillir les personnes sans domicile, de procéder à une première évaluation et de les orienter vers des structures adaptées à leurs besoins.

115 Service d'accueil téléphonique pour l'hébergement d'urgence	Numéro vert national, fonctionnant 24 heures sur 24 et 7 jours sur 7, chargé de recevoir les appels concernant les demandes d'hébergement d'urgence.
Équipes mobiles (SAMU sociaux ou maraudes)	Équipes qui vont à la rencontre des personnes les plus désocialisées, qui vivent sur la voie publique et ne demandent aucune aide, et leur proposent une écoute, une aide matérielle et une orientation vers des services ou des établissements sanitaires ou sociaux.
Service d'accueil et d'orientation (SAO)	Services d'accueil et d'évaluation des personnes sans domicile qui proposent une orientation, une aide matérielle et un accès aux droits.
Services d'accueil de jour	Services qui proposent des lieux d'accueil pour personnes sans domicile avec diverses prestations : domiciliation, douches, laveries, café, restauration, accès aux droits...

➲ Les établissements d'hébergement

Ils concernent les personnes et les familles sans domicile en situation d'exclusion. Les résidents n'ont pas de titre d'occupation et ne bénéficient pas des aides au logement. Il peut leur être demandé une participation financière en fonction de leurs ressources. La gestion des structures d'hébergement est assurée par une association, un CCAS ou une société d'économie mixte (SEM). Ces structures sont des établissements sociaux et médico-sociaux relevant de la loi du 2 janvier 2002 sur les droits des usagers. Ces personnes hébergées font partie des publics prioritaires des PDALPD et des commissions de médiation de la loi DALO.

Centre d'hébergement d'urgence (CHU)	Structure d'accueil temporaire de nuit pour personnes sans abri. Avec la loi DALO et le principe d'hébergement en continu, transformation progressive en hébergement de stabilisation.
Centre de stabilisation	Structure d'accueil fonctionnant 24 heures sur 24 pour personnes sans abri.

Centre d'hébergement et de réinsertion sociale (CHRS)	Structure d'accueil pour les familles ou les personnes isolées sans domicile (en général accueil spécialisé par catégorie de public) qui propose un accompagnement socio-éducatif en vue de la réalisation d'un projet global d'insertion.
Lit halte soins santé (LHSS)	Structure médico-sociale pour les personnes sans domicile ayant besoin de soins ne nécessitant pas une hospitalisation. Regroupement dans une structure unique ou inclusion de places LHSS au sein de CHRS.
Centre d'accueil pour demandeurs d'asile (CADA)	Structure d'accueil pour les étrangers pendant la durée d'instruction de leur demande d'asile. Fonctionnement identique à celui d'un CHRS.
Centre provisoire d'hébergement (CPH)	Structure d'accueil pour les réfugiés statutaires (reconnus par l'OFPRA) en difficulté d'insertion sociale et professionnelle. Fonctionnement identique à celui d'un CHRS.

À noter

Il existe également des sociétés commerciales qui peuvent héberger des personnes en grande difficulté sociale :

– les hôtels meublés conventionnés par le préfet proposent des nuitées d'hôtel. L'accueil est prévu pour quelques nuits en principe mais peut être en fait de très longue durée en raison du manque de places dans les CHRS. L'objectif de l'État est de réduire le recours à ce type de dispositif ;

– les résidences hôtelières à vocation sociale (RHVS) ou « Logirelais » sont également des hôtels agréés par le préfet mais qui offrent des conditions d'accueil de meilleure qualité et à moindre coût.

➲ Le secteur du logement adapté

Il concerne les personnes en difficulté sociale qui ne relèvent pas, ou plus, du secteur de l'hébergement, mais qui ne peuvent pas accéder à court terme à un logement autonome. Il représente une transition entre l'hébergement et le logement de droit commun. Les résidents ont un statut d'occupation et versent une redevance ou un loyer et bénéficient des aides au logement. La gestion de ces logements peut être assurée par une association, un CCAS ou une société d'économie mixte, comme ADOMA (anciennement SONACOTRA) pour les structures accueillant des migrants. À l'exception des foyers pour jeunes travailleurs, ces logements relèvent du Code de la construction et de l'habitation et ne sont pas des établissements sociaux et médico-sociaux soumis à la loi du 2 janvier 2002 sur les droits des usagers.

Résidence sociale	Structure d'accueil temporaire de personnes en difficulté sociale dans l'attente d'un logement durable. Logements privatifs et services collectifs. Possibilité de réserver 10 % des places disponibles pour l'hébergement de personnes relevant de CHRS.
Maison relais (anciennement pensions de famille)	Structure d'accueil sans limitation de durée de personnes en situation d'isolement et d'exclusion. Logements privatifs et espaces collectifs. Développement du nombre de places prévu par la circulaire du 13 janvier 2012 sur le logement d'abord.
Foyer de jeunes travailleurs (FJT)	Structure d'accueil de jeunes travailleurs de 16 à 25 ans en insertion sociale et professionnelle. Chambres individuelles, espaces collectifs et services socio-éducatifs. Transformation progressive en résidences sociales.
Foyer pour travailleurs migrants (FTM)	À l'origine, structure d'accueil de travailleurs migrants, mais possibilité actuelle d'accueil de personnes sans domicile. Chambres individuelles et espaces collectifs. Transformation progressive en résidences sociales.

À noter

Les centres maternels qui accueillent des femmes enceintes et des mères isolées avec des enfants de moins de 3 ans sont financés par le conseil départemental.

d. Les autres acteurs associés aux SIAO

Outre les gestionnaires de structures du secteur AHI, les SIAO doivent créer un réseau d'acteurs concernés et impliqués dans l'accès à l'hébergement et au logement :
- les départements et leurs services sociaux, notamment la polyvalence de secteur ;
- les communes, les EPCI et les CCAS ;
- les bailleurs sociaux et privés ;
- les hôpitaux, les prisons, les plates-formes pour demandeurs d'asile ;
- les acteurs participant au FSL, aux CCAPEX, aux commissions de médiation de la loi DALO.

Pour en savoir +…

Ouvrages et rapports

- BOUILLON Florence, *Les Mondes du squat : anthropologie d'un habitat précaire*, PUF, 2009.
- BROUSSE Cécile et al., *Les Sans-Domicile*, La Découverte, 2008.
- PINTE Etienne, *Hébergement d'urgence, quelles politiques ?*, Conférence débat de l'association Emmaüs, Éditions Rue d'Ulm, 2009.

- ROBERT Christophe, VAONI Didier, *Logement et Cohésion sociale : le mal-logement au cœur des inégalités*, La Découverte, 2007.

Études et rapports

- CNAF, *L'Hébergement institutionnel au regard d'un public inattendu : les travailleurs*, janvier 2010.
- CNIS, *Le Mal-logement*, rapport n° 126, juillet 2011.
- Cour des comptes, *L'Accueil des gens du voyage*, rapport thématique, octobre 2012.
- Cour des comptes, *La Politique publique de l'hébergement des personnes sans domicile*, rapport d'évaluation, novembre 2011.
- Cour des comptes, *Les Personnes sans domicile*, rapport thématique, La Documentation française, mars 2007.
- FNARS, *Baromètre 115*, novembre 2013.
- DREES, *Les Établissements d'hébergement pour adultes et familles en difficulté sociale*, n° 166, février 2012.
- IGAS, *Bilan de la mise en œuvre des services intégrés d'accueil et d'orientation*, rapport, février 2012.
- ONPES, *La Mortalité des personnes sans domicile en France entre 2008 et 2010*, Lettre n° 3, septembre 2013.
- PINTE Étienne, *Rapport sur l'hébergement d'urgence et l'accès au logement des personnes sans abri ou mal logées*, rapport au Premier ministre, septembre 2008.

INSEE Première

- *Être sans domicile, avoir des conditions de logement difficiles*, n° 1330, janvier 2011.
- *L'Hébergement des sans-domicile en 2012*, n° 1455, juillet 2013.
- *Une personne sur vingt s'est retrouvée sans logement personnel au cours de sa vie*, n° 1225, février 2009.

Fondation Abbé Pierre

- *Bilan de la plate-forme « Allô prévention expulsion »*, 2012.
- *Bilan du programme « 2000 toits pour 2000 familles »*, avril 2012.
- *Bilan du programme « SOS Taudis »*, octobre 2010.
- *Le Mal-logement en France*, rapport annuel 2015.

Guides

- *Guide des dispositifs d'hébergement et de logement adapté*, DGAS-DGALN, septembre 2008.
- *Lutter contre l'habitat indigne : guide de l'hébergement et du relogement*, DIHAL, septembre 2012.

14 La politique de la ville

Le secrétariat général du Comité interministériel des villes définit la politique de la ville comme « la politique mise en place par les pouvoirs publics afin de revaloriser les zones urbaines en difficulté et réduire les inégalités entre les territoires » (ville.gouv.fr).

1. L'évolution de la politique de la ville

a. Le contexte d'émergence

➲ Les années 1950 et 1960

Les années 1950 sont marquées par une pénurie de logements due à :
- la destruction de logements liée à la Seconde Guerre mondiale ;
- l'augmentation de la population (*baby-boom*, arrivée massive d'immigrés venus pour la reconstruction de la France et de rapatriés des anciennes colonies : pieds noirs, harkis).

Pour répondre à ce problème, de grands travaux de construction sont lancés dans les années 1960. Apparaissent les grands ensembles d'habitat social sous forme de tours et de barres. Ils ont deux fonctions principales :
- héberger les classes moyennes, les salariés, les travailleurs migrants ;
- résorber les îlots d'habitats insalubres comme les cités de transit.

Construits rapidement, sur des modèles standardisés et avec peu de moyens, ils ne sont pas faits pour durer mais comportent alors tout le confort moderne (eau courante, chauffage et sanitaires particuliers). L'État encourage la propriété individuelle par une politique d'aide à la pierre. Les grands ensembles représentent donc un tremplin, un ascenseur social vers l'accession à la propriété. Le *turn-over* des résidents est régulier et s'inscrit dans une logique de parcours en matière de logement.

➲ Les années 1970 et 1980 et la crise économique et sociale

La crise économique de 1973 (premier choc pétrolier) bouleverse le schéma de peuplement des grands ensembles.

Les familles les plus durement touchées par le chômage ne peuvent plus accéder à un autre type d'habitat et se trouvent « bloquées » dans ces espaces urbains.

L'immigration de travail est stoppée et remplacée par le regroupement familial. Les familles d'origine étrangère les plus pauvres vont se concentrer dans ces mêmes espaces urbains.

Vingt ans après leur construction, les grands ensembles sont totalement dégradés. Les trajectoires d'habitat des classes moyennes ne passent plus par les cités mais par les zones pavillonnaires. Les commerces et les services publics s'éloignent également de ces lieux vécus comme dangereux. Le constat d'échec de la politique urbaine des années 1950-1960 va conduire le gouvernement de l'époque à prononcer l'arrêt total de construction des grands ensembles (circulaire Guichard de 1973).

Se créent ainsi dans les années 1970-1980 des zones de relégation et d'exclusion, souvent enclavées dans un réseau routier et mal desservies par les transports publics, où se concentrent les populations cumulant les difficultés : chômage, échec scolaire, familles monoparentales, problèmes de santé… Les actes de violence et d'incivilités, le trafic de drogue, la dégradation de l'habitat vont conduire à la stigmatisation de ces banlieues. Ces quartiers vont faire l'objet d'une succession de dispositifs, de programmes, de plans regroupés sous les termes *politique de la ville*, souvent en réponse aux différents épisodes de violences urbaines provoqués par cette situation de ségrégation et de rupture du lien social.

b. Les trente années de la politique de la ville

Le dispositif actuel de la politique de la ville est le résultat d'une évolution législative et réglementaire très complexe. Sont présentées les grandes phases qui marquent l'histoire de cette politique.

➲ Les années 1980 et le développement social des quartiers (DSQ)

Les premières opérations de réhabilitation des quartiers dits sensibles portent essentiellement sur le bâti et ne règlent pas les questions d'ordres économique et social.

Suite aux violences urbaines dans le quartier des Minguettes à Venissieux, en 1981, sont mis en place les programmes de DSQ. Ils poursuivent deux types d'objectifs :
- actions de réhabilitation du bâti, d'aménagement de l'espace urbain, de désenclavement, de renforcement des services publics et de proximité ;
- actions de lutte contre la pauvreté et la précarité, insertion sociale et professionnelle, accès à l'éducation, la santé, la culture, restauration du lien social.

➲ Les années 1990 et l'institutionnalisation de la politique de la ville

Les années 1990 débutent avec les violences urbaines de Vaulx-en-Velin. Durant cette décennie, on assiste à :
– la mise en place d'une administration dédiée à la politique de la ville, avec notamment la création du ministère délégué à la Ville et des sous-préfets chargés de mission pour la politique de la ville en 1991 ;
– la contractualisation de la politique de la ville entre l'État et les communes avec la mise en place des contrats de ville et les grands projets ville en 1994 ;
– la territorialisation de la politique de la ville avec le pacte de relance pour la ville de 1996 qui crée notamment les zones urbaines sensibles (ZUS).

➲ Les années 2000, la rénovation urbaine et la cohésion sociale

Face à l'échec de la politique de la ville, les années 2000 sont marquées par l'abandon des programmes de réhabilitation au profit de programmes de rénovation urbaine (actions lourdes de démolition/reconstruction) avec la loi Borloo du 1er août 2003 d'orientation et de programmation pour la ville et la rénovation urbaine. Suite aux violences urbaines de Clichy-sous-Bois, en 2005, l'État s'engage de façon plus marquée vers la lutte contre les discriminations et les inégalités avec la création en 2004 de la **Haute Autorité de lutte contre les discriminations et pour l'égalité** (HALDE). La loi de janvier 2005 de programmation pour la cohésion sociale visant à promouvoir l'égalité de chances en matière d'emploi et de logement met en place des préfets délégués pour l'égalité des chances. Les contrats de ville deviennent les **contrats urbains de cohésion sociale** (CUCS).

La loi de mars 2006 pour l'égalité des chances crée les **contrats de responsabilité parentale** qui permettent aux présidents des conseils départementaux de demander la suppression des prestations familiales en cas d'absentéisme scolaire, mesure qui sera très peu utilisée par les départements majoritairement à gauche.

La décennie se termine avec le plan « Espoir banlieues » qui se solde également par un échec.

➲ La loi de programmation du 21 février 2014

Le bilan de la Cour des comptes intitulé *La Politique de la ville : une décennie de réformes,* du 17 juillet 2012, fait état, une fois de plus, de l'échec de cette politique qui n'a toujours pas réussi à réduire les inégalités avec un taux de chômage deux fois plus élevé et un taux de pauvreté monétaire trois fois plus élevé que dans les territoires non classés en politique de la ville.

Le rapport met en cause trois aspects :
– le manque d'articulation entre les dispositifs de rénovation urbaine d'une part et les dispositifs d'accompagnement social d'autre part ;

– la trop grande dilution des interventions sur des territoires trop nombreux ;
– le manque de lisibilité d'un dispositif trop complexe avec notamment un empilement de zones d'intervention.

La loi de programmation du 11 février 2014 définit **quatre grands axes de travail** :
– le développement de la participation des habitants ;
– la refonte de la géographie prioritaire avec la suppression des ZUS ;
– la mise en place d'un contrat de ville de nouvelle génération qui remplace les anciens contrats, notamment les CUCS ;
– la définition d'un programme de renouvellement urbain permettant une meilleure coordination des dispositifs.

2. Les caractéristiques de la politique de la ville

a. Une politique globale et transversale

La politique de la ville consiste en l'élaboration et la mise en œuvre de projets transversaux de développement global portant sur **cinq axes prioritaires** :
– habitat et cadre de vie ;
– emploi et développement économique ;
– éducation ;
– citoyenneté et prévention de la délinquance ;
– santé.

L'intégration, la lutte contre les discriminations et l'accompagnement de la jeunesse sont des objectifs pris en compte de façon transversale dans chacun de ces cinq axes.

b. Une politique partenariale et participative

La politique de la ville repose sur un **partenariat local**. Elle est conduite principalement par les services déconcentrés de l'État et la (ou les) commune(s) (ou EPCI) concernée(s). Peuvent également intervenir d'autres institutions partenaires qui varient en fonction des projets (les régions, les départements, les CAF, les associations, les entreprises, les organismes de protection sociale...).

La **participation des habitants** est l'une des conditions requises pour l'élaboration et la mise en œuvre de la politique de la ville. Les enjeux sont multiples :
– valoriser les initiatives des habitants et lutter contre le sentiment de relégation et d'exclusion ;
– assurer la légitimité de la politique mise en œuvre ;
– renforcer les conditions d'accès aux droits et mieux répondre aux besoins des usagers.

La **gestion urbaine de proximité** (GUP) est une démarche visant à améliorer de manière durable la qualité de vie des habitants, à renforcer l'attractivité des quartiers et à impliquer les habitants à tous les stades des projets.

Cependant cette participation est parfois illusoire car le terme recouvre différentes réalités (implication, concertation, coopération, information...). La loi de 2014 inscrit pour la première fois le principe de co-construction de la politique de la ville avec les habitants. Des **conseils citoyens** seront mis en place dans tous les quartiers prioritaires. Des représentants des habitants et des associations siègeront au **Conseil national des villes** (CNV).

c. Une politique territoriale et prioritaire

La politique de la ville ne s'applique pas à l'ensemble du territoire national mais à des territoires délimités en fonction d'indicateurs économiques et sociaux définis comme prioritaires. Elle concerne des zones géographiques qui bénéficient d'un traitement spécifique échappant au droit commun. La politique territoriale implique donc une géographie prioritaire et une discrimination positive (et peut-être un risque de stigmatisation et de renforcement de l'exclusion).

Le périmètre du zonage a évolué. Centré sur les quartiers dans les années 1980, il s'est élargi à la ville dans les années 1990 pour prendre en compte l'agglomération dans les années 2000. Le pacte de relance pour la ville de 1996 avait défini trois catégories de zones en entonnoir.

La loi de 2014 supprime ces différentes zones pour n'en retenir qu'une. Les financements seront désormais concentrés sur 1 200 quartiers désignés sur un critère unique calculé à partir du revenu moyen des habitants. L'objectif est de réduire les écarts entre les quartiers prioritaires et ceux qui ne le sont pas.

Ce découpage se superpose à d'autres zones, comme les réseaux d'éducation prioritaire (REP) de l'Éducation nationale (anciennement zones d'éducation prioritaire – ZEP) qui bénéficient de moyens, financiers et en personnel, supplémentaires.

d. Une politique contractuelle

La politique de la ville est formalisée par une contractualisation entre les différents acteurs impliqués par la mise en œuvre des programmes dans les zones concernées.

En 1984 sont signées les conventions DSQ. Elles seront remplacées en 1994 par les contrats de ville puis par les contrats d'agglomération. En 2007, ils céderont leur place aux contrats urbains de cohésion sociale (CUCS), qui ont pour objectif l'articulation et la coordination de l'ensemble des dispositifs et des acteurs concernés sur le territoire. La loi de 2014 supprime les CUCS et les remplace par un **contrat de ville unique et global à l'échelle intercommunale**.

Pour assurer le pilotage technique des contrats, les communes ont mis en place des **maîtrises d'œuvre urbaine et sociale** (MOUS), équipes pluridisciplinaires conduites par des chefs de projet.

3. Les acteurs de la politique de la ville

Les habitants des communes participent à la construction de la politique de la ville, notamment dans le cadre des conseils de quartier et les conseils de citoyens.

a. L'État, maître-d'œuvre de la politique de la ville

Il intervient à un double niveau, central et local.

Niveau central	**Ministère délégué à la Ville** (appellations différentes en fonction des gouvernements ; actuellement secrétariat d'État à la Politique de la ville) : institué en 1990, il définit les grandes orientations de la politique de la ville, anime et coordonne l'action du gouvernement en matière de politique de la ville.
	Le **Conseil national des villes** (CNV), instance de réflexion et de proposition sur les grandes orientations en matière de politique de la ville. Le **Comité interministériel des villes** (CIV), instance de décision qui anime et coordonne les politiques des différents ministères en matière de politique de la ville. Le **secrétariat général du comité interministériel des villes** (SGCIV) qui a remplacé en 2009 la délégation interministérielle à la ville (DIV), instance de préparation et d'exécution des délibérations du CIV. L'**Agence nationale pour la rénovation urbaine** (ANRU) qui aide les collectivités territoriales et les organismes d'HLM à réaliser leurs projets de rénovation urbaine. L'**Agence nationale pour la cohésion sociale et l'égalité des chances** (ACSE) qui finance les projets en faveur de l'intégration et de la lutte contre les discriminations. L'**Observatoire national des zones urbaines sensibles** (ONZUS) qui mesure l'évolution des inégalités dans les ZUS.
Niveau territorial	Les **préfets des départements** concernés par la politique de la ville. Les **sous-préfets** chargés de mission pour la politique de la ville qui coordonnent les différents services déconcentrés de l'État et représentent l'État dans le cadre du partenariat local. Les **préfets délégués à l'égalité des chances** (créés en 2006 dans cinq territoires : Bouches-du-Rhône, Nord, Essonne, Seine-Saint-Denis et Val-d'Oise) qui assistent le préfet de département pour toutes les missions concourant à la coordination et à la mise en œuvre de la politique du gouvernement en matière de cohésion sociale, d'égalité des chances et de lutte contre les discriminations.
	Les **directions régionales et départementales** des autres ministères sont également impliquées en fonction des cinq axes de la politique de la ville : Justice, Police, Éducation nationale, Affaires sociales, Santé...

b. Les acteurs locaux

➲ Les communes, partenaires privilégiés de l'État

Si l'État pilote la politique de la ville, celle-ci est nécessairement mise en œuvre au niveau local. La commune (ou les EPCI) est donc le partenaire contractuel incontournable de l'État. Ainsi, tous les dispositifs de la politique de la ville s'organisent autour du binôme préfet/maire. Sont plus particulièrement concernées les communes situées en ZUS.

Les CCAS peuvent également intervenir à ce niveau.

➲ Les régions et les départements

Les régions sont impliquées de par leurs compétences en matière de transports et de formation professionnelle. Les départements le sont également en raison de leurs compétences en matière d'action sociale et en tant que chefs de file de l'insertion sociale et professionnelle. Ils peuvent à ce titre mobiliser leurs services de polyvalence, de l'ASE et de PMI.

➲ Les CAF

Les missions des CAF s'inscrivent naturellement dans la politique de la ville :
- logement et habitat ;
- animation de la vie sociale, du loisir et des vacances ;
- accompagnement social des familles et soutien à la parentalité ;
- insertion sociale des jeunes.

➲ Les associations

Toutes les associations intervenant dans le champ des axes prioritaires de la politique de la ville ont vocation à devenir des partenaires au plan local : associations caritatives (comme le Secours populaire), humanitaires (Médecins du monde dans le cadre de l'accès aux soins), intervenant dans l'insertion par le RSA, l'accompagnement social lié au logement (ASLL), la culture, la citoyenneté…

Parmi tout le tissu associatif, les associations dites de proximité jouent un rôle essentiel. Il s'agit notamment d'associations issues de l'immigration ou « communautaires ».

➲ Les entreprises

Les entreprises ordinaires, mais aussi tout le secteur de l'insertion par l'activité économique (IAE) et les commerces de proximité peuvent être associés à des projets en matière d'emploi et de gestion sociale de proximité.

➲ Les bailleurs

Les organismes HLM et les bailleurs privés sont associés dans le cadre des opérations de rénovation urbaine et d'amélioration du bâti et du cadre de vie.

À noter

La loi de programmation du 11 février 2014 rappelle que les habitants des quartiers doivent être associés à une démarche participative.

Pour en savoir +…

Ouvrages

- AVENEL Cyprien, *Sociologie des quartiers sensibles*, Armand Colin, 2010.
- CHALINE Claude, *Politiques de la ville*, PUF, 2010.
- KOKOREFF Michel, LAPEYRONNIE Didier, *Refaire la cité : l'avenir des banlieues*, Seuil, 2013.
- LAPEYRONNIE Didier, *Ghetto urbain, ségrégation, violence, pauvreté en France aujourd'hui*, Robert Laffont, 2008.

Rapports

- BACQUE Marie-Hélène, MECHMACHE Mohamed, *Pour une réforme radicale de la politique de la ville*, juillet 2013.
- BLANCHARD Pascal, *Histoires, patrimoine et mémoire dans les territoires de la politique de la ville*, octobre 2013.
- CIV, *La Gestion urbaine de proximité : une ambition et une pratique au service des habitants du quartier*, décembre 2009.
- LAURENT Éloi, *Vers l'égalité des territoires : dynamiques, mesures, politiques*, La Documentation française, 2013.
- ORIV, *La Gestion urbaine de proximité*, septembre 2008.
- ORIV, *La Politique de la ville en France : fondements, évolutions et enjeux*, novembre 2012.
- SGCIV, *Panorama pratique de la politique de la ville*, base de données, juin 2012.

Site Internet du ministère délégué à la Ville (www.ville.gouv.fr)

- Version commentée de la loi du 21 février 2014 de programmation pour la ville et la cohésion urbaine, février 2014.
- « La nouvelle politique de la ville : agir pour les habitants des quartiers populaires », décembre 2013.
- « Quartiers : engageons le changement », 2014.

15 La politique de santé publique

L'Organisation mondiale de la santé (OMS) définit la santé comme « un état de complet bien-être physique, mental et social et qui ne consiste pas seulement en une absence de maladie ou d'infirmité ».

La politique de santé publique poursuit un **double objectif** :
– **préventif** avec la réduction des risques sanitaires liés soit aux comportements humains, soit à l'environnement ;
– **curatif** avec le traitement des problèmes de santé et l'organisation du système de soins.

1. L'évolution de la politique de santé publique

a. Le contexte d'émergence

Il s'agit d'une politique ancienne tout d'abord centrée sur la prévention des épidémies. La **loi du 15 février 1902**, première loi de santé publique, définit les missions des communes et des départements en matière d'hygiène publique.

Un **ministère de la Santé** est créé en 1920 et un **Code de la santé publique** voit le jour en 1953.

b. Les agences sanitaires

Dans les années 1980, l'épidémie de Sida, les affaires du sang contaminé, des hormones de croissance, de la « vache folle » et de l'amiante mettent à jour les défaillances d'un système de santé publique caractérisé par :

– la primauté de l'aspect curatif sur la prévention ;

– la protection des intérêts économiques parfois au détriment des intérêts de la population.

À partir des années 1990, se développe alors une culture du risque sanitaire qui aboutit à la création d'établissements publics indépendants, les **agences sanitaires**.

L'organisation de ces agences répond aux exigences de sécurité sanitaire, comme les principes de précaution et de transparence et de stricte séparation entre les agences sanitaires et les institutions qui font de la recherche ou qui commercialisent un produit.

Les missions dévolues à ces agences sont multiples :
- rôle d'**expertise** et de **surveillance**, comme l'Institut de veille sanitaire (INVS) ;
- rôle de **gestion** de certains produits, comme l'Établissement français du sang (EFS) ;
- rôle de **contrôle** et de **sanction**, comme l'Agence nationale de sécurité du médicament (ANSM).

c. Les droits des malades

Au début des années 2000, se développe l'idée que les usagers ont des droits et que ceux-ci doivent être garantis par des outils formalisés sur le plan juridique.

La **loi de rénovation sociale du 2 janvier 2002**, qui crée de nouveaux droits pour les usagers du secteur social et médico-social, est suivie par la loi relative aux droits des patients et à la qualité du système de santé du **4 mars 2002**, dite **loi Kouchner**.

Cette loi crée à son tour des droits pour les usagers du secteur sanitaire. Elle rappelle le droit à la dignité, à la non-discrimination, au respect de la vie privée et à la confidentialité. Elle organise le droit à l'information, l'expression et la participation du malade à son projet de soins. Elle permet l'accès direct du patient à son dossier médical et subordonne les soins au consentement libre et éclairé du malade. Elle accorde une place importante aux associations d'usagers du système de soins.

La loi sur les droits des malades en fin de vie du 22 avril 2005 reconnaît le droit au refus de soins et prévoit la possibilité de directives anticipées permettant de mettre fin à la poursuite des soins lorsque le patient n'est plus en capacité d'exprimer sa volonté.

d. La loi du 4 août 2004 relative à la politique de santé publique

Si la France se place parmi les premiers pays du monde en ce qui concerne l'espérance de vie et la qualité de son système de santé, les indicateurs de santé publique mettent en évidence un double paradoxe :
- les personnes de moins de 65 ans connaissent une surmortalité liée à certains comportements (tabac, alcool, suicide...) ;
- il existe de très fortes disparités socio-économiques et géographiques en matière d'accès aux soins et donc une surmortalité de certaines catégories sociales.

Afin de réduire le taux de mortalité prématurée et les inégalités de santé, l'État décide de mettre en place une politique globale de santé publique alliant la prévention et le soin. La loi du 9 août 2004 est la deuxième générale loi de santé publique après celle de 1920. Elle se fixe **cinq grands principes** (règle des 5 R) :

– **responsabilité** : l'État se déclare garant de la protection de la santé de l'ensemble de la population et affirme sa responsabilité en matière de définition de la politique de santé publique ;
– **rationalisation** : la loi fixe 100 objectifs pluriannuels de santé publique qui se traduisent par l'élaboration de plans ou de programmes stratégiques nationaux, comme le plan cancer, le plan maladies rares, le plan maladies chroniques… ;
– **régionalisation** : la planification des actions de l'État s'effectue au niveau régional par la définition d'un plan régional de santé publique (PRSP) ;
– **réseau** : l'État organise un réseau de partenaires articulant les acteurs de santé du secteur sanitaire et du secteur médico-social ;
– **résultats** : l'État évalue les résultats de sa politique sur l'état de santé de la population tous les 5 ans et réoriente ses actions.

e. La loi HPST (hôpital, patients, santé et territoires) du 21 juillet 2009

Cette loi a un champ d'application très large et concerne le secteur hospitalier, la médecine de ville et le secteur médico-social. Elle a pour objectif une meilleure articulation entre la médecine hospitalière et la médecine de ville, le secteur sanitaire et le secteur médico-social, la prévention et les soins.

Elle comprend quatre axes :
– la réorganisation du secteur hospitalier avec une mutualisation des moyens et la mise en place d'une nouvelle gouvernance de l'hôpital ;
– la meilleure répartition des soins de ville et l'organisation d'une permanence des soins dans chaque région ;
– une amélioration de la prévention et la généralisation de l'éducation thérapeutique du patient ;
– la création des agences régionales de santé (ARS) chargées de mettre en œuvre la politique de santé publique sur le plan régional.

2. Les acteurs de santé publique

a. L'État responsable de la politique de santé publique

L'État exerce les missions suivantes :
– prévention, veille et sécurité sanitaires, lutte contre les fléaux sociaux ;
– organisation et répartition de l'offre de soins sur le territoire ;
– formation des professionnels de santé et contrôle de la qualité de l'offre de soins ;
– tutelle des organismes de protection sociale.

Il intervient à un double niveau, national (avec l'appui des agences sanitaires) et régional.

Niveau central	**Ministère chargé de la Santé et directions centrales** La **Direction générale de la santé** (DGS) : veille et sécurité sanitaires. La **Direction de l'hospitalisation et de l'organisation des soins** (DHOS) : gestion des ressources sanitaires. La **Direction de la Sécurité sociale** (DSS) : tutelle des organismes de Sécurité sociale.
	Agences sanitaires Le **Haut conseil de la santé publique** (HCSP) : instance qui contribue à la conception et à l'évaluation des objectifs pluriannuels de santé publique et qui apporte son expertise à la gestion des risques sanitaires. La **Conférence nationale de santé publique** (CNSP) : lieu de concertation des représentants des acteurs de la santé publique qui analysent les besoins et formulent des propositions en vue d'améliorer le système de santé. Les **agences de veille et de sécurité sanitaire** : Haute autorité de santé (HAS), Institut national de veille sanitaire (INVS)... Les **instituts de recherche et de formation** : Institut national de la santé et de la recherche médicale (INSERM), Institut national de prévention et d'éducation pour la santé (INPES), École des hautes études en santé publique (EHESP)...
Niveau régional	**Agences régionales de santé (ARS)** Mise en œuvre de la politique de santé publique de l'État sur le plan régional ; élaboration du plan régional de santé publique (PRSP) ; organisation de la veille et de la sécurité sanitaires ; gestion des crises sanitaires ; régulation de l'offre de soins (médecine hospitalière et médecine de ville) et médico-sociale.
	Conférence régionale de la santé et de l'autonomie (CRSA) Organisme consultatif créé par la loi HPST, la CRSA donne son avis sur le PRSP et sur les projets de schémas régionaux de prévention, d'organisation des soins et d'organisation médico-sociale. Elle établit un rapport annuel sur le respect des droits des patients qu'elle transmet à la CNSP. Elle détermine les questions de santé qui donnent lieu aux débats publics qu'elle organise.

b. Le secteur sanitaire

Il concerne les établissements et services sanitaires ainsi que les praticiens libéraux.

Service public hospitalier	**Établissements publics**	Centres hospitaliers régionaux (CHR) et centres hospitaliers régionaux universitaires (CHRU)
		Centres hospitaliers généraux (CHG) et centres hospitaliers spécialisés en psychiatrie (CHS)
		Hôpitaux locaux dans les petites villes et zones rurales
	Établissements privés à but non lucratif	Hôpitaux privés gérés par des associations, des fondations ou des mutuelles
Établissements privés à but lucratif		Cliniques privées gérées par des sociétés commerciales conventionnées ou non conventionnées par la Sécurité sociale

Ces établissements proposent également des services de soins à domicile, comme l'hospitalisation à domicile (HAD), les services de soins infirmiers à domicile (SSIAD), ainsi que des soins ambulatoires, notamment dans le secteur de la psychiatrie avec les centres médico-psychologiques (CMP), les hôpitaux de jour...

Les praticiens libéraux comprennent les professions médicales (médecins, pharmaciens, dentistes et sages-femmes), les professions paramédicales (infirmiers, aides-soignants, puéricultrices et auxiliaires de puériculture) et les professions de la rééducation (masseur-kinésithérapeutes, ergothérapeutes, psychomotriciens, orthophonistes, orthoptistes, diététiciens et pédicures-podologues).

c. Le secteur médico-social

Il comprend les établissements et services médico-sociaux (ESSMS) gérés le plus souvent par le secteur associatif.

ESSMS pour enfants handicapés	Instituts médico-éducatifs (IME) Sservices d'éducation spéciale et de soins à domicile (SESSAD) Centres d'action médico-sociale précoces (CAMSP)
ESSMS pour adultes handicapés	Foyers d'accueil médicalisés (FAM) Maisons d'accueil spécialisées (MAS) Services d'accompagnement médico-social pour adultes handicapés (SAMSAH)
ESSMS pour personnes âgées dépendantes	Établissements d'hébergement pour personnes âgées dépendantes (EHPAD) Cantous et unités pour malades d'Alzheimer
Autres ESSMS	Centres de soins, d'accompagnement et de prévention en addictologie (CSAPA) Centres d'accueil et d'accompagnement à la réduction des risques chez les usagers de drogues (CAARRUD) Lits halte soins santé (LHSS) pour les personnes sans domicile

d. Les organismes de protection sociale

Ils permettent l'accès aux soins grâce au financement des frais de santé, d'hospitalisation et de prise en charge dans les structures médico-sociales.

La Sécurité sociale finance l'assurance maladie, l'assurance invalidité et l'assurance accidents du travail.

À noter

Les caisses d'assurance retraite et de santé au travail (CARSAT) ont un rôle particulier et proposent une action sociale de prévention et de lutte contre les accidents du travail et les maladies professionnelles.

Les mutuelles financent, en tout ou partie, la part des frais non pris en charge par la Sécurité sociale.

Pour en savoir +...

- LAFARGE Éric, DEBIEVE Hélène et NICOLLET Zhour, *Aide-mémoire santé publique*, Dunod, 2013.

16 La toxicomanie et les addictions

Dans son rapport technique de 2003, l'Organisation mondiale de la santé définit la toxicomanie comme un « état de dépendance physique et/ou psychique qui s'établit à la suite de l'utilisation continue et longue d'un produit psychotrope ». Elle définit les addictions comme « un état de dépendance périodique ou chronique à des substances ou à des comportements ».

1. L'évolution de la politique sociale en matière de toxicomanie et d'addictions

a. Les années 1970 : l'émergence d'une nouvelle politique sociale

L'augmentation du nombre d'usagers de drogues conduit les pouvoirs publics à légiférer dans ce domaine. Le cadre légal de la politique de lutte contre la toxicomanie est défini dans la loi du 31 décembre 1970. La **toxicomanie** est considérée à la fois comme un **délit pénal** et un **problème de santé publique**, l'usager de drogues comme un délinquant et un malade. La loi s'articule autour de deux axes :

– le **traitement pénal** des trafiquants de drogue (lutte contre les réseaux de vente et le blanchiment d'argent) et des toxicomanes (création du délit d'usage) ;

– le **traitement médical** des toxicomanes (gratuité des soins et anonymat des usagers en traitement).

La loi propose une alternative aux usagers de drogue entre sanction pénale et prescription d'un traitement thérapeutique (injonction thérapeutique).

Le secteur associatif développe des structures spécialisées comme les centres d'accueil et de postcure, les appartements thérapeutiques, les centres de soins spécialisés en toxicomanie (CSST).

Deux sortes de prises en charge se dessinent :

– la première propose une prise en charge d'orientation psychanalytique et s'adresse alors essentiellement à des usagers demandeurs de soins et prêts à s'engager dans une démarche de sevrage, ce qui laisse de côté un grand nombre d'usagers de drogues. C'est par exemple le cas du centre Marmottan, dirigé par le docteur Olivenstein ;

– la seconde, moins répandue, concerne les communautés thérapeutiques d'inspiration comportementaliste, comme celle du Patriarche.

b. Les années 1980 : vers une politique de réduction des risques de drogues

Deux éléments vont conduire les pouvoirs publics à changer d'orientation. On assiste, d'une part, à un débat sur la frontière entre trafic et usage de drogues et sur la dépénalisation des drogues douces ; d'autre part, la population toxicomane est largement victime de la contamination par le virus du Sida.

Sans pour autant abandonner la politique de lutte contre la drogue, l'État se dirige plutôt vers une politique de **réduction des risques sanitaires** liés à la consommation de drogues. Il s'agit notamment de limiter les risques de contamination par le Sida ou l'hépatite C et d'inciter les usagers de drogue à s'inscrire dans un processus thérapeutique. La **Mission permanente de lutte contre la toxicomanie** est créée en 1982. Des programmes expérimentaux de distribution de médicaments de substitution (méthadone puis Subutex®) et d'échanges de seringues se développent. À partir de 1987, les seringues sont en vente libre. L'Éducation nationale s'implique dans la prévention des toxicomanies à l'école et une antenne toxicomanie est créée dans les maisons d'arrêt.

c. Les années 1990 : la généralisation de la politique de réduction des risques de drogues

On sort de l'expérimentation avec la généralisation des programmes de distribution de traitements de substitution dans tous les centres de soins spécialisés et en médecine de ville.

Le lien entre toxicomanie et précarité apparaît de plus en plus nettement. On élargit donc les objectifs de prise en charge à l'aide à l'insertion ou la réinsertion sociale.

Le **plan de lutte contre la toxicomanie de 1995** s'articule autour de **quatre axes prioritaires** :

– diversification des modes de prise en charge par les centres de soins spécialisés ;

– développement de réseaux comme les réseaux « ville-hôpital toxicomanie » ;

– amélioration de la prise en charge en hôpital ;

– adaptation de la prise en charge en milieu pénitentiaire, moment propice pour initier une démarche de soins.

Durant cette période, la consommation d'héroïne par voie intraveineuse baisse de façon considérable.

d. Les années 2000 : la lutte contre les conduites addictives

La consommation de cannabis et la polytoxicomanie se développent ainsi celle des drogues de synthèse, comme l'ecstasy. Elle est souvent associée à la musique techno et aux *rave parties* et touche une nouvelle population de jeunes insérés socialement. Par ailleurs, la France est le premier pays consommateur de médicaments psychoactifs.

Les conduites psychoactives sont responsables de nombreux décès et génèrent des handicaps, des problèmes familiaux et professionnels, des actes de violence et de délinquance, de la précarité et de la pauvreté, ainsi qu'un coût social et financier important. Il y a donc un véritable enjeu de santé publique.

L'association de produits légaux et illégaux conduit à une adaptation des politiques de prévention centrée non plus sur le produit mais sur le comportement. Comme les politiques en faveur des personnes âgées et handicapées deviennent des politiques transversales autour de l'autonomie et de la dépendance, qu'elle qu'en soit l'origine, les politiques de lutte contre la toxicomanie et les addictions (alcoolisme, tabagisme, médicaments) sont également envisagées quel que soit le produit consommé. La lutte s'oriente vers la prévention et la prise en charge des conduites addictives qui sont définies de la façon suivante :
- les **addictions consommatrices** de substances psychoactives, quel que soit le statut légal du produit (licite ou pas) ;
- les **addictions comportementales** (jeu pathologique, cyberaddiction, conduites alimentaires...).

Le **plan triennal 1999/2002 de lutte contre la drogue et les toxicomanies** vise à coordonner les actions des différents ministères impliqués et prévoit :
- l'amélioration du dispositif national d'observation du phénomène de la toxicomanie avec la création de l'Observatoire français des drogues et des toxicomanies (OFDT) ;
- une politique d'information du grand public ;
- la prise en charge précoce des usagers de drogues, d'alcool, de tabac et de médicaments ;
- une meilleure articulation des politiques pénales et des politiques sanitaires et sociales.

Cette approche globale incluant produits licites et illicites provoque un tollé notamment dans le milieu viticole et se révèle difficile à mettre en œuvre. Le plan quinquennal 2004/2008 qui suit prévoit des objectifs prenant en compte les spécificités de chaque type de produit.

La **loi du 2 janvier 2002** rénovant l'action sociale et médico-sociale crée les **centres de soins, d'accompagnement et de prévention en addictologie** (CSAPA) en fusionnant les centres spécialisés de soins aux toxicomanes (CSST) et les centres de cure ambulatoire en alcoologie (CCAA).

La **loi du 9 août 2004** relative à la politique de santé publique donne un cadre légal au dispositif de réduction des risques et crée les **centres d'accueil et d'accompagnement à la réduction des risques chez les usagers de drogue** (CAARRUD) issus du regroupement des différents dispositifs de réduction des risques (équipes mobiles, programmes d'échanges de seringues, boutiques, bus, *sleep in*...).

Par ailleurs, la **loi du 5 mars 2007** relative à la prévention de la délinquance alourdit les sanctions pénales en matière d'usage de produits stupéfiants et prévoit des stages de sensibilisation, aux dangers du cannabis notamment.

e. Les années 2010 : l'institutionnalisation des structures spécialisées

Le plan 2007/2011 pour la prise en charge et la prévention des addictions affirme la responsabilité de l'État dans ce domaine et stabilise le statut et le financement des structures spécialisées en matière de toxicomanie en leur conférant officiellement le statut d'établissement médico-social.

Il prévoit un dispositif à trois niveaux :

- le niveau I assure des réponses de proximité (sevrage simple) ;
- le niveau II est spécifiquement addictologique et propose des prises en charge spécialisées pour des patients posant des problèmes médicaux particuliers ;
- le niveau III concerne les centres d'addictologie universitaires régionaux, lieux de ressources, de formation et de recherche.

2. Les acteurs de la lutte contre la toxicomanie et les addictions

a. L'État

L'État est la collectivité publique compétente en matière de prévention et de lutte contre les toxicomanies et les conduites addictives. Cette action s'inscrit dans le cadre plus général de sa politique de santé publique.

La **mission interministérielle de lutte contre la drogue et les conduites addictives** (MILDECA) remplace, depuis 2014, la mission interministérielle de lutte contre la drogue et la toxicomanie (MILDT). Elle est placée sous l'autorité du Premier ministre et appuie l'État dans sa politique de lutte contre la toxicomanie et les conduites addictives. Elle prépare les plans de santé publique en matière de drogues et d'addictions.

Elle finance deux GIP :

- l'Observatoire français des drogues et des toxicomanies (OFDT) ;
- le Centre interministériel de formation anti-drogue (CIFAD).

La mise en œuvre locale de la politique de l'État en matière de prévention, de soins et d'insertion est assurée par le secteur sanitaire et le secteur médico-social, avec notamment les CSAPA et les CAARRUD.

b. Les CSAPA

Il s'agit de structures dites « à haut seuil d'exigence » car elles concernent une population prête à s'engager dans un processus de soins. Elles ont pour objectif de limiter les risques sanitaires et sociaux et de contribuer au processus de soins.

Leurs principales missions sont :

- l'accueil, l'information et l'orientation des usagers et de leur entourage ;
- la prise en charge thérapeutique à la fois médicale (bilans de santé, sevrage, prescription et suivi des traitements, notamment les traitements de substitution...) et psychologique (psychothérapies, groupes de parole...) ;
- la prise en charge sociale (accès aux droits, accompagnement vers l'insertion sociale et professionnelle...) et éducative (actions de réduction des risques...).

Les CSAPA interviennent selon différentes modalités :

- prise en charge ambulatoire ou avec hébergement individuel (appartements thérapeutiques) ou collectif ;
- accueil anonyme et gratuit basé sur le volontariat ou suite à une orientation judiciaire (injonction de soins).

c. Les CAARRUD

Il s'agit de structures dites « à bas seuil d'exigence » car elles s'adressent aux usagers les plus marginalisés qui ne sont pas engagés dans une démarche de soins et que leur comportement expose à des risques majeurs (notamment l'infection à l'hépatite C).

Leurs missions sont les suivantes :

- l'accueil, l'information et l'orientation des usagers de drogue ;
- la mise à disposition de matériel de prévention des infections ;
- l'accompagnement des usagers dans l'accès aux soins, aux droits, au logement et à l'insertion sociale et professionnelle.

Les CAARRUD vont à la rencontre des usagers via des équipes de rue et exercent des actions de médiation sociale pour s'assurer d'une bonne intégration dans les quartiers sensibles.

À noter

Il faut également penser aux centres d'accueil de cure et de postcure, aux services d'hébergement thérapeutiques, aux réseaux « ville-hôpital » spécialisés en addictologie et aux centres d'information régionaux sur les drogues et les dépendances (CIRDD).

Pour en savoir +…

Consulter les publications de l'OFDT sur le site ofdt.fr/publications et notamment :

- *Drogues et addictions : données essentielles*, 2013.

17 La santé mentale et la psychiatrie

Le **Plan de psychiatrie et de santé mentale** 2011-2015 (PPSM) définit la santé mentale en fonction des trois axes suivants.

« La **santé mentale** s'intéresse à l'ensemble des déterminants de santé mentale conduisant à améliorer l'épanouissement personnel. » Elle concerne l'ensemble de la population.

« La **détresse psychologique réactionnelle** correspond aux situations éprouvantes et aux difficultés existentielles. » Elle concerne environ 27 % de la population.

« Les **troubles psychiques** se réfèrent à des classifications diagnostiques renvoyant à des critères, à des actions thérapeutiques ciblées qui correspondent à des troubles de durée variable plus ou moins sévères. » 6 % de la population est concernée.

Le rapport de la Cour des comptes de décembre 2011 sur l'organisation des soins psychiatriques estime que les pathologies psychiatriques se situent au troisième rang des maladies les plus fréquentes, après le cancer et les maladies cardio-vasculaires, et sont la première des causes d'arrêts de travail de longue durée et des invalidités.

Les différentes représentations de la maladie mentale ont dicté la façon dont elle a été prise en charge à travers les siècles. Jusqu'au XXe siècle, les « fous » sont internés dans des asiles. Ce n'est qu'à partir des années 1970 que les pouvoirs publics envisagent une autre manière de traiter la maladie mentale avec la prise en charge ambulatoire. Il existe donc actuellement deux modes de prise en charge des malades mentaux : l'**hospitalisation psychiatrique** et la **sectorisation psychiatrique**.

L'organisation générale du secteur est actuellement définie par le Plan de psychiatrie et de santé mentale 2011-2015.

1. L'hospitalisation psychiatrique

a. La loi du 30 juin 1838, dite loi des aliénés

Jusqu'au XIXe siècle, très peu d'établissements sont réservés aux malades mentaux. Ils sont en général internés dans les hôpitaux généraux dans des conditions le plus souvent déplorables. Deux médecins vont être à l'origine de la loi de 1838, Esquirol et Ferrus, tous deux élèves de Pinel, le père de la médecine psychiatrique.

Promulguée sous Louis-Philippe, cette loi définit pour la première fois l'institution psychiatrique et la prise en charge des malades mentaux. Elle répond à **trois objectifs** :
- créer un établissement psychiatrique dans chaque département ;
- améliorer les conditions d'internement ;
- préciser les modalités d'internement avec deux formes d'hospitalisation : le placement volontaire et le placement d'office à la demande d'un tiers ou du préfet.

Cette loi, qui n'évitera pas les internements arbitraires, restera en vigueur jusqu'en 1990.

b. La loi du 27 juin 1990

Cette loi a pour objectif de garantir les droits et la protection des personnes hospitalisées en raison de troubles mentaux.

Pour ce faire, elle précise trois modes d'hospitalisation à temps plein :
- l'**hospitalisation libre**, régime dans lequel le patient consent à son hospitalisation et peut y mettre fin à tout moment ;
- l'**hospitalisation à la demande d'un tiers**, qui permet de faire hospitaliser une personne dont les troubles rendent impossible le consentement et qui nécessitent des soins immédiats et une surveillance ;
- l'**hospitalisation d'office**, qui concerne les personnes se mettant en danger ou qui représentent un danger pour l'ordre public.

Dans les deux derniers cas, et ce afin d'éviter les internements arbitraires, il est nécessaire de produire deux certificats médicaux établis par des médecins, qui ne sont ni parents ni alliés du patient, et dont l'un deux ne fait pas partie de l'établissement d'hospitalisation.

c. La loi du 5 juillet 2011 relative aux soins psychiatriques

Cette loi réforme en profondeur l'esprit de la loi de 1990. Désormais, les soins psychiatriques peuvent être dispensés de deux manières :
- **librement** quand le patient est consentant ;
- **sous contrainte** dans le cas contraire.

Les soins sous contrainte peuvent être réalisés selon deux modalités :
- dans le cadre d'une hospitalisation ;
- sous forme ambulatoire avec éventuellement des hospitalisations temporaires.

Avant d'imposer les soins sous contrainte, la loi prévoit une période d'hospitalisation à temps complet de 72 heures décomposées comme suit :
- dans les premières 24 heures, un médecin psychiatre doit réaliser un examen et établir un certificat médical attestant de la nécessité ou non de mettre en place des soins sous contrainte ;
- par la suite, un second certificat, pouvant émaner du même médecin, doit confirmer ou non le premier certificat.

Le juge des libertés et de la détention (JLD) effectue un contrôle dans les 15 jours qui suivent la décision de soins sous contrainte. Ce contrôle est renouvelé tous les 6 mois.

La loi met également en place une **procédure de suivi renforcé** pour certains patients :
- patients ayant fait l'objet d'une décision pénale d'irresponsabilité ;
- patients hospitalisés en unités pour malades difficiles (UMD) ;
- patients hospitalisés sur demande du préfet pour trouble de l'ordre public.

Un collège, constitué par le psychiatre qui suit le patient, un représentant de l'équipe médicale participant à la prise en charge du patient et un psychiatre ne suivant pas le patient, donne son avis au JLD en cas de modification des soins et au JLD et au préfet en cas de sortie d'hospitalisation.

d. Les enjeux de la loi de 2011

En remplaçant l'hospitalisation sous contrainte par des soins psychiatriques sous contrainte, la loi impose au patient de se soumettre à une prescription médicale et oblige l'équipe soignante à rendre compte du respect ou non du traitement par le patient. Cette loi s'inscrit ainsi dans une logique sécuritaire. Elle appréhende en quelque sorte le patient comme un délinquant potentiel. Ce dernier est obligé de se soigner et l'équipe médicale est tenue de dénoncer le refus de soins.

Elle présuppose également que la maladie mentale peut se traiter comme une pathologie physiologique. Elle situe la prise en charge psychiatrique essentiellement sur le plan physique et biologique et ignore l'aspect relationnel laissant à penser qu'il est possible de soigner psychiquement par la contrainte.

2. La sectorisation psychiatrique

a. Les années 1960 et 1970 : la désinstitutionalisation psychiatrique

De nombreux éléments sont à l'origine de la **remise en cause de l'institution psychiatrique** :

– les progrès en matière de traitement avec la découverte de médicaments psychotropes permettant un accompagnement plus léger ;

– le mouvement de mai 1968 et la remise en cause générale des institutions considérées comme totalitaires ;

– le développement du courant antipsychiatrique venu d'Italie et de Grande-Bretagne.

Dès le début des années 1960, les hôpitaux psychiatriques commencent à s'ouvrir vers l'extérieur. Les objectifs sont les suivants :

– éviter l'internement et favoriser l'intégration dans la vie sociale ;

– assurer la continuité des soins grâce à une équipe pluridisciplinaire ;

– proposer un accompagnement de proximité.

La **circulaire du 15 mars 1960** relative au programme d'organisation et d'équipement des départements en matière de lutte contre les maladies mentales crée le **secteur psychiatrique**. On assiste à la création de structures plus légères, comme les appartements thérapeutiques, les accueils de jour, comme alternatives à l'hospitalisation. Lucien Bonafé, psychiatre désaliéniste, défend l'idée d'un transfert de la psychiatrie à l'hôpital général. Ce processus va mettre 20 ans à se mettre en place avec notamment l'intégration du diplôme d'infirmier psychiatrique au diplôme d'infirmer.

b. Les années 1980 et 1990 : la généralisation de la sectorisation psychiatrique

La politique de suppression des lits psychiatriques se poursuit. Parallèlement, se développent les structures ambulatoires en milieu ouvert, notamment les **centres médico-psychologiques** (CMP), et les structures médico-sociales, comme les foyers pour personnes handicapées. Ce mouvement provoque un décalage entre les possibilités d'accueil et les besoins réels, d'autant que l'on constate une augmentation du nombre de personnes ayant recours à la médecine psychiatrique. Certains parlent « d'externalisations arbitraires » (en écho aux anciens « internements arbitraires »). Par ailleurs, on prend conscience du lien existant entre précarité et souffrance psychique. Un rapport de février 1995 du secrétariat d'État à l'action humanitaire, intitulé *Une souffrance qu'on ne peut cacher*, met en évidence les effets de l'exclusion et de la précarisation sur la santé mentale. Il est suivi en juin 1996 par un autre rapport de la délégation interministérielle à la ville, intitulé *Psychiatrie et grande exclusion*, qui prône le rapprochement entre le secteur sanitaire et le secteur social en vue de la prévention des troubles psychiques chez les personnes les plus démunies.

L'offre de soins est très préoccupante. Il y a de plus en plus de demandes alors que la fermeture de lits psychiatriques n'a pas été compensée par l'ouverture de places ambulatoires. La pénurie est notamment flagrante dans le secteur de la pédopsychiatrie. Les établissements et services médico-éducatifs pour enfants présentant des déficiences intellectuelles sont alors confrontés à l'accueil d'enfants et d'adolescents souffrant de troubles mentaux. Il en est de même pour le secteur de l'hébergement avec la population accueillie en CHRS.

c. Les années 2000 : les plans de santé mentale

Différents plans de santé mentale se sont succédé depuis les années 2000. L'actuel **PPSM 2011/2015** fixe les objectifs suivants :

– la prévention et la réduction des risques au cours de la vie (accès aux soins psychiatriques, continuité des soins, aide aux aidants familiaux, prise en charge des addictions) ;

– la prévention et la réduction des risques dans les territoires (rééquilibrage de l'offre de soins sur l'ensemble du territoire, meilleure articulation du secteur sanitaire et médico-social, du secteur hospitalier et de la médecine de ville) ;

– la prévention et la réduction des risques de rupture entre la psychiatrie et l'environnement social (lutte contre les représentations négatives, les discriminations et la surmédicalisation) ;

– la prévention et la réduction des risques de rupture entre les savoirs (développement de la recherche, de la formation, de l'analyse, de l'échange de pratiques et du travail en réseaux).

3. Les acteurs de la psychiatrie et de la santé mentale

a. L'État

Voir le chapitre 15 de la partie 3.

b. La mise en œuvre : le secteur sanitaire

Il s'agit d'établissements ou services pour enfants et/ou pour adultes.

Prise en charge ambulatoire	Le **centre médico-psychologique** (CMP) : service d'accueil en milieu ouvert qui exerce des fonctions de diagnostic, de prévention, de soins ambulatoires, d'interventions à domicile et de coordination des soins.
	Le **centre d'accueil thérapeutique à temps partiel** (CATTP) : service qui assure des actions de soutien et de thérapie de groupe à des personnes ayant des difficultés d'insertion afin d'éviter les ruptures et de prévenir la perte des capacités relationnelles, affectives ou cognitives.
	L'**atelier thérapeutique** : service qui assure des activités éducatives afin d'inscrire les patients dans une démarche de resocialisation et de réentraînement au travail.
Hospitalisation à temps partiel	L'**hôpital de jour** : service qui assure des soins dans la journée, à temps plein ou à temps partiel, dans l'objectif de favoriser l'insertion dans le milieu familial, scolaire, professionnel et social.
	L'**hôpital de nuit** : service qui accueille les patients la nuit. Implantation le plus souvent à l'intérieur des services hospitaliers à temps complet.
Hospitalisation à temps complet	L'**hôpital psychiatrique** ou le **service de psychiatrie d'un hôpital général** : établissements de diagnostic et de soins pour les personnes hospitalisées pendant les phases aiguës de la maladie dans les conditions de la loi de 2011.
	Le **centre de postcure** : services de moyen séjour accueillant les patients à la sortie de l'hospitalisation en vue de leur réadaptation et d'un retour à l'autonomie.
Hébergement spécifique	L'**appartement thérapeutique** : structures situées dans les lieux de vie ordinaire, ils permettent la participation à la vie sociale et associent soins et insertion sociale.
	Le **placement familial thérapeutique** : service d'accueil familial, alternative ou suite à une hospitalisation, en vue d'une prise en charge sociale et affective complémentaire de la prise en charge médicale.

Source : *Guide méthodologique de planification en santé mentale*, ministère de la Santé, EHESP, 15 décembre 1987.

Pour en savoir +…

- COCHEZ Florent, GADRAT Xavier, *Les Soins psychiatriques sans consentement, ASH*, numéro juridique 2751, mars 2012.
- DEMAILLY Lise, *Sociologie des troubles mentaux*, La Découverte, 2011.
- GOURIER Mathias, « La Réforme des soins psychiatriques sans consentement : de la psychiatrie disciplinaire à la psychiatrie de contrôle », *Revue de droit sanitaire et social* n° 1, 2012.
- LAZZARUS Antoine, STROHL Hélène, *Une souffrance peut en cacher une autre*, Délégation interministérielle à la ville, février 1995.
- ROGER-LACAN Cyril, PATRIS Catherine, *Psychiatrie et grande précarité*, Secrétariat général à l'action humanitaire, juin 1996.
- THERON Sylvie, « De quelques remarques sur une évolution attendue de la prise en charge de la maladie mentale : l'instauration des soins ambulatoires sans consentement », *Revue de droit sanitaire et social* n° 6, 2010.

Partie 4

Les annales corrigées

Cette partie présente des exemples de sujets donnés dans le cadre de la certification du DC4 au DEASS.

Chaque chapitre concerne une politique sociale différente et aborde les points suivants :
– énoncé du sujet et documents joints en annexes ;
– analyse des consignes et des documents ;
– éléments de correction ;
– bibliographie.

Les **deux premiers chapitres** portent sur le soutien à la parentalité et sur les violences faites aux femmes.

Les **trois derniers chapitres** sont consacrés respectivement au maintien à domicile des personnes âgées dépendantes, au RSA et à l'accès au logement.

Les éléments de réponses aux questions 1 et 2 sont à rechercher dans la troisième partie de cet ouvrage. Nous proposons une rédaction complète ou un plan détaillé de la réponse à la question 3.

> Sujet 1

Le soutien à la parentalité (sujet d'octobre 2011)

QUESTION 1

Comment, aujourd'hui, les pouvoirs publics s'engagent-ils dans une politique d'appui à la parentalité dans le cadre des politiques familiales et éducatives ?

QUESTION 2

Quels sont les acteurs principaux qui concourent à mettre en œuvre le soutien à la parentalité ? Comment articulent-ils leurs actions sur un territoire donné ?

QUESTION 3

Vous êtes assistant social au sein du service social de polyvalence de secteur. Vous observez des difficultés chez certaines familles dans l'éducation de leurs enfants. Précisez les différentes interventions que vous serez amené à engager avec elles, ainsi que les partenaires qui pourraient être mobilisés.

ANNEXES

Document 1 : Extrait de l'intervention de Nadine Morano, secrétaire d'État à la Famille et à la Solidarité du 03/11/2010 (source : www.parents62.org/.../discours de la ministre, comité national de la parentalité.doc).

Document 2 : « Le Comité national de soutien à la parentalité », *ASH* n° 2681, 5 novembre 2010.

Document 3 : « La parentalité » (source : www.vie-publique.fr/politiquespubliques/famille/évolutions-institution-familiale).

Document 1

Intervention de Madame Nadine Morano, secrétaire d'Etat à la famille et à la solidarité
Lancement du « Comité national de soutien à la parentalité »
Mercredi 3 novembre 2011

[...]

2 - Le concept de parentalité, Mesdames, Messieurs, c'est une invention récente et « moderne». Il se fonde sur la reconnaissance du rôle spécifique des parents et, sur une vision qui prône la coopération entre la famille et les instances collectives de prise en charge des enfants.
L'idée de parentalité est apparue aussi en raison de la multiplication des divorces et séparations et de l'émergence des familles recomposées. Deux évidences se sont imposées de ce point de vue. La première : élever un enfant est une gageure quand on est seul. La deuxième : l'enfant est une personne et il a des droits, notamment celui d'avoir accès à ses deux parents, que ceux-ci soient ensemble ou séparés et que leur soit ou non reconnues des « compétences » en tant que parents.
Enfin, il est un fait que la parentalité est vraisemblablement l'une des principales problématiques auxquelles sont confrontées les sociétés actuelles.
Troubles de comportements, conduites à risque, troubles psychiques, abus de substances psychoactives, absentéisme, échec scolaire, délinquance et criminalité, ... des quantités de rapports nationaux et internationaux soulignent l'importance de cette fonction, rappellent les enjeux qu'elle recouvre et recommandent la mise en œuvre d'actions pour la soutenir (ainsi le Haut conseil de la population et de la famille, 2003 ; la Haute Autorité de Santé, 2005 ; le Ministère délégué à la famille, 2002 ; l'Organisation Mondiale de la Santé, 2002).

3 - L'aide à la parentalité, c'est une action à la fois récente mais c'est une action de long terme, une action qui n'est jamais terminée.
Elle ne peut se satisfaire de la seule bonne volonté des uns ou des autres. Elle doit, au contraire faire l'objet d'une coordination continue, d'un travail volontaire, d'un travail au quotidien.
Nous devons par ailleurs, si nous voulons réussir, faire des progrès considérables dans son évaluation. Dans le domaine de la parentalité, l'exercice est par définition difficile mais ce n'est pas une raison pour ne pas s'y atteler. Ce domaine ne doit pas rester dépourvu d'outils d'évaluation et l'impact réel des actions que nous finançons doit pouvoir en permanence être mesuré. C'est toute l'utilité de ce comité qui va pouvoir travailler notamment, sur la connaissance des expérimentations conduites et des bonnes pratiques et qui va pouvoir nous aider à faire l'inventaire des territoires où les sujets sont vraiment pris à bras le corps, et de ceux où il y a manifestement une carence.

4 - Ce travail de coordination et d'évaluation intéresse au premier les pouvoirs publics qui en quelques années sont devenus les grands « accompagnateurs » de la parentalité
L'Etat finance une politique publique en faveur des familles rencontrant des difficultés dans l'exercice de leur rôle parental pour un montant total de 10, 4 millions € en 2010 (LFI 2010 : 2,4 millions € pour la médiation familiale ; 6 millions € pour le soutien à la parentalité).
Du côté de la caisse nationale des allocations familiales (CNAF), les dépenses d'actions de soutien à la parentalité ont progressé de 46 % par rapport à l'année 2005, avec 46 M€ en 2010. Par comparaison, ce chiffre s'élevait à 42 M€ pour 2009 et 30 M€ en 2008. Le soutien au dispositif d'accompagnement à la scolarité représente la moitié des dépenses, le second poste de dépenses étant celui de la médiation familiale. En 2012, grâce à la convention d'Objectifs et de gestion signée entre l'Etat et la CNAF qui prévoit une augmentation annuelle de ces crédits de 15, 5% par an, ce montant sera de 53 millions d'euros.
Grâce à cet effort, mais aussi grâce à tous ceux et celles qui se mobilisent sur le terrain et auxquels je veux rendre hommage, nous sommes chaque jour plus présents aux côté des familles pour les aider dans leur rôle éducatif.

Nous disposons pour ce faire de toute une gamme d'outils :
→ L'aide à la parentalité, c'est d'abord, je le disais, la **médiation familiale** : près de 300 services ont été financés l'an dernier dans tout le territoire.

→ Ce sont aussi **les «Point Info Famille»** (PIF), qui informent et simplifient les démarches quotidiennes de toutes les familles. A ce jour, 490 «Point Info Famille» sont équipés d'un site internet permettant de délivrer à la fois aux parents une information généraliste et une information plus fine, adaptée au contexte local.

→ Il y a également **l'accompagnement scolaire.** Grâce au réseau associatif, 165 000 enfants et jeunes sont aujourd'hui soutenus dans leur travail scolaire. Cette aide permet non seulement de redonner confiance aux enfants mais aussi de soutenir les familles dans le cadre du suivi de la scolarité, souvent problématique, surtout quand les parents eux-mêmes ne maîtrisent pas les savoirs fondamentaux.

→ Vous connaissez également les **Maisons des adolescents** qui réunissent les dispositifs sanitaires, sociaux, éducatifs et juridiques dont les jeunes peuvent avoir besoin. A ce jour, 76 projets de maisons ont été financés. Elles sont conçues d'abord pour accueillir le jeune et l'écouter, l'aider anonymement et sans rendez-vous. Mais ces maisons reçoivent également tous les parents désemparées face aux difficultés de leurs adolescents.

→ L'aide à la parentalité, c'est aussi les **Réseaux d'Ecoute, d'Appui et d'Accompagnement des Parents** (REAAP). Ils réunissent CAF, Conseils Généraux, DDCS - direction départementale de la cohésion sociale, et le secteur associatif, y compris de petites associations créées à l'instigation de parents. Ces réseaux s'appuient sur leurs savoir-faire mais surtout sur la capacité des parents à s'entraider. Parfois, un simple échange entre mères de famille peut changer bien des choses. Ces REAAP, je souhaite qu'ils soient désormais appelés les CARREFOUR DES PARENTS, dénomination qui se veut plus parlante et qui est destinée à assurer une meilleure lisibilité des actions pour les parents. En effet, comme j'ai pu le constater lors de la visite du Carrefour des parents, à Orléans, par sa convivialité et la mise en confiance des parents, cette instance valorise leur rôle et leurs compétences de premiers éducateurs de leurs enfants, aide à la restauration des liens parents/enfants et à la détection des cas problématiques pour les orienter vers des dispositifs adaptés. Je souhaite que les parents se réapproprient cet espace d'échange.

→ Un mot enfin sur l'outil municipal que constitue le **Conseil des droits et devoirs des familles** (créé par la loi du 5 mars 2007 sur la prévention de la délinquance). C'est un dispositif qui privilégie la proximité et le travail en réseau, autour du maire. C'est un dispositif simple dans sa conception et qui permet de faire appel à des équipes pluridisciplinaires pour épauler les parents. Y participent en effet l'éducation nationale, la justice, les bailleurs sociaux, les éducateurs, etc. A ce jour, on compte en France 48 CDDF. Et cette instance a été plébiscitée au-delà des clivages politiques puisque des communes dites d'opposition n'ont pas hésité à en constituer un :

- **34** se situent dans des communes Majorité présidentielle (30 UMP + 2 NC + 2 DVD) ;
- **9** dans des communes d'Opposition : 9 (4 PS + 3 DVG + 1 PCF + 1 Les Verts) ;
- Et **5** dans des municipalités sans étiquette.

Cet outil donne d'excellents résultats : un nombre marginal de familles convoquées en CDDF le sont à plusieurs reprises. Les communes qui font vivre leur conseil s'en disent toutes satisfaites ; de même que les familles qui ont pu en bénéficier. Elles se sont senties pour la première fois soutenues pour traverser les difficultés qu'elles rencontraient avec leurs enfants.

Document 2

ENFANCE - FAMILLE

Nadine Morano installe le comité national de soutien à la parentalité

Le comité national de soutien à la parentalité, installé par Nadine Morano le 3 novembre, a pour objet de *« mieux coordonner les actions d'aide à la parentalité et de prévention de la délinquance des mineurs »*, indique le secrétariat d'Etat chargé de la famille dans un communiqué du même jour. Sa création a été annoncée à la fois par le Premier ministre en octobre 2009 dans le cadre du plan de prévention de la délinquance et par Nadine Morano le 16 juin dernier lors de la clôture des « états généraux de l'enfance » (1). Pour la direction générale de la cohésion sociale (DGCS), il s'agit de *« rationaliser le pilotage des différents dispositifs d'aide à la parentalité au sein d'une seule instance »*, à savoir : la médiation familiale, les réseaux d'écoute, d'appui et d'accompagnement des parents (REAAP), les contrats locaux d'accompagnement à la scolarité (CLAS) et le parrainage (2). Les missions du comité, sa composition et son fonctionnement font l'objet d'un nouveau chapitre au sein du code de l'action sociale et des familles, qui a vocation à s'appliquer **jusqu'au 15 novembre 2013**, date de fin du mandat des membres.

Les missions

Placé auprès du ministre chargé de la famille, le comité national de soutien à la parentalité a pour mission de contribuer à la conception, à la mise en œuvre et au suivi de la politique et des mesures de soutien à la parentalité définies par l'Etat et les organismes de la branche famille de la sécurité sociale. Il favorise la coordination des acteurs et veille à la structuration et à l'articulation des différents dispositifs d'appui à la parentalité, afin d'**améliorer l'efficacité et la lisibilité des actions menées auprès des familles**. Il veille à ce que ces dispositifs s'adressent à l'ensemble des parents et en définit les priorités d'action. Le comité met également en œuvre une démarche d'évaluation, de communication et d'information en matière d'accompagnement des parents. Il peut être consulté par les ministres concernés sur toute question relative au soutien à la parentalité.

La composition

Le comité est présidé par le ministre chargé de la famille. Le président de la caisse nationale des allocations familiales (CNAF) en est le vice-président. Il comprend, en outre, **35 membres**, dont **sept représentants de l'Etat** : le directeur général de la cohésion sociale ; le directeur de la protection judiciaire de la jeunesse ; le directeur général de l'enseignement scolaire ; le directeur de l'accueil, de l'intégration et de la citoyenneté ; le chef du service de l'accès au droit et à la justice et de l'aide aux victimes ; le secrétaire général du comité interministériel de prévention de la délinquance ; le secrétaire général du comité interministériel des villes. Siègent également au sein de cette instance : un représentant de l'Agence nationale pour la cohésion sociale et l'égalité des chances ; un représentant de l'Agence nationale de lutte contre l'illettrisme ; un représentant du Conseil supérieur du travail social ; le directeur de la CNAF ; le directeur de la caisse centrale de la mutualité sociale agricole.

Quatre membres représentent les collectivités territoriales, dont deux représentants de l'Assemblée des départements de France et deux représentants de l'Association des maires de France.

Le comité comprend enfin **19 membres représentant les associations** désignés par arrêté du ministre chargé de la famille à raison de leurs compétences dans le domaine du soutien à la parentalité.

Le fonctionnement

Le comité se réunit au moins une fois par an en séance plénière sur convocation de son président, de son vice-président ou à la demande d'un tiers de ses membres. Il peut être convoqué dans les mêmes conditions en formation restreinte, sa composition étant alors fixée en fonction de l'ordre du jour. Dans ce cas, il est présidé par le directeur général de la cohésion sociale et celui de la caisse nationale des allocations familiales fait office de vice-président.

Le programme de travail annuel du comité est arrêté en séance plénière sur proposition conjointe de son président et de son vice-président. Le suivi de sa mise en œuvre est assuré en formation restreinte. Des groupes techniques contribuent à ses travaux et assurent la mise en œuvre et l'évaluation des dispositifs de soutien à la parentalité. Son secrétariat est assuré par la direction générale de la cohésion sociale.

(1) Rappelons encore que l'annonce de la création de cette instance a été fraîchement accueilli par l'Uniopss qui a souligné un risque de stigmatisation des parents d'enfants délinquants au détriment d'actions de prévention globale - Voir ASH n° 2627 du 9-10-09, p. 5, n° 2631 du 6-11-09, p. 19 et n° 2665 du 25-06-10, p. 8.

(2) Ainsi, le comité national de soutien à la parentalité fusionne quatre instances, a expliqué la DGCS aux ASH : le conseil national consultatif de la médiation familiale, le comité national de pilotage des REAAP, le comité national de pilotage des CLAS et le comité national du parrainage.

[Décret n° 2010-1308 du 2 novembre 2010, J.O. du 3-11-10]

Document 3

La parentalité

Aux trajectoires familiales multiples, correspondent des places et des rôles parentaux plus flous, ce qui contribue à faire de la parenté une notion de plus en plus délicate à appréhender. Pour mieux la saisir, on distingue désormais le conjugal du parental et donc, la conjugalité de la parentalité, et ce nouveau concept de parentalité est ainsi parfois utilisé pour décrire les nouvelles formes de conjugalité et de vie familiales.

Dans son rapport 2006, la Défenseure des enfants, Dominique Versini, se penche sur le droit et la parentalité et souligne des insuffisances dans la prise en compte de nouvelles formes de parentalité, notamment dans la reconnaissance de la place de tiers qui concourent activement à l'éducation de l'enfant. 20 % des enfants vivent dans des familles recomposées, monoparentales ou homoparentales. Les enfants sont amenés à nouer des relations avec des beaux-parents, mais en cas de séparation, chacun repart avec les enfants qu'il a eus d'une précédente union. Le droit prévoit la situation des enfants communs, pas celle des autres alors qu'il y a parfois des liens d'affection. La revendication d'un statut pour le beau-parent dans les familles recomposées n'est pas nouvelle : elle est déjà présente dans le rapport d'Irène Thery remis en 1998 ainsi que dans le rapport de Françoise Dekeuwer-Défossez remis en 1999. Le rapport de la mission d'information de l'Assemblée nationale sur la famille et les droits de l'enfant publié en février 2006 propose également une délégation de responsabilité parentale au profit du beau-parent. Dominique Versini suggère, de son côté, de créer " un mandat d'éducation " permettant aux beaux-parents et aux " homoparents " d'accomplir certains actes de la vie de l'enfant - intervention chirurgicale ou voyage à l'étranger -, voire " une convention de partage " de l'exercice de l'autorité parentale homologué par un juge.

Mais le concept de parentalité peut aussi être utilisé pour désigner les responsabilités qui échoient aux parents et notamment pour stigmatiser l'effondrement du rôle des parents dans la socialisation des enfants : « le discours sur la parentalité est un discours d'ordre public ». De fait, le débat public sur la parentalité est largement occupé par la mise en cause des défaillances des parents, rendus responsables de nombre de problèmes sociaux. L'Etat est ainsi tenté d'abandonner son nouveau rôle d'arbitre pour de nouveau s'immiscer dans la sphère familiale en dictant aux parents des règles de conduite. Par exemple, la loi pour l'égalité des chances du 31 mars 2006 crée un contrat de responsabilité parentale. Ce contrat s'applique en cas de troubles portés au fonctionnement de l'établissement scolaire ou d'absentéisme scolaire grave. Le contrat rappelle aux parents leurs devoirs et propose des mesures d'aide et d'action sociales. Si les parents refusent de signer le contrat ou s'ils ne respectent pas les obligations qui y sont prévues, le président du conseil général peut demander, sous certaines conditions, la suspension de tout ou partie du versement des prestations familiales.

Méthodologie

L'analyse des questions

Question 1	« Comment, aujourd'hui, les pouvoirs publics s'engagent-ils dans une politique d'appui à la parentalité dans le cadre des politiques familiales et éducatives ? » Politique sociale = politique de soutien à la parentalité (qui s'inscrit dans la politique familiale). Consigne = orientations actuelles prises par les pouvoirs publics (→ ne pas remonter aux origines de la politique familiale).
Question 2	« Quels sont les acteurs principaux qui concourent à mettre en œuvre le soutien à la parentalité ? Comment articulent-ils leurs actions sur un territoire donné ? » Politique sociale = identique à celle de la question 1. Consigne = identifier les acteurs du soutien à la parentalité et leur articulation (ne pas oublier de préciser leurs missions).
Question 3	« Vous êtes assistant social au sein du service social de polyvalence de secteur. Vous observez des difficultés chez certaines familles dans l'éducation de leurs enfants. Précisez les différentes interventions que vous serez amené à engager avec elles, ainsi que les partenaires qui pourraient être mobilisés. » Service social = polyvalence de secteur. Public = familles. Problématique = difficultés dans l'éducation des enfants. Consigne = interventions à engager et partenaires mobilisés (ne pas oublier le diagnostic global avant les interventions).

L'analyse des documents

Document 1	Intervention de la secrétaire à la Famille.	
	Définition de la parentalité, contexte d'émergence et enjeux de cette notion → introduction de la politique sociale.	**Question 1**
	Mise en place d'un Comité national de soutien à la parentalité, rôle de l'État et de la CNAF → acteurs.	**Question 2**
	Liste des dispositifs de soutien à la parentalité (liste incomplète) → dispositifs et acteurs.	**Questions 1 et 2**
Document 2	Le Comité national de soutien à la parentalité	
	Objectif, cadre juridique, missions, composition et fonctionnement du comité → acteurs.	**Question 2**
Document 3	La parentalité	
	Différentes notions à ne pas confondre (parent, parenté, parentalité). Notions de responsabilité parentale, de défaillance parentale et de contrat de responsabilité parentale → enjeux de la politique sociale.	**Question 1**

Sujet 1

Proposition de corrigé

QUESTION 1

Le contexte d'émergence

Dans les années 1970 et 1980, la famille connaît de profonds bouleversements : augmentation des divorces et de la monoparentalité, des familles recomposées, des naissances hors mariage, séparation des lieux de vie entre générations différentes... Ces mutations peuvent générer des difficultés dans l'exercice de la fonction parentale, dans les relations intrafamiliales, et dans le développement du lien social. Face à ces constats, les pouvoirs publics ont développé, dans le cadre de la politique familiale, une politique spécifique de soutien à la parentalité.

Le comité national de soutien à la parentalité définit la parentalité « comme l'ensemble des façons d'être parent. Elle qualifie le lien entre un adulte et un enfant dans le but d'assurer le soin, le développement et l'éducation de l'enfant. Elle suppose un ensemble de fonctions, de droits et d'obligations exercées dans l'intérêt supérieur de l'enfant ». La politique de soutien à la parentalité consiste à mettre à disposition des parents des services et des moyens leur permettant d'assurer leur rôle éducatif et de les rassurer dans leurs compétences parentales. Elle a aussi pour fonction de développer des échanges entre parents et de proposer un accompagnement face aux situations difficiles.

Le développement des dispositifs de soutien à la parentalité

La circulaire du 9 mars 1999 crée les réseaux d'écoute, d'appui et d'accompagnement à la parentalité (REAAP). Par la suite, de nombreux dispositifs vont venir s'ajouter aux réseaux : lieux d'accueil parents-enfants, espaces de rencontre, point info famille (PIF), médiation familiale, parrainage de proximité, contrats locaux d'accompagnement à la scolarité (CLAS)...

D'autres dispositifs interviennent en complément, comme les actions de prévention en direction des jeunes (maisons des adolescents, points d'accueil et d'écoute des jeunes, espaces santé des jeunes), les programmes de la politique de la ville (programmes de réussite éducative par exemple), ainsi que la protection de l'enfance en danger.

Le financement de cette politique est assuré par la branche famille de la Sécurité sociale, par l'État et par les collectivités territoriales.

Les orientations actuelles

Un rapport de 2011 du Haut conseil de la famille (HCF) a mis en évidence les limites de la politique du soutien à la parentalité : insuffisance des financements (voire absence de financements en ce qui concerne les PIF par exemple), difficulté d'accès aux dispositifs du fait de leur absence de lisibilité, complexité et manque de coordination des dispositifs du fait de leur empilement et de leur juxtaposition sans réel pilotage. Le nombre de familles bénéficiaires est faible et le maillage du territoire insuffisant.

Le décret du 2 novembre 2010 avait déjà voulu coordonner les actions sur le plan national en créant le Comité national de soutien à la parentalité (CNSP).

La circulaire interministérielle du 7 février 2012 situe la politique de soutien à la parentalité comme l'un des piliers de la politique familiale. Elle l'inscrit également comme l'une des composantes de la politique de la ville et de la protection de l'enfance. Elle entend organiser, à l'échelle départementale, une gouvernance partagée entre la branche famille de la Sécurité sociale, les directions départementales de la cohésion sociale (DDCS) – services déconcentrés de l'État –, les départements, les communes et les associations.

La circulaire du 9 avril 2004 relative aux évolutions de la politique de soutien à la parentalité va plus loin. Elle réaffirme la volonté de faire de la politique de soutien à la parentalité l'une des priorités de la politique familiale. L'objectif est de mieux répondre aux besoins des familles en proposant une offre plus accessible sur l'ensemble du territoire. La nécessité de davantage coordonner les actions conduit à une réorganisation de la gouvernance. La CAF se voit confier le rôle central de pilotage de l'ensemble des dispositifs sur le plan départemental. La convention d'objectifs et de gestion 2013/2017 prévoit le doublement des financements et le regroupement des crédits dans un « fonds parentalité ».

Les enjeux

La politique de soutien à la parentalité ne doit pas être confondue avec la politique de prévention de la délinquance. La loi du 31 mars 2006 relative à l'égalité des chances crée le contrat de responsabilité parentale. La loi du 5 mars 2007 de prévention de la délinquance instaure des dispositifs visant à responsabiliser les parents, comme le conseil des droits et devoirs des parents (CDDP). La loi du 28 juillet 2010 prévoit les cas de suspension des prestations familiales. Ces dispositions s'inscrivent dans le cadre de la responsabilisation des parents en cas de défaillances parentales et s'opposent à la démarche d'accompagnement à la parentalité et aux responsabilités parentales prônées par la politique de soutien à la parentalité.

QUESTION 2

Les familles

Les parents et leurs enfants sont les acteurs centraux de la politique de soutien à la parentalité, qui s'inscrit dans une démarche participative, basée sur la demande volontaire ou l'adhésion des parents. Il s'agit de soutenir leur mobilisation et leurs initiatives, de faciliter leurs échanges, de développer leurs compétences.

L'État

L'État est à l'initiative de la politique familiale et donc de la politique du soutien à la parentalité.

Sur le plan national, le Comité national de soutien à la parentalité (CNSP) est présidé par le ministre chargé de la Famille. Il contribue à la conception, à la mise en œuvre et à l'évaluation de la politique définie par l'État et la branche famille de la Sécurité sociale. Il favorise l'information et la coordination des acteurs ainsi que l'articulation des dispositifs. Il est consulté par le ministère pour toute question relative au soutien à la parentalité. Il est composé de représentants de l'État, de la CNAF, des collectivités territoriales et d'associations compétentes dans le domaine de la parentalité.

Sur le plan départemental, les services déconcentrés de l'État (les DDCS) se désengagent progressivement au profit des CAF.

La branche famille de la Sécurité sociale

La branche famille est l'acteur central de la politique familiale et de soutien à la parentalité. Elle intervient à deux niveaux :
– le versement de prestations familiales ;
– la mise en œuvre d'une action sociale tournée notamment vers l'accueil du jeune enfant, l'aide aux loisirs et aux vacances, le logement et l'habitat, et le soutien à la parentalité.

La CNAF gère la branche famille sur le plan national. Elle définit sa politique dans une convention d'objectifs et de gestion (COG) passée avec l'État.

Les CAF définissent leur action dans le cadre d'un contrat pluriannuel de gestion passé avec la CNAF. Depuis 2014, les CAF sont situées au centre de la gouvernance de la politique départementale de soutien à la parentalité.

Sujet 1

Les acteurs spécialisés dans le soutien à la parentalité

Les associations, les communes et les CAF peuvent mettre en place des services de soutien à la parentalité qui s'inscrivent dans une démarche globale de prévention des difficultés éducatives et relationnelles entre parents et enfants. Ils ont pour objectif d'accompagner et de soutenir les parents dans l'exercice de leur rôle parental. Ces services mettent en œuvre les dispositifs suivants :

– les points info famille (PIF) sont des lieux d'accueil, d'information et d'orientation des familles. Ils doivent notamment lister toutes les actions du territoire en direction des parents ;

– les réseaux d'écoute, d'appui et d'accompagnement à la parentalité (REAAP) réunissent les CAF, les collectivités publiques (l'État, avec les DDCS, les départements et les communes) et les associations. L'accompagnement proposé a pour but d'aider les parents à exercer leur fonction parentale ;

– les espaces de rencontre, comme les lieux d'accueil enfants-parents (LAEP), permettent un accompagnement précoce de la fonction parentale. Les maisons des adolescents sont destinées en premier lieu aux jeunes mais peuvent recevoir des parents en difficulté face à leurs adolescents ;

– les services de médiation familiale aident les parents à réorganiser la fonction parentale en cas de séparation. Ils favorisent le maintien du lien entre l'enfant et ses deux parents ;

– le parrainage de proximité consiste en la mise en place, à la demande des parents, d'une relation privilégiée entre un enfant et un adulte ou une famille avec un accompagnement par un professionnel.

Les acteurs du soutien scolaire et des activités périscolaires

Les associations familiales, comme l'union départementale des associations familiales (UDAF), les communes, les CAF et les établissements scolaires qui proposent de l'accompagnement scolaire participent au soutien des familles qui sont en difficulté dans ce domaine.

Dans le cadre de la politique de la ville, les équipes qui mettent en œuvre les contrats locaux d'accompagnement à la scolarité (CLAS) ont pour but d'améliorer les relations entre les parents et l'école. De même, les équipes de réussite éducative apportent un appui permettant de surmonter les difficultés scolaires rencontrées par les enfants.

L'Agence nationale de lutte contre l'illettrisme (ANLCI) pilote des actions éducatives familiales dans le champ de la scolarité et de la parentalité. Ces actions permettent aux parents de s'inscrire dans un parcours d'insertion et de les aider à suivre la scolarité de leurs enfants.

Les CAF mettent en place une action sociale dans le domaine de l'aide aux vacances et aux loisirs (aides financières directes aux familles ou financement de centres de loisirs avec ou sans hébergement).

Les centres sociaux financés par les CAF, qu'ils soient municipaux ou associatifs, proposent de nombreuses activités destinées aux parents et à leurs enfants.

Les acteurs de la protection de l'enfance

Les départements, en tant que chefs de file de la protection de l'enfance, contribuent largement à l'accompagnement des parents en difficulté à des moments clés de la relation parent-enfant.

Les services de PMI interviennent dans le cadre de la prévention périnatale et postnatale, lors de l'accompagnement médico-social de la femme enceinte et des enfants de la naissance à 6 ans, notamment à l'occasion de l'entretien du 4e mois de grossesse et du bilan de santé des enfants de 3-4 ans.

Les services de l'ASE et de polyvalence de secteur interviennent dans le cadre de la prévention des difficultés sociales et éducatives et la protection des enfants de la naissance à 18 ans. Ils participent ainsi également au soutien à la parentalité.

Les associations habilitées par le conseil départemental qui mettent en œuvre les mesures de protection de l'enfance peuvent gérer des services de prévention spécialisée, d'aide éducative à domicile, de techniciens de l'intervention sociale et familiale…

QUESTION 3

Les missions de polyvalence de secteur

Je suis assistant de service social d'un conseil départemental en polyvalence de secteur.

J'ai une mission d'accueil, d'écoute, d'évaluation, d'accès aux droits et d'orientation des personnes et des familles résidant sur mon secteur d'intervention. J'ai également une mission de protection de l'enfance en danger et des personnes vulnérables. Je participe à la lutte contre les exclusions et accompagne, en vue de leur insertion sociale et de leur autonomie, les personnes et les familles en difficulté sur le plan matériel, économique, social et éducatif.

Mes missions m'amènent donc à intervenir de façon privilégiée auprès des familles de mon secteur.

Le diagnostic global

Dans le cadre des accompagnements individuels et collectifs, je repère un nombre important de parents en difficulté éducative avec leurs enfants (jeunes enfants ou adolescents). J'évalue les besoins des familles et je suis attentif aux moments clés pouvant mettre les parents en difficulté : arrivée d'un premier enfant ou de jumeaux, entrée à l'école et orientation scolaire, divorce, séparation ou décès, conflit entre parents et adolescents, difficultés financières ne permettant pas un départ en vacances...

Je recense les personnes ressources, les équipements et les dispositifs du territoire intervenant dans le soutien à la parentalité. Pour ce faire, je m'appuie sur le schéma départemental de l'enfance et de la famille, élaboré par le conseil départemental, qui présente un diagnostic territorial faisant l'état des lieux, des besoins des enfants, des jeunes et des familles ainsi que des moyens et des ressources du territoire. Il préconise les objectifs à atteindre et décline les actions à mettre en œuvre afin d'accompagner au mieux les parents et leurs enfants. Je peux également m'informer auprès du PIF situé dans le département.

Je participe à un diagnostic partagé avec les familles et les membres de l'équipe de la circonscription d'action sociale au sein de laquelle j'interviens : assistants sociaux de polyvalence et CESF, travailleurs sociaux de l'ASE et de la PMI. Je travaille également en coordination avec les travailleurs sociaux d'institutions partenaires, notamment la CAF, les CCAS de mon secteur et les associations familiales et de protection de l'enfance. Je veille à ce que ce partage d'informations s'effectue dans le respect des règles juridiques, éthiques et déontologiques de notre profession.

Les interventions professionnelles

J'accueille et j'écoute les parents en difficulté éducative avec leurs enfants. J'évalue avec eux l'origine de leurs difficultés (financières, matérielles, relationnelles, culturelles...). Je repère leurs potentialités et leurs ressources afin de les mobiliser dans la résolution de leurs difficultés éducatives. Je négocie avec eux un projet d'intervention permettant leur engagement dans une démarche volontaire et participative. Je m'appuie, dans le respect du secret professionnel, sur les réunions de synthèse et l'aide du psychologue de l'ASE par exemple.

Je peux assurer une fonction d'interface, voire de médiation, entre les familles et les institutions comme l'école. Dans le cas de situations de séparations conjugales conflictuelles et de difficultés éducatives, je facilite l'accès à un service de médiation familiale.

Je peux organiser des réunions d'information des parents sur les dispositifs de soutien à la parentalité. Dans le cadre d'un travail avec les groupes, je peux animer des ateliers de parents afin qu'ils se rencontrent et échangent sur leurs difficultés réciproques et leurs pratiques. Pour animer ces réunions d'information et ces groupes de parole, je travaille en équipe ou en partenariat. Avec des femmes enceintes ou de jeunes parents, je fais appel à la puéricultrice de l'équipe de PMI. Pour aborder les questions de scolarité, j'interviens avec des professionnels de l'équipe de réussite ou dans le cadre d'un

CLAS. Les difficultés éducatives avec des adolescents peuvent être abordées avec le psychologue de l'ASE ou des intervenants du REAAP ou de la maison des adolescents.

Je contribue à la constitution d'un réseau de professionnels particulièrement impliqués dans le soutien à la parentalité avec des membres de l'équipe de PMI, des assistants sociaux de la CAF et du service social en faveur des élèves, les membres de l'équipe de réussite éducative, les associations de bénévoles qui interviennent dans l'aide aux devoirs, les services de médiation familiale, les intervenants des REAAP et des lieux d'accueil parents-enfants.

Mon expertise et mes expériences me permettent de faire remonter des besoins (manque de structures comme les PIF, développement d'une problématique sur mon secteur, comme la déscolarisation par exemple) auprès du responsable de la circonscription dans le but d'ajuster le schéma départemental de l'enfance et de la famille du conseil départemental et de la CAF.

Pour en savoir +...

Textes juridiques

- Circulaire interministérielle n°DGCS/SD2C/DPJJ/SAD-JAD/DGSCO/SGCIV/DAIC/2012/63 du 7 février 2012 relative à la coordination des dispositifs de soutien à la parentalité au plan départemental.
- Instruction n°DGCS/SD2C/107 du 9 avril 2014 relative aux évolutions de la politique départementale de soutien à la parentalité.
- Circulaire CNAF n° 2014-017 du 30 avril 2014 sur le renforcement du soutien à la parentalité dans la COG 2013-2017.

Études et rapports

- Comité national de soutien à la parentalité, *Avis relatif à la définition du soutien à la parentalité*, décembre 2012.
- Groupe d'appui à la protection de l'enfance, *Des dispositifs de soutien à la parentalité dans le cadre de la prévention*, septembre 2011.
- IGAS, *Évaluation de la politique de soutien à la parentalité*, février 2013.
- UNAF, *La Politique de soutien à la parentalité : avec et pour les parents*, janvier 2013.

Ouvrages

- BEN SOUSSAN Patrick, *La Parentalité exposée*, Érès, 2012.
- BOUREGBA Alain, *Les Troubles de la parentalité*, Dunod, 2013.
- DELION Pierre, *La Fonction parentale*, Fabert, 2011.
- FABLET Dominique, *De la suppléance familiale au soutien à la parentalité*, L'Harmattan, 2010.
- HOUZEL Didier, *Les Enjeux de la parentalité*, Érès, 1999.
- KARTZ Saül, *Mythe de la parentalité*, Dunod, 2014.
- MAUVAIS Patrick et al., *La Parentalité accompagnée*, Érès, 2008.
- OTT Laurent, *Travailler avec les familles*, Érès, 2004.
- SAVOUREY-ALEZRA Michèle, BRISSON Pierre, *Re-créer les liens familiaux*, Chroniques Sociales, 2008.
- SELLENET Catherine, *La Parentalité décryptée*, L'Harmattan, 2007.

> Sujet 2

Les violences faites aux femmes (sujet de juin 2011)

Ce sujet a été modifié pour tenir compte des évolutions statistiques et juridiques depuis 2011.

QUESTION 1

Vous présenterez les éléments du contexte ainsi que les principes et les enjeux de la loi du 9 juillet 2010 et du plan triennal 2014-2016 de lutte contre les violences faites aux femmes.

QUESTION 2

Identifiez les articulations entre les principaux acteurs concernés par la prise en charge des victimes de violences conjugales.

QUESTION 3

Vous êtes assistant de service social dans un service d'urgence d'un centre hospitalier confronté à l'accueil de femmes victimes de violences. Pour apporter une réponse aux besoins de ces personnes, tant du point de vue de la protection que de la prévention, vous êtes amené à mobiliser un réseau pour construire un projet territorial. Sur quelles ressources institutionnelles et quels partenariats pouvez-vous vous appuyer ?

ANNEXES

Document 1 : « Les chiffres de référence sur les violences faites aux femmes », site du ministère des Droits des femmes, juillet 2014.

Document 2 : Loi n° 2010-769 du 9 juillet 2010 relative aux violences faites spécifiquement aux femmes, aux violences au sein des couples et aux incidences de ces dernières sur les enfants, CDAD des Landes, juillet 2010.

Document 3 : « Plan triennal 2014/2016 de lutte contre les violences faites aux femmes : le gouvernement double les moyens », site du ministère des Droits des femmes, 2014.

Document 4 : « Mise à l'abri et nouveau départ », *Lien social*, n° 976, 10 juin 2010.

Document 1

Les chiffres de référence sur les violences faites aux femmes

http://stop-violences-femmes.gouv.fr

Violences au sein du couple.

Chaque année, **216 000 femmes** âgées de 18 à 75 ans sont victimes de violences physiques et/ou sexuelles de la part de leur ancien ou actuel partenaire intime (mari, concubin, pacsé, petit-ami…). Il s'agit d'une estimation minimale. L'enquête n'interrogeant que les personnes vivant en ménages ordinaires, elle ne permet pas d'enregistrer les violences subies par les personnes vivant en collectivités (foyers, centres d'hébergement, prisons…) ou sans domicile fixe. Ce chiffre ne couvre pas l'ensemble des violences au sein du couple puisqu'il ne rend pas compte des violences verbales, psychologiques, économiques ou administratives.
La répartition de ces violences en fonction de leur nature est la suivante :

Effectifs et taux de femmes victimes de violences physiques et/ou sexuelles de la part de leur conjoint ou ex-conjoint au cours d'une année

	Nb moyen de femmes victimes sur un an	% de la population totale
Victimes de violences physiques et/ou sexuelles de la part du conjoint	216 000	1,0
dont victimes de violences uniquement physiques	158 000	0,7
dont victimes de violences uniquement sexuelles	35 000	0,2
dont victimes de violences physiques et sexuelles	23 000	0,1

Champ : Femmes âgées de 18 à 75 ans, vivant en ménage ordinaire en Métropole. Source : enquête « Cadre de vie et sécurité » 2010-2013 - INSEE-ONDRP. Ces chiffres sont des moyennes obtenues à partir des résultats des enquêtes 2010, 2011, 2012 et 2013

Parmi ces femmes victimes, 16 % déclarent avoir déposé une plainte en gendarmerie ou en commissariat de police suite à ces violences. En 2013, 121 femmes ont été tués par leur compagnons ou ex-compagnons (conjoint, concubin, pacsé ou « ex »). A ces décès, il faut ajouter la mort de 8 femmes, tuées par leur partenaire dans une relation non officielle (petits-amis, amants, relations épisodiques…). Le nombre total de femmes tuées dans le cadre de violences au sein du couple en 2013 s'élève donc à **129**. 25 hommes ont été tués par leur compagne et 5 ont été tués par leur partenaires dans une relation non-officielle. Dans le cadre de violences au sein du couple, **33 enfants** sont décédés, tués par un parent ou beau-parent.

Source : « Etude nationale sur les morts violentes au sein du couple. Année 2013 » Ministère de l'intérieur, délégation aux victimes.

Viols, tentatives de viols et autres agressions sexuelles

Chaque année, **86 000 femmes** âgées de 18 à 75 ans sont victimes de viols ou de tentatives de viol. De la même manière que pour les chiffres des violences au sein du couple présentés ci-dessus, il s'agit d'une estimation minimale. Dans 86% des cas, ces agressions ont été perpétrées par une personne connue de la victime. Dans 38 % des cas, c'est le conjoint qui est l'auteur des faits. Les liens entre la victime et l'agresseur sont présentés dans le tableau ci-dessous :

Lien entre la victime et l'agresseur

dont l'auteur est inconnu	14%
dont l'auteur est connu mais ne fait pas partie du ménage	31%
dont l'auteur fait partie du ménage (hors conjoint)	17%
dont l'auteur est le conjoint	38%

Champ : Femmes âgées de 18 à 75 ans, vivant en ménage ordinaire en Métropole. Source : enquête « Cadre de vie et sécurité » 2010-2013 - INSEE-ONDRP. Ces chiffres sont des moyennes obtenues à partir des résultats des enquêtes 2010, 2011, 2012 et 2013

Suite aux viols ou tentatives de viol qu'elles ont subis, seules 10% des victimes ont porté plainte (qu'elles l'aient ensuite maintenue ou retirée).
En 2006, l'enquête « Contexte de la sexualité en France » menée par l'INSERM et l'INED, à l'initiative de l'agence nationale de recherche sur le SIDA, a permis de mesurer le nombre de personnes ayant subi des violence sexuelles (attouchements, tentatives de rapport forcé ou rapports forcés) au cours de leur vie. Ces violences ont concerné **20,4 % des femmes et 6,8 % des hommes** âgés de 18 à 69 ans.

Source : enquête « Contexte de la sexualité en France », INSERM-INED, 2006.

Mutilations sexuelles

La France comptait en 2004, environ **53 000 femmes adultes** qui auraient subi des mutilations sexuelles (hypothèse moyenne). Neuf victimes sur dix ont été excisées avant l'âge de 10 ans.

Source : Andro A. et Lesclingand M., Les mutilations sexuelles féminines, in Population & sociétés, n°438, INED, octobre 2007. Chiffres clés 2012, l'égalité entre les femmes et les hommes.

Document 2

Loi n° 2010-769 du 9 juillet 2010 relative aux violences faites spécifiquement aux femmes, aux violences au sein des couples et aux incidences de ces dernières sur les enfants

Comité départemental de l'accès aux droits des Landes

L'amélioration de la protection des victimes de violence

L'ordonnance de protection rendue par le Juge aux affaires Familiales

Article 515-9 du Code civil : « Lorsque les violences exercées au sein du couple ou par un ancien conjoint, un ancien partenaire lié par un pacte civil de solidarité ou un ancien concubin mettent en danger la personne qui en est victime, un ou plusieurs enfants, le juge aux affaires familiales peut délivrer en urgence à cette dernière une ordonnance de protection. »

L'ordonnance de protection est délivrée par le juge, saisi par la personne en danger, si besoin assistée, ou, avec l'accord de celle-ci, par le ministère public. Dès la réception de la demande d'ordonnance de protection, le juge convoque, par tous moyens adaptés, pour une audition, les parties, assistées, le cas échéant, d'un avocat, ainsi que le ministère public. Ces auditions peuvent avoir lieu séparément. Elles peuvent se tenir en chambre du conseil. (en privé).

Les mesures susceptibles d'être prises par le JAF sont énumérées à l'article 515-11 du Code Civil. Si l'auteur des faits ne respecte pas les mesures prises par le Juge, il risque une sanction de 2 ans d'emprisonnement et 15 000 € d'amende.

A noter : Une ordonnance de protection peut également être délivrée par le juge à la personne majeure menacée de mariage forcé.

L'assignation à résidence sous le régime du placement sous surveillance électronique

Elle peut être prononcée :

- Lorsque la personne est mise en examen pour des violences ou des menaces, punies d'au moins cinq ans d'emprisonnement, commises soit sur son conjoint, son concubin ou son partenaire lié par un pacte civil de solidarité, soit contre ses enfants ou ceux de son conjoint, concubin ou partenaire. Ces dispositions sont également applicables lorsque l'infraction est commise par l'ancien conjoint ou concubin de la victime ou par la personne ayant été liée à elle par un pacte civil de solidarité.
- A l'encontre d'une personne majeure, dont une expertise médicale a constaté la dangerosité, condamnée à une peine privative de liberté d'une durée égale ou supérieure à cinq ans pour des violences ou des menaces commises sur les personnes citées précédemment. Lorsque cette personne est mise en examen ou soumise à un suivi socio-judiciaire ou bénéficiant d'une libération conditionnelle pour un crime ou un délit commis à l'encontre des personnes citées ci-dessus est placée sous assignation à résidence avec surveillance électronique mobile et qu'une interdiction de rencontrer la victime a été prononcée, cette dernière peut, si elle y consent expressément, se voir proposer l'attribution d'un dispositif de téléprotection lui permettant d'alerter les autorités publiques en cas de violation des obligations imposées au mis en examen ou le port d'un dispositif électronique permettant de signaler à distance que la personne mise en examen se trouve à proximité.

L'amélioration de la sécurité juridique des personnes étrangères qui sont victimes de violences conjugales

- Le renouvellement du titre de séjour est de droit pour personnes entrées en France au titre du regroupement familial qui ont cessé la cohabitation à cause des violences qu'elles ont subies au sein de leur couple. Ainsi, ce nouvel article aligne les conditions du renouvellement du titre de séjour sur celles de sa première délivrance.
- Sur le fondement de l'ordonnance de protection accordée par le Juge aux affaires familiales, la loi permet désormais la délivrance ou le renouvellement d'une carte de séjour, aux personnes subissant des violences conjugales. Ces mêmes personnes peuvent se trouver, le cas échéant, en situation irrégulière en France et obtenir une régularisation sur ce fondement. Cette personne ne doit pas représenter une menace pour l'ordre public.

A noter : la loi ouvre l'accès à l'aide juridictionnelle aux personnes étrangères qui bénéficient d'une ordonnance de protection.

- Une carte de résident peut être délivrée à l'étranger ayant déposé plainte pour un crime ou délit commis par le conjoint, le concubin ou le partenaire lié à la victime par un pacte civil de solidarité si la personne est condamnée. Cela est aussi applicable dès lors que l'infraction est commise par l'ancien conjoint, l'ancien concubin ou l'ancien partenaire lié à la victime par un pacte civil de solidarité en raison des relations ayant existé entre l'auteur des faits et la victime.
- Un visa de retour est délivré par les autorités consulaires françaises à la personne de nationalité étrangère bénéficiant d'un titre de séjour en France au titre de la vie privée et familiale ou du regroupement familial dont le conjoint a, lors d'un séjour à l'étranger, dérobé les documents d'identité et le titre de séjour.
- Les consulats prennent les mesures adaptées pour assurer, avec leur consentement, le retour sur le territoire français des Français ou étrangers en situation régulière lorsque ces personnes ont été victimes à l'étranger de violences volontaires ou d'agressions sexuelles commises dans le cadre d'un mariage forcé ou en raison de leur refus de se soumettre à un mariage forcé.

L'accès facilité au logement des personnes victimes de violences conjugales

Passation de conventions avec les bailleurs de logements pour réserver dans chaque département un nombre suffisant de logements, répartis géographiquement, à destination des personnes victimes de violences, protégées ou ayant été protégées par une ordonnance de protection.

La loi accentue la répression des auteurs de violences faites aux femmes

L'introduction de la notion de violences psychologiques

Le harcèlement au sein du couple (mariage, concubinage, pacs) ou entre les ex-membres du couple est désormais réprimé comme un délit puni de trois ans d'emprisonnement et de 45 000 euros d'amende.

Si ces faits ont entraîné une incapacité totale de travail supérieure à 8 jours (incapacité déterminée par le médecin qui juge le degré de gravité de la blessure et la gêne que celle-ci occasionne au quotidien), la peine est de 5 ans d'emprisonnement et 75 000 € d'amende. En vigueur au 11 juillet 2010

La suppression de la présomption du consentement des époux à l'acte sexuel

En conséquence de l'introduction dans la loi, en 2006, de la reconnaissance du viol entre époux.

Document 3

PLAN TRIENNAL DE LUTTE CONTRE LES VIOLENCES FAITES AUX FEMMES : LE GOUVERNEMENT DOUBLE LES MOYENS

NE LAISSER AUCUNE VIOLENCE DÉCLARÉE SANS RÉPONSE PÉNALE, SANITAIRE ET SOCIALE

L'action publique contre les violences faites aux femmes est profondément réorganisée autour du principe d'une réponse systématique et complète pour chaque violence déclarée. La main courante sans suite était devenue le symbole de ces appels au secours laissés sans réponse. **Un protocole a donc été envoyé aux Préfets et aux procureurs sur ce sujet élaboré par les ministres des Droits des femmes, de l'Intérieur et de la Justice pour mieux encadrer le dépôt des mains courantes en cas de violences faites aux femmes et le traitement qui doit leur être réservé.** Il réaffirme **le principe de l'enregistrement d'une plainte et limite le recours aux mains courantes aux seuls cas de refus explicite et éclairé de la victime.** Dans le cas où la victime refuse de déposer plainte, et où elle souhaite enregistrer une main courante, le protocole rend systématique l'orientation de la victime vers un intervenant social ou une association spécialisée. **Il prévoit enfin un contrôle régulier de ces mains courantes par les parquets.**

Pour que la victime puisse trouver, dès sa première visite en commissariat ou brigade, les réponses utiles à la rassurer sur l'hébergement, la prise en charge des enfants ou l'accompagnement judiciaire, social et sanitaire, le plan prévoit un doublement du nombre des intervenants sociaux en commissariats et en brigades de gendarmerie (soit 350 intervenants en 2017). Dans les autres commissariats, des conventions seront passées avec des associations spécialisées pour assurer aide et conseil aux victimes.

Les préfets et procureurs **déclineront au plan local le principe de réponse systématique et complète.** Cette déclinaison s'organise à compter de ce 25 novembre 2013, jour de réunion par les préfets de tous les partenaires concernés par ce plan sur tous les territoires sans exception.

Il sera fait de l'actuel «39 19» un numéro de référence d'accueil téléphonique et d'orientation des femmes victimes de violences, gratuit (y compris depuis un téléphone portable) et ouvert 7/7 à compter du 1er janvier 2014. Une nouvelle plate-forme Internet à l'accessibilité facilitée pour les personnes souffrant de handicap, sera créée pour répondre à toutes les demandes.

Pour la première fois, **les violences faites aux femmes seront considérées comme une priorité de santé publique.** Un protocole national adressé aux Agences Régionales de Santé permettra de renforcer les liens entre services de santé, de police et de justice. Il prévoira notamment la désignation de référents locaux, chargés d'améliorer la coordination des différentes entités intervenant auprès des victimes, et le rythme de leurs rencontres. Il assurera l'information réciproque des acteurs intervenant auprès des victimes et ainsi la protection apportée à ces dernières.

MOBILISER LA SOCIÉTÉ ET FORMER LES PROFESSIONNELS

Les violences faites aux femmes sont une violence privée, qu'il faut rendre visible. Elles sont aussi une violence de la société toute entière, qui commence par la tolérance à l'égard des agressions et propos sexistes. **Le plan du gouvernement contre les violences faites aux femmes est un plan global pour changer le regard que la société porte sur les femmes** et qui se décline à l'école, dans le sport, dans l'éducation populaire, dans les médias, la publicité... Sa présentation est concomitante au **lancement d'une campagne nationale d'information** sur les violences faites aux femmes.

Le plan assure **la mobilisation de l'ensemble des services publics,** à travers la construction d'un programme de **formation initiale et continue spécifique à ces violences pour tous les professionnels impliqués** assurée par la Miprof[1], institution créée en février 2013. Sont ainsi concernés : les médecins, les personnels médicaux et paramédicaux, les travailleurs sociaux, les magistrats, les avocats, les personnels enseignants et d'éducation, les agents de l'état civil, les personnels d'animation sportive, culturelle et de loisirs, les personnels de la police nationale, des polices municipales et de la gendarmerie nationale, les personnels de l'Office français de protection des réfugiés et apatrides, et les agents des services pénitentiaires.

La Miprof **jouera également son rôle d'observatoire des violences** pour faire connaître des expérimentations innovantes réussies sur tout le territoire et organiser le partage d'expérience. La recherche sera renforcée avec notamment le financement de l'enquête Virage[2], 13 ans après la première étude à grande échelle.

1. Mission interministérielle pour la protection des femmes contre les violences et la lutte contre la traite des êtres humains

DES MOYENS DÉDIÉS POUR LES VICTIMES

Le 25 novembre 2012, le président de la République a souhaité qu'un tiers des places créées au titre de l'hébergement d'urgence soit réservé à l'accueil et l'accompagnement des femmes victimes de violences. **Le gouvernement garantira ainsi la création d'ici 2017 de 1650 solutions d'hébergement d'urgence** nouvelles.

Pour assurer le succès de ce plan, **le gouvernement a décidé de doubler les moyens spécifiques consacrés** (66 millions d'euros sur 3 ans) **aux violences faites aux femmes.**

ORGANISER UNE RÉPONSE URGENTE EN CAS DE VIOLS

27 plaintes pour viol sont déposées par jour. Parmi ces 10000 viols constatés, 4500 sont des viols sur majeurs et 1400 seulement font l'objet d'une condamnation. Un défi essentiel est d'accélérer la réponse aux urgences médicales en cas de viol pour assurer les constatations de la façon la plus précoce et accompagner les victimes dès le premier recours au soins. **Un kit de constatation en urgence** est en préparation, qui sera expérimenté dans plusieurs services d'accueil des urgences sur le modèle du kit utilisé aux États-Unis par les *Sex Assault Response Team*. Cette expérimentation doit permettre une prise en charge plus rapide et plus professionalisée, le cas échéant au domicile de la victime.

2. Violences et rapports de genre

Document 4

Mise à l'abri et nouveau départ

À Paris, le centre de stabilisation Suzanne-Képès accueille seize femmes victimes de violences intrafamiliales, avec ou sans enfants. Dans un cadre chaleureux, elles bénéficient d'un accompagnement social, juridique et psychologique.

Le centre Suzanne-Képès est né des volontés conjuguées de la ville de Paris, de l'Etat et de l'association Aurore qui le gère, d'étoffer l'offre d'hébergement pour les femmes victimes de violences conjugales, il a ouvert ses portes en juillet 2007. La mission première du centre Suzanne-Képès est la mise en sécurité des femmes accueillies. Les éducateurs, présents de 9h à 21h, et les veilleurs de nuit se relaient afin d'assurer une surveillance constante de la structure. A leur arrivée, les femmes se sentent rassurées, elles se détendent, changeant même rapidement d'apparence physique. Après avoir vécu dans la peur, elles affirment pouvoir enfin se reposer sans crainte. « *Paradoxalement, ce lieu qui les « enferme » par sa sécurisation, les libère* », constate Liza Janoueix, chef de service. Les enfants aussi, très agités à leur arrivée, s'apaisent rapidement.

Porter plainte

Les éducateurs accompagnent les femmes dans leurs démarches juridiques, de manière personnalisée. En 2008, 74 % d'entre elles ont porté plainte. L'équipe amène la mère à porter rapidement plainte au commissariat et à demander une audience au juge aux affaires familiales pour obtenir le droit de garde. En attendant sa décision, elle peut proposer au père de voir l'enfant chez un tiers. Cependant, l'équipe l'incite à plutôt organiser ces rencontres dans un lieu d'accueil pour des visites médiatisées.

Pour la femme, rompre avec son ancien conjoint violent est souvent très difficile. « *Dans cette situation d'emprise, elle reste ambivalente surtout si son ancien compagnon est le père de ses enfants. Le fait d'avoir des contacts avec leur ancien conjoint ne constitue pas, bien entendu, un motif d'exclusion de la structure. Nous ne portons aucun jugement, même si nous incitons les femmes à faire le point sur leurs sentiments et leurs « ambiguïtés* », souligne la chef de service.

Les femmes accueillies au centre Suzanne-Képès éprouvent en priorité un très fort besoin de parler, via des entretiens formels et informels avec l'équipe. Au moment de leur entretien d'admission, elles rencontrent également la psychologue de la structure. D'autres sont orientées vers des partenaires proposant des entretiens de soutien psychologique.

L'équipe est très attentive à ce qui se passe pour l'enfant témoin des violences familiales.

A leur arrivée, la majorité des femmes n'ont ni travail ni ressources. Durant les premiers mois de leur séjour, l'association leur octroie des chèques service pour la nourriture et la vêture et les dispense de participer aux frais d'hébergement. La moitié des résidentes travaillent ou suivent une formation qualifiante, les autres en sont empêchées (grossesse, maladie, absence de titre de séjour...) Certaines subissent le contrecoup de leur histoire et souffrent de divers maux. Pour les soutenir et les aider à aller mieux, l'équipe organise des sorties et des ateliers en fonction de leurs désirs et demandes (théâtre, peinture...) Ces femmes ont besoin de reprendre confiance en elles, de se réapproprier leur corps et de réapprendre la bientraitance.

Les enfants témoins

L'équipe est très attentive à ce qui se passe pour l'enfant témoin des violences familiales. L'image de ses deux parents est souvent dégradée. L'équipe amène la mère à prendre conscience – si ce n'est déjà fait – que son fils ou sa fille est une victime collatérale de ces violences. Ce sont les professionnels qui permettent le plus souvent à l'enfant de trouver des appuis leur évitant d'être pris dans des conflits de loyauté trop importants. Et en effet, à la condition qu'ils bénéficient d'une aide en leur nom propre, les enfants se sentent rapidement mieux.

Le relogement des résidentes constitue la principale difficulté du centre Suzanne-Képès. La durée d'accueil, fixée à trois mois renouvelables, s'élève en réalité à une quinzaine de mois. 90 % des résidentes ne relèvent pas d'un relogement en centre d'hébergement et de réinsertion sociale (CHRS) et l'équipe estime que cela constituerait pour elles une régression. En lien avec l'association Aurore, elle met en place des partenariats avec des propriétaires solidaires et des bailleurs sociaux (Solibail, baux glissants...), pour favoriser l'accès au logement autonome des femmes mais cela reste insuffisant.

A l'heure actuelle, l'équipe assure une écoute téléphonique pour les femmes qui la contactent. Cela leur permet de commencer à mûrir leur séparation et d'élaborer un projet d'avenir en attendant une mise à l'abri. En effet, dans 90 % des cas – surtout si elle a de jeunes enfants – une femme quittant son conjoint pour se réfugier à l'hôtel lors d'une crise de violence, regagnera le domicile familial, si elle ne bénéficie pas d'une écoute et d'un soutien.

Katia Rouff

16 LIEN SOCIAL n°976 - 10 juin 2010

Sujet 2

Méthodologie

L'analyse des questions

Question 1	« Vous présenterez les éléments du contexte ainsi que les principes et les enjeux de la loi du 9 juillet 2010 et du plan triennal 2014-2016 de lutte contre les violences faites aux femmes. » Politique sociale = lutte contre les violences faites aux femmes. Consigne = éléments de contexte (état des lieux, données statistiques) et principes et enjeux de la loi de 2010 et du plan triennal 2014-2016.
Question 2	« Identifiez les articulations entre les principaux acteurs concernés par la prise en charge des victimes de violences conjugales. » Politique sociale = identique à celle de la question 1. Consigne = identifier les acteurs et leur articulation (sans oublier leurs missions).
Question 3	« Vous êtes assistant de service social dans un service d'urgence d'un centre hospitalier confronté à l'accueil de femmes victimes de violences. Pour apporter une réponse aux besoins de ces personnes, tant du point de vue de la protection que de la prévention, vous êtes amené à mobiliser un réseau pour construire un projet territorial. Sur quelles ressources institutionnelles et quels partenariats pouvez-vous vous appuyer ? » Service social = service d'urgence hospitalier. Public = femmes victimes de violences. Problématique = accueil, prévention et protection des femmes victimes de violences. Consigne = élaboration d'un projet territorial et réponses à apporter, réseau à mobiliser (équipe institutionnelle et partenariat).

L'analyse des documents

Document 1	Chiffres de référence sur les violences faites aux femmes Données statistiques → éléments de contexte de la politique sociale.	**Question 1**
Document 2	Loi du 9 juillet 2010 Présentation du texte de loi → politique sociale et acteurs. Ne pas oublier la loi du 4 août 2014 sur l'égalité entre les hommes et les femmes qui complète et renforce les dispositions de la loi de 2010.	**Questions 1 et 2**
Document 3	Plan triennal de lutte contre les violences faites aux femmes Présentation du plan → politique sociale.	**Question 1**
Document 4	Mise à l'abri et nouveau départ Témoignage sur l'accueil de femmes victimes de violences en CHRS → interventions professionnelles.	**Question 3**

Proposition de corrigé

QUESTION 1

L'état des lieux des violences faites aux femmes

En 2013 en France, le nombre de femmes victimes de violences physiques et/ou sexuelles est estimé à 216 000. 121 femmes et 33 enfants sont décédés suite à des violences conjugales. Seules 16 % des femmes victimes ont porté plainte.

En ce qui concerne les violences sexuelles, on dénombre 86 000 femmes victimes. 86 % des auteurs de violences sont connus de leurs victimes : il s'agit du conjoint dans 38 % des cas. Le nombre de dépôts de plaintes est de 10 % seulement.

Les mutilations sexuelles sont difficiles à quantifier précisément (estimation basse égale à 56 000 mutilations sexuelles). 9 mutilations sexuelles sur 10 seraient exercées avant l'âge de 10 ans.

L'évolution de la lutte contre les violences faites aux femmes

C'est à partir des années 2000 que l'État s'engage résolument dans une politique de lutte contre les violences faites aux femmes.

Dans un premier temps, la protection est envisagée dans le cadre du travail. Ainsi les lois du 9 mai 2001 et du 17 janvier 2004 protègent respectivement les femmes contre le harcèlement sexuel et le harcèlement moral au travail.

Dans un second temps, c'est le cadre conjugal qui est visé. La loi du 26 mai 2004 autorise le juge aux affaires familiales (JAF) à statuer en urgence sur l'attribution du logement. La loi du 12 décembre 2005 facilite, quant à elle, l'éloignement du conjoint violent. La loi du 4 avril 2006 reconnaît enfin le viol entre époux et aligne l'âge légal du mariage des femmes sur celui des hommes, ceci afin de lutter contre les mariages forcés.

Les principales orientations de la loi du 9 juillet 2010

La loi du 9 juillet 2010 complète l'arsenal législatif en s'intéressant plus particulièrement aux violences exercées au sein du couple et à leurs incidences sur les enfants.

Le dépôt de plainte est facilité afin que les femmes ne craignent pas de porter plainte par peur de perdre la garde de leurs enfants, de se retrouver sans logement ou d'être expulsées si elles sont en situation irrégulière. La main courante doit être réservée aux femmes qui refusent de porter plainte et en l'absence de faits graves. La loi prévoit la transmission systématique des plaintes et des mains courantes au parquet ainsi que la convocation de l'auteur des faits dans les 48 heures.

La loi crée l'ordonnance de protection. Celle-ci est décidée par le JAF en cas de violences exercées par le conjoint (marié, pacsé ou concubin) sur la femme et/ou ses enfants. La justice peut être saisie par la victime ou le ministère public. L'ordonnance est prise dans les 24 heures. Elle peut prévoir des mesures de protection comme l'éviction du conjoint violent du domicile et/ou des mesures d'éloignement du domicile, un hébergement d'urgence ou le relogement de la femme et de ses enfants, ainsi que l'autorisation de dissimuler l'adresse du nouveau domicile. En présence d'enfants, il est possible d'effectuer un signalement au procureur de la République et de saisir le juge des enfants. La loi du 4 août 2014 sur l'égalité entre les hommes et les femmes porte la durée de l'ordonnance à 6 mois. En cas de non-respect des mesures de l'ordonnance, la loi prévoit enfin des sanctions pénales pour le conjoint violent de 2 ans de prison et 15 000 euros d'amende ainsi que le port d'un bracelet électronique pour contrôler le respect des mesures d'éloignement.

Deux nouveaux délits sont créés, le délit de harcèlement moral au sein du couple, pour lutter contre les violences psychologiques, et le délit de contrainte au mariage, afin de lutter contre les mariages forcés.

Il est prévu une protection particulière pour les femmes étrangères. Les femmes immigrées venues dans le cadre du regroupement familial et qui se séparent de leur conjoint suite à des violences conjugales peuvent se voir attribuer un titre de séjour. Il en est de même pour les femmes en situation irrégulière ayant subi des violences conjugales.

Les plans triennaux de lutte contre les violences faites aux femmes

Depuis 2005, des plans triennaux complètent la législation en matière de violences faites aux femmes.

Le plan 2005-2007 est le premier plan global de lutte contre les violences exercées dans le cadre conjugal. Dix objectifs visent à apporter des réponses sociales, économiques, une meilleure protection juridique, le développement du partenariat et une meilleure coordination des acteurs.

Le plan 2008-2010 concerne principalement l'entourage des femmes victimes et la protection des enfants.

Le plan 2011-2013 prévoit des mesures centrées sur les mariages forcés, la polygamie, les violences sexistes et sexuelles au travail, les viols et les agressions sexuelles et les liens entre la prostitution et la traite des êtres humains.

Le dernier plan 2014-2016 est centré sur trois objectifs prioritaires : la nécessité d'apporter une réponse à tout acte de violence déclaré, la protection des victimes et la mobilisation générale de la société. Il vise à faire connaître la plate-forme d'accueil téléphonique « Violences femmes info » (3919) et à généraliser l'utilisation du « Téléphone grand danger » qui permet une intervention immédiate de la police.

QUESTION 2

Les femmes victimes de violences, quelle que soit la nature des violences subies (violences physiques, verbales, psychologiques), et leurs enfants sont les premiers acteurs concernés par cette politique.

La protection

« Violences femmes info » est une plate-forme d'écoute téléphonique (3919). Elle a pour mission l'écoute, l'information et l'orientation des femmes victimes de violences et des témoins de violences faites à des femmes. L'appel est anonyme et gratuit et ne figure pas sur les factures de téléphone.

La police et la gendarmerie recueillent les plaintes et les mains courantes et les transmettent aux parquets. Ils participent à l'accueil et à l'écoute des victimes grâce aux intervenants sociaux présents dans certains de leurs services.

En ce qui concerne la justice, les parquets réceptionnent les plaintes et les mains courantes, saisissent le juge pour d'éventuelles poursuites pénales. Les JAF prennent des ordonnances de protection et saisissent éventuellement les juges des enfants dans le cadre de la protection judiciaire des mineurs en danger.

Le secteur sanitaire est également concerné avec les services des urgences et les référents en matière de violences sexuelles dans certains services hospitaliers. Les unités médico-judiciaires (UMJ) pratiquent les examens médicaux à la demande de la police ou de la justice (constats de coups et blessures, examens psychiatriques, détermination des incapacités totales de travail...).

Le secteur de l'hébergement et du logement assure l'hébergement d'urgence (CHU, centres de stabilisation), l'hébergement d'insertion (CHRS) et l'accès à un logement adapté (résidences sociales, maisons relais), ceci sans oublier les centres maternels accueillant les femmes enceintes ou avec des enfants de moins de trois ans.

Les associations d'aide aux victimes et de consultations juridiques proposent un accompagnement juridique et une aide dans les procédures judiciaires.

La prévention

Le Centre national d'information sur les droits des femmes et des familles (CNIDFF) est un centre de ressources, de documentation, d'information et de veille sociale. Ses missions sont l'accès aux droits pour les femmes, la lutte contre les discriminations sexistes et la promotion de l'égalité entre les femmes et les hommes. Le réseau des centres départementaux d'information sur les droits des femmes et des familles (CDIFF) est formé par une fédération d'associations agréées par l'État pour une mission d'intérêt général en matière d'information juridique et d'accompagnement des femmes et des familles (médiation familiale et conjugale….).

La mission interministérielle pour la protection des femmes victimes de violences et la lutte contre la traite des êtres humains (MIPROF) a pour mission le recueil, l'analyse et la diffusion des données sur les violences faites aux femmes. Elle est chargée de constituer un réseau partenarial entre associations, collectivités territoriales et État dans le but de développer des initiatives locales et de mobiliser l'ensemble des acteurs contre les violences faites aux femmes. Elle a enfin un rôle de formation et d'information dans le cadre de l'Éducation nationale, de la justice, de l'hôpital, de la police, de la prison, de l'Office français de protection des réfugiés et des apatrides (OFPRA), des services sociaux…

Les services sociaux spécialisés (service social en faveur des élèves par exemple) ou de droit commun (polyvalence de secteur) peuvent participer à des actions de prévention et d'information, ainsi qu'à l'accompagnement des femmes victimes de violences.

Les associations spécialisées dans l'accueil, l'information, l'orientation, la prévention en direction des femmes et/ou les professionnels intervenant dans ce secteur participent également à la mission de prévention des violences faites aux femmes.

QUESTION 3

Les missions du service social hospitalier

Il convient de se reporter aux missions du service social hospitalier développées dans le chapitre 4 de la partie 1 et de préciser les spécificités du service des urgences : lieu de passage rapide dans lequel le patient vient pour soigner un symptôme qui peut cacher une situation sociale complexe.

Le projet territorial

Afin d'élaborer un diagnostic social, j'évalue les besoins et les difficultés des femmes victimes de violences. Il s'agit d'analyser la nature des violences, l'état de santé physique (nécessitant une hospitalisation ou permettant une sortie rapide) et psychique (phase du cycle de la violence, prise de conscience ou situation d'emprise de la femme), les conséquences sur les enfants, la situation financière, professionnelle et sociale (isolement ou entourage familial et amical).

J'effectue cette évaluation dans le cadre d'un travail d'équipe. Le partage de cette évaluation globale se fait dans le respect du secret partagé avec l'équipe médicale (médecin, psychiatre, psychologue, infirmier et, éventuellement, référent violences sexuelles) et la patiente afin d'élaborer un projet de sortie adapté et négocié.

Je repère les ressources du territoire afin d'élaborer un diagnostic territorial. J'assure une veille institutionnelle pour repérer les acteurs du territoire concernés par cette problématique sur le plan de la protection (justice, police, structures d'hébergement, associations de défense des droits des femmes) et de la prévention (CIDFF, services sociaux du département, de la CAF).

Les interventions professionnelles

J'assure la protection des femmes, en permettant une mise à l'abri et en assurant leur sécurité (orientation vers le secteur de l'hébergement et du logement adapté si le maintien dans le domicile ou l'hébergement dans la famille n'est pas possible ou n'est pas souhaité par la femme), et des enfants (information préoccupante éventuelle à la cellule départementale).

J'informe ces femmes de leurs droits (dépôt de plainte, maintien dans le logement) et je les accompagne dans leurs démarches judiciaires (dépôt de plainte ou main courante en lien avec les intervenants sociaux des commissariats) et administratives (changement d'adresse, domiciliation).

Je propose un accompagnement social et psychologique (avec le psychiatre ou le psychologue du service des urgences ou d'une association spécialisée) et j'organise un relais avec les services sociaux de droit commun. J'informe également ces femmes de la possibilité de visites médiatisées avec le père des enfants.

Dans le cadre de la prévention, je participe et/ou j'organise des journées d'information sur la loi de 2010 et l'ordonnance de protection, avec un JAF, ou sur le cycle de la violence conjugale, avec le psychiatre du service.

Je peux également organiser des groupes de parole sur le cycle de la violence conjugale avec un psychologue d'une association.

Je participe à la constitution d'un travail en réseau avec l'ensemble des acteurs impliqués dans l'accompagnement de femmes. Je mets en place des réunions régulières de travail avec des magistrats, des policiers, des intervenants sociaux afin d'échanger sur les pratiques professionnelles et d'assurer une fonction d'expertise sociale (remontée des besoins auprès d'instances comme la MIPROF).

Pour en savoir +...

Ouvrages

- AFFOLTER Isabelle, *Accueillir des femmes en détresse : le quotidien d'un centre d'hébergement*, Érès, 2008.
- BARTHES Marie, NOURIGAT Nicole, *Décider de vivre : lutte contre la violence familiale*, Champ Social, 2008.
- CHAUVAUD Frédéric, *La Dynamique de la violence : approches pluridisciplinaires*, Presses universitaires de Rennes, 2010.
- DIEU François, SUHARD Pascal, *Justice et femme battue : enquête sur le traitement judiciaire des violences conjugales*, L'Harmattan, 2008.
- LIEBER Marylène, *Genre, violences et espaces publics : la vulnérabilité des femmes en question*, Presses de Sciences Po, 2008.

Études et rapports

- CSTS, *La Lutte contre les violences faites aux femmes : une approche pour l'intervention sociale d'intérêt collectif*, EHESP, 2010.
- INSEE Première, *Les Violences faites aux femmes*, n° 1180, 2008.

Articles

- HELFTER Caroline, « Violences conjugales : les enfants, victimes oubliées », *ASH*, n° 2649, mars 2010.
- NECTOUX Marc et al., « Évaluation économique des violences conjugales en France », *Santé publique*, n° 4, juillet 2010.
- ROUFF Katia, SADLIER Karine, « Violences conjugales : protéger l'enfant », *Lien Social*, n° 1029, août 2011.

Sites associatifs

- Association contre les violences faites aux femmes au travail (AVFT)
- Fédération nationale Solidarité femmes
- Groupe pour l'abolition des mutilations sexuelles (GAMS)
- Institut national d'aide aux victimes et de médiation (INAVEN)
- Réseau PREVIOS
- SOS Femmes Accueil
- Stop-violences-femmes.gouv.fr (site du ministère de la Solidarité et de la Cohésion sociale)

> Sujet 3

Le maintien à domicile des personnes âgées dépendantes (sujet de septembre 2012)

QUESTION 1

Après avoir contextualisé la politique en faveur des personnes âgées dépendantes, vous en présenterez les principales orientations et les enjeux.

QUESTION 2

Identifiez les acteurs et partenaires qui participent au maintien à domicile des personnes âgées dépendantes. Précisez leurs articulations et leurs missions.

QUESTION 3

Vous exercez comme assistant de service social en milieu hospitalier au sein d'un service de gériatrie. Comment contribuez-vous, sur votre secteur d'intervention, au retour ou au maintien à domicile des personnes âgées dépendantes hospitalisées ou en soins palliatifs ?

ANNEXES

Document 1 : « 10 questions sur les dispositifs en faveur du maintien à domicile » ?, La Gazette santé-social, juin/juillet 2011.

Document 2 : « Soins palliatifs : le défi du maintien à domicile », ASH n° 2693 du 21 janvier 2011.

Document 3 : Plan solidarité grand âge 2007-2012, présenté le 27 juin 2006 par Philippe Bas, ministre délégué à la Sécurité sociale, aux Personnes âgées, aux Personnes handicapées et à la Famille.

Document 1

10 QUESTIONS SUR les dispositifs en faveur du maintien à domicile

Pour répondre à la demande des personnes de vivre chez elles et à la nécessité de désencombrer les structures d'accueil, une kyrielle de dispositifs existe.

REPÈRES

- **Code de l'action sociale et des familles :** art. L.14-10-1, L.14-10-5, L.113-3, L.114-1-1, L.146-6, L.146-8, L.232-1, L.245-2, L.245-3, L.311-3, L.312-1, L.313-1-2, L.313-3, D.245-3, D.245-14, D.312-1 à D.312-4, D.312-6, D.312-7, R.314-105.
- **Code du travail :** art. L.7231-1, L.7232-1.
- **Code de la Sécurité sociale :** art. L.241-10, D.241-5, R.264-1.
- **Code de la santé publique :** art. L.1431-2, L.6321-1.
- **Code général des impôts :** art. 199 sexdecies.
- **Lettre DGAS/Dhos/2C/03 n° 2004/452 du 16 septembre 2004.**

1 En quoi le maintien à domicile consiste-t-il et à qui s'adresse-t-il ?

Le maintien à domicile d'une personne consiste en une alternative à son admission dans un établissement ou un service social ou médico-social, en lui permettant de recevoir, en milieu de vie ordinaire, les prestations adaptées à sa prise en charge et à son accompagnement individualisé (art. L.311-3 du Code de l'action sociale et des familles, CASF). Il se traduit, d'une part, par des prestations d'aide et d'accompagnement, délivrées par des établissements et des services sociaux ou médico-sociaux, comprenant des services ménagers, une assistance dans les actes quotidiens de la vie et une aide à l'insertion sociale (art. D.312-6 du CASF), d'autre part, par des prestations de soins infirmiers, techniques ou de base et relationnels (art. D.312-1 du CASF). Une personne peut bénéficier de cette double prestation au titre d'un service polyvalent d'aide et de soins à domicile (art. D.312-7 du CASF).

Le maintien à domicile s'adresse aux personnes âgées de plus de 60 ans, malades ou dépendantes, aux adultes de moins de 60 ans souffrant d'un handicap ou atteints d'une pathologie chronique ou d'une affection comportant un traitement prolongé et une thérapeutique particulièrement coûteuse ou d'une affection grave caractérisée (art. D.312-1 et D.312-6 du CASF).

2 Qui assure les prestations d'aide et d'accompagnement à domicile ?

Les prestations d'aide et d'accompagnement à domicile sont réalisées par des aides à domicile, notamment des auxiliaires de vie sociale (art. D.312-6 du CASF), salariés d'un établissement ou d'un service social ou médico-social relevant de l'article L.312-1 du CASF, autorisé par le président du conseil général ou le directeur de l'agence régionale de santé (art. L.313-3 du CASF). Les aides à domicile peuvent également être employées par un service d'aide et d'accompagnement à domicile agréé dans les conditions de l'article L.7232-1 du Code du travail (CT) [art. L.313-1-2 du CASF].

3 A qui les prestations de soins infirmiers à domicile sont-elles confiées ?

Interviennent dans un service de soins infirmiers à domicile, sur prescription médicale (art. D.312-1 du CASF) et sous la responsabilité d'un infirmier coordonnateur (art. D.312-3 du CASF), des infirmiers, des aides-soignants, des aides médico-psychologiques et, en cas de besoin, des pédicures-podologues, des ergothérapeutes et des psychologues. Des auxiliaires médicaux peuvent également être sollicités (art. D.312-2 du CASF). Des infirmiers et des pédicures-podologues libéraux peuvent être associés, par convention, aux interventions du service (art. D.312-4 du CASF).

Dans le cadre du Plan Alzheimer 2008-2012, une expérimentation est menée, depuis septembre 2009, par 40 équipes pilotes intégrées à des services de soins infirmiers à domicile ou des services polyvalents d'aide et de soins à domicile. Ce dispositif sera généralisé en 2012 par la création de 500 équipes sur l'ensemble du territoire.

4 Existe-t-il des aides humaines supplémentaires ?

En complément des services d'aide et d'accompagnement à domicile des établissements et des services médico-sociaux, les personnes âgées, handicapées ainsi que celles ayant besoin d'une aide personnelle ou à la mobilité favorisant leur maintien à domicile peuvent recourir, pour les actes essentiels de la vie quotidienne, aux services à la personne (art. L.7231-1 du CT). Ces dépenses ouvrent droit à une réduction ou à un crédit d'impôt sur le revenu à hauteur de 50 % des frais supportés, dans la limite de 12 000 euros par foyer fiscal et de 15 000 euros pour la première année (art. 199 sexdecies du Code général des impôts, CGI) ; elles sont exonérées de cotisations sociales patronales (sauf la cotisation accident du travail) pour les personnes âgées de plus de 70 ans ou celles âgées de plus de 60 ans assistées par une tierce personne (art. L.241-10, D.241-5 du Code de la Sécurité sociale, CSS).

Le conseil général intervient dans le financement de ces emplois *(lire La Gazette Santé-Social n° 66, p. 55)* par le biais de l'allocation personnalisée d'autonomie (APA) pour les personnes âgées de plus de 60 ans (art. L.232-1 du CASF), et de la prestation de compensation du handicap (PCH) pour celles de moins de 60 ans (art. L.245-2 du CASF). Les caisses de retraite peuvent financer partiellement le recours à une aide ménagère ou à une garde à domicile.

5 Quel rôle les relais d'assistants de vie jouent-ils ?

Dans le cadre de la professionnalisation du métier d'assistant de vie exerçant dans les services à la personne, des relais d'assistants de vie ont été mis en place, depuis 2007, pour permettre aux intervenants travaillant au domicile d'une personne en situation de perte d'autonomie de se former, de participer à des débats thématiques liés à leur métier ou encore de se constituer un réseau professionnel. Soutenue par la Direction générale de la cohésion sociale et la Caisse nationale de solidarité pour l'autonomie (CNSA), une première expérimentation a abouti à la créa- »

Les dispositifs en faveur du maintien à domicile

» tion de 9 relais dans 7 départements. L'Institut Fepem de l'emploi familial (Ifef) poursuit l'objectif d'implanter au moins 20 nouveaux relais d'ici fin 2012. Ce programme est financé à hauteur de 390000 euros par la CNSA. De son côté, l'Ifef prend à sa charge 448944 euros.

6 Quels sont les services pouvant favoriser le maintien à domicile ?

Les intervenants du secteur sanitaire et social peuvent être coordonnés au sein d'un réseau de santé. Celui-ci regroupe les professionnels de santé libéraux, les établissements de santé, les groupements de coopération sanitaire, les centres de santé, les institutions sociales ou médico-sociales, les organisations à vocation sanitaire ou sociale et les représentants des usagers. Il a pour objectif de favoriser l'accès aux soins, la continuité ou l'interdisciplinarité des prises en charge sanitaires, notamment de celles spécifiques à certaines populations ou pathologies (art. L.6321-1 du CSP).
Pour les personnes âgées de plus de 60 ans, le réseau de santé peut travailler avec un centre local d'information et de coordination gérontologique (Clic) et lui offrir une expertise médicale facilement mobilisable (lettre DGAS du 16 septembre 2004). Un Clic est un service social et médico-social (art. L.312-1 du CASF), où est installé un guichet d'accueil, de conseil et d'orientation des personnes âgées et de prise en charge des situations complexes.

7 Quel rôle une Maia peut-elle jouer pour le maintien à domicile ?

Les maisons pour l'autonomie et l'intégration des malades Alzheimer (Maia) coordonnent les activités des institutions et des professionnels de santé intervenant dans les secteurs social, médico-social et sanitaire sur un même territoire. Elles ont pour objectif d'assurer une prise en charge sanitaire et médico-sociale ainsi qu'un accompagnement personnalisé de la personne atteinte de la maladie d'Alzheimer et de sa famille et, à terme, de toute personne âgée très dépendante, voire de toute personne en perte d'autonomie (art. L.113-3 du CASF, mesure IV du Plan Alzheimer 2008-2012).
Alors que 15 Maia expérimentales fonctionnent depuis 2008, un appel à candidatures a été lancé en février par les agences régionales de santé, afin d'élargir le dispositif à 40 autres sites. Leur financement est assuré par les agences régionales de santé (art. L.1431-2 du CSP) et par la CNSA (art. L.14-10-5 du CASF).

8 En matière de logement, quelles sont les actions qui peuvent être utiles ?

Le maintien à domicile d'une personne en perte d'autonomie est conditionné à l'accessibilité et à l'adaptabilité de son logement. Alors qu'aucun dispositif collectif ne répond à cette problématique pour les personnes âgées, les personnes handicapées de moins de 60 ans, ou de moins de 75 ans pour celles dont le handicap était reconnu avant l'âge de 60 ans (art. D.245-3 du CASF), peuvent bénéficier d'une prestation compensatoire du handicap d'au plus 10000 euros sur dix ans. Cette disposition a pour objectif de faire face aux frais liés à l'aménagement de leur logement ou au coût de déménagement et d'installation en cas d'impossibilité d'adapter leur logement à leur handicap (art. L.114-1-1, L.245-3, D.245-14 du CASF). L'équipe pluridisciplinaire de la maison départementale des personnes handicapées (MDPH), éventuellement en liaison avec le Clic (art. L.146-6 du CASF), évalue les besoins de compensation de la personne handicapée et son incapacité permanente pour proposer un plan personnalisé (art. L.146-8 du CASF).
Afin de faciliter l'accès des personnes âgées et handicapées aux aides individuelles à l'adaptation du logement, la Caisse nationale de solidarité pour l'autonomie a développé des partenariats avec l'Agence nationale de l'habitat (Anah).
La Caisse nationale d'assurance vieillesse peut également participer financièrement à l'aménagement de l'habitat (art. R.264-1 du CSS).

9 Quelles aides techniques facilitent le maintien à domicile ?

La personne maintenue à domicile peut bénéficier d'un service d'assistance à distance qui la relie 24 heures sur 24 et 7 jours sur 7 à une centrale d'écoute et aux services des urgences. La visio-assistance permet un contact visuel. Par ailleurs, les centres communaux d'action sociale (CCAS) proposent aux personnes en perte d'autonomie de recevoir à domicile leurs repas.

10 Qui finance le secteur de l'aide et des soins à domicile ?

L'Etat, par le biais de la Caisse nationale de solidarité pour l'autonomie, finance l'accompagnement de la perte d'autonomie des personnes âgées ou handicapées à domicile (art. L.14-10-1 du CASF).
Le conseil général prend en charge, sous forme de tarifs horaires, les services d'aide à domicile dispensés aux personnes âgées, handicapées – quel que soit leur degré de handicap ou leur âge – ou aux personnes atteintes de pathologies chroniques par des établissements et services sociaux ou médico-sociaux.
L'assurance maladie finance, sous forme de dotation globale ou d'un prix de journée, les établissements ou les services d'enseignement qui assurent à domicile, à titre principal, une éducation adaptée et un accompagnement social ou médico-social aux mineurs ou aux jeunes adultes handicapés ou présentant des difficultés d'adaptation. Elle contribue également, sous forme de dotation globale, au financement des services de soins infirmiers à domicile (art. R.314-105 du CASF).

Document 2

DALICE DUPONT

Soins palliatifs : le défi du maintien à domicile

Le dernier bilan du Comité national de suivi du développement des soins palliatifs met en lumière une progression de l'offre en la matière (voir ce numéro, page 10). Dalice Dupont, assistante sociale à l'hôpital intercommunal du Haut-Limousin, à Bellac (Haute-Vienne), témoigne de la spécificité de l'accompagnement des malades en soins palliatifs à leur domicile.

« La profession d'assistante de service social apporte à la pratique des soins palliatifs une perspective qui s'insère parfaitement dans la philosophie holistique de ces soins : tant le travail social que les soins palliatifs relèvent d'une éthique d'intervention qui tient compte de l'individu dans sa globalité.

Les missions spécifiques de l'assistante sociale en soins palliatifs sont de quatre ordres :

- défendre les intérêts : la profession est fondamentalement vouée à la promotion de la justice sociale et du changement social. En conséquence, je fais valoir les besoins, les décisions et les droits des personnes et de leurs proches. Cette mission implique la promotion de l'autonomie et le renforcement de la capacité des personnes à répondre à leurs propres besoins ;
- favoriser la persistance des liens sociaux : je dois permettre d'établir ou de renouer des liens sociaux pour éviter, autant que faire se peut, les phénomènes d'exclusion générés par la maladie. L'objectif est de maintenir le plus longtemps possible le statut social et familial que la personne pouvait avoir auparavant, de l'aider à développer une "stratégie de faire avec la maladie" ;
- favoriser l'accès aux avantages sociaux : la maladie vient perturber l'équilibre financier des personnes, elle engendre souvent une baisse des revenus et une augmentation des dépenses. Lorsque envisager la guérison devient impossible, permettre aux patients de vivre dans des conditions acceptables est une priorité. L'accès à l'information sur les droits devient primordial. Cette information doit être claire et extrêmement précise compte tenu du peu de temps dont disposent les malades ;
- favoriser le maintien à domicile : la phase palliative de la maladie entraîne fréquemment des difficultés pour gérer le quotidien et majore bien souvent des difficultés déjà existantes. Je facilite le maintien à domicile en aidant à l'organisation logistique et à la coordination des différents intervenants et m'appuie sur un réseau de professionnels pour garantir la cohérence des interventions.

Aujourd'hui près de 70 % des personnes meurent en institution de soin. Pourtant, la prise en charge de la mort ne figure pas explicitement parmi les missions de l'hôpital. Dans le code de la santé publique, elle n'est abordée qu'à partir de questions juridiques particulières, au chapitre des prélèvements d'organes, ou comme un simple mode de sortie de l'hôpital, voire en tant que complication iatrogène, mais jamais en tant que futur inéluctable de l'espèce humaine (1).

L'hôpital moderne fascine parce que les prouesses biomédicales semblent déjouer les fatalités et donnent à l'homme le sentiment de pouvoir maîtriser sa destinée. Ainsi en est-il de la mort médicalisée. Ces avancées ont ainsi permis une meilleure prise en soins des malades mais aussi de leurs symptômes, et ont amélioré le confort de vie des malades. En soins palliatifs tout particulièrement, elles ont permis de progresser dans les domaines de la qualité de vie, du respect de la personne, de sa dignité, du confort, du soulagement de la douleur. L'Organisation mondiale de la santé définit les soins palliatifs comme *"des soins actifs et complets donnés aux malades dont l'affection ne répond plus au traitement curatif. La lutte contre la douleur et les autres symptômes, ainsi que la prise en considération des problèmes psychologiques, sociaux et spirituels sont primordiaux. Ils ne hâtent ni ne retardent le décès. Leur but est de préserver la meilleure qualité de vie possible jusqu'à la mort."*

En France, depuis la première circulaire abordant ce sujet en 1986, plusieurs lois sont venues établir les bases juridiques des soins palliatifs.

Les étapes du deuil

Le Dr Elisabeth Kubler-Ross a mis en évidence les étapes de deuil que parcourt un homme qui s'approche de la mort, et que traverse la famille qui l'accompagne. Chacune est importante et structure la suivante : le choc, le déni, la colère, la négociation, la dépression et l'acceptation. Ensuite, la personne cesse de lutter avec la réalité qui s'impose à elle. A partir du moment où elle accepte la perspective de la mort, elle entre dans un autre état et il en va de même pour ses proches.

Parallèlement à ces différentes étapes, la maladie évolue. Le patient peut ainsi se trouver en grande vulnérabilité, situation où il vit une atteinte globale de sa personne. Ne pouvant plus exprimer ses désirs et ses besoins, il devient tributaire de l'autre (proche ou professionnel) pour assurer sa simple survie

ACTUALITÉS SOCIALES HEBDOMADAIRES — 21 JANVIER 2011 — N° 2693 et l'aider dans les actes de la vie quotidienne [...]

[...] Différentes enquêtes d'opinion montrent que les Français préfèrent mourir à domicile. Mais elles se font parmi une population en bonne santé pour laquelle la mort et la détérioration de l'état physique conservent une certaine abstraction. Il en est tout autrement pour le patient en phase palliative et ses proches.

Les conditions du maintien à domicile

La signification du domicile est multiple : il s'agit à la fois d'un lieu de vie identitaire, relationnel et historique. Néanmoins, en soins palliatifs, pour être envisagé dans de bonnes conditions, le retour à domicile suppose plusieurs conditions. Des conditions matérielles : il faut que le logement le permette (place suffisante, absence de vétusté) et que l'équipement sanitaire soit suffisant. Mais surtout, vouloir être chez soi implique d'accepter le plus souvent que des « étrangers » pénètrent son intimité [...]

[...] **Un accompagnement coordonné et individualisé**

Une bonne préparation du maintien à domicile implique une bonne communication entre les différents acteurs, dans une approche interdisciplinaire où le rôle de chacun est défini. Une coordination efficace permet ainsi de tendre à respecter le souhait du malade d'être à son domicile dans de bonnes conditions, et est rassurante pour ses proches. Cette coordination est essentielle au vu de la diversité des acteurs, des modes d'intervention et des structures. Elle permet à chaque professionnel de savoir ce qu'il a à faire, d'être respecté dans ses compétences, d'être complémentaire des autres services ...

Chaque patient a son histoire, ses attentes, ses souhaits. Bien qu'évidente, il faut toujours avoir cette réalité en tête de façon à accompagner au mieux le patient et ses proches. Chaque cas est singulier et doit donc être accompagné de manière individualisée où chaque geste, action, comportement aura du sens.

Document 3

PLAN SOLIDARITE – GRAND AGE 2007-2012

Présenté par Philippe BAS,
Ministre délégué à la Sécurité sociale, aux personnes âgées, aux Personnes handicapées et à la Famille
27 juin 2006

Un ensemble de mesures contenues dans cinq grands axes

- **Le libre choix du domicile**
  1. Pouvoir être soigné à la maison
  2. Avoir plus de services à domicile
  3. Créer un « droit au répit » pour les aidants familiaux
  4. Créer de nouvelles formes de logement

- **Inventer la maison de retraite de demain**
  5. Eviter les ruptures de prise en charge entre domicile et maison de retraite
  6. Avoir plus de personnel soignant auprès des personnes âgées
  7. Mettre en œuvre un plan de recrutement et de formation des métiers du grand âge
  8. Lutter contre la maltraitance
  9. Développer une démarche qualité et une culture d'évaluation
  10. Maîtriser le prix payé par les personnes âgées
  11. Poursuivre l'effort de création de places dans toute la France

- **Adapter l'hôpital aux personnes âgées**
  12. Développer la médecine gériatrique
  13. Resserrer les liens entre le domicile, la maison de retraite et l'hôpital

- **Assurer pour l'avenir le financement solidaire de la dépendance**
  14. Lancer pour cela une mission d'étude et de propositions

- **Insuffler une nouvelle dynamique à la recherche et à la prévention**
  15. Proposer systématiquement une consultation gratuite de prévention à 70 ans
  16. Lancer un grand programme de recherche sur les maladies du grand âge
  17. Lancer un plan gériatrique universitaire pour former les professionnels de santé à la gériatrie

Sujet 3

Méthodologie

L'analyse des questions

Question 1	« Après avoir contextualisé la politique en faveur des personnes âgées dépendantes, vous en présenterez les principales orientations et les enjeux. » Politique sociale = dépendance des personnes âgées. Consigne = contexte d'émergence et principales orientations et enjeux.
Question 2	« Identifiez les acteurs et partenaires qui participent au maintien à domicile des personnes âgées dépendantes. Précisez leurs articulations et leurs missions. » Politique sociale = maintien à domicile des personnes âgées dépendantes → champ plus restreint que dans la question 1. Consigne = identifier les acteurs du maintien à domicile des personnes âgées dépendantes, leurs missions et leur articulation.
Question 3	« Vous exercez comme assistant de service social en milieu hospitalier au sein d'un service de gériatrie. Comment contribuez-vous, sur votre secteur d'intervention, au retour ou au maintien à domicile des personnes âgées dépendantes hospitalisées ou en soins palliatifs ? » Service social = service hospitalier de gériatrie → Il convient de se situer dans le cadre du service social hospitalier et d'adapter le contenu à la gériatrie et aux soins palliatifs. Public = personnes âgées dépendantes hospitalisées ou en soins palliatifs. Problématique = retour ou maintien au domicile (pas d'orientation en établissement). Consigne = contribution au maintien à domicile (ne pas oublier le diagnostic et les partenaires).

L'analyse des documents

Document 1	Les dispositifs en faveur du maintien à domicile Objectifs, actions, financement des dispositifs de maintien à domicile → acteurs.	**Question 2**
Document 2	Soins palliatifs et maintien à domicile Témoignage d'une assistante de service social sur l'accompagnement des malades en soins palliatifs à leur domicile → interventions professionnelles.	**Question 3**
Document 3	Plan solidarité grand âge 2007-2012 Liste des orientations → politique sociale.	**Question 1**

La sélection des informations et la structuration de la réponse

Question 1	La question 1 porte sur la dépendance des personnes âgées. Il faut donc effectuer une sélection des informations centrée exclusivement sur cette problématique à partir de la politique sociale globale sur les personnes âgées présentée dans le chapitre 5 de la partie 3. Les éléments relatifs à la question du financement des retraites sont, notamment, hors-sujet.
Question 2	La question 2 est limitée au maintien à domicile des personnes âgées dépendantes. Les éléments relatifs à l'accueil et à l'hébergement sont hors-sujet.
Question 3	La question 3 porte également sur le retour à domicile des personnes âgées dépendantes ou en soins palliatifs. La question de l'orientation en structure d'hébergement est hors-sujet mais elle peut être évoquée s'il apparaît que le maintien à domicile n'est plus possible.

Proposition de corrigé

QUESTION 1

Il convient de se reporter au chapitre 5 de la partie 3 de cet ouvrage. Dans la partie sur l'évolution de la politique sociale en faveur des personnes âgées, il s'agit de sélectionner les éléments relatifs à la dépendance :

– le rapport Laroque (contexte d'émergence) ;

– la prise en charge d'un nouveau risque social, la dépendance.

QUESTION 2

La deuxième partie du chapitre 5 de la partie 3 présente l'ensemble des acteurs concernés par le secteur des personnes âgées. Tous les acteurs peuvent être repris ici à l'exception des établissements d'hébergement et des établissements de santé hors-sujet pour le maintien à domicile.

QUESTION 3

Les missions de l'assistant social en service de gériatrie

J'interviens soit à partir de la demande directe de la personne âgée ou de sa famille, soit à partir de la demande du médecin du service ou du cadre de santé.

Lors de l'admission dans le service, j'accueille et j'informe les personnes âgées hospitalisées et leurs familles. Je m'assure de l'accès aux soins (ouverture des droits à l'assurance maladie, à une mutuelle) et aux droits sociaux pour les plus démunis (CMU, allocation complémentaire santé, aide médicale d'État) afin d'assurer la continuité des soins.

J'accompagne, dans le cadre du projet de soins, la personne âgée et sa famille pendant la durée d'hospitalisation afin de prendre en compte les problématiques sociales et familiales liées à l'hospitalisation.

Je mets en place un projet d'orientation à la sortie de l'hôpital négocié avec la personne âgée et sa famille, projet qui répond soit à une demande d'accueil et d'hébergement dans une structure sanitaire ou médico-sociale, soit à une demande de retour et de maintien à domicile.

Je suis l'interface entre la personne âgée, sa famille, l'équipe médicale et les intervenants extérieurs du maintien à domicile ou de l'hébergement.

Le projet global de retour à domicile

J'évalue les besoins des personnes âgées en tenant compte de différents facteurs :

– le souhait de la personne âgée et de son entourage, le respect de l'intimité de la personne âgée et du secret professionnel ;

– la nature et la gravité de la dépendance (désorientation spatio-temporelle et mise en danger de la personne âgée nécessitant une surveillance constante, handicap moteur et/ou sensoriel et incapacités fonctionnelles lourdes) ;

– la disponibilité de l'entourage familial ou l'isolement, la nécessité d'une protection juridique ;

– la présence ou l'insuffisance de services de maintien à domicile sur le secteur d'habitation de la personne, notamment en milieu rural ;

– le niveau de revenus et l'adaptabilité du logement et de l'habitat à la dépendance de la personne âgée.

Cette évaluation se fait en équipe avec le médecin du service, les infirmiers, les kinésithérapeutes et les aides-soignants. L'équipe pluridisciplinaire peut également être composée de psychologues et d'ergothérapeutes.

Je recense les équipements existants sur le territoire en m'appuyant notamment sur le schéma gérontologique du département et le CLIC du territoire. J'exerce une veille sociale par la mise à jour de mes connaissances juridiques et institutionnelles sur mon secteur d'intervention. Je participe à des réunions avec mes collègues intervenant dans d'autres services hospitaliers afin de partager sur mes pratiques professionnelles. Je contribue à la mise en réseau de l'ensemble des acteurs hospitaliers et des partenaires extérieurs (services d'aides à domicile et praticiens de ville).

L'accompagnement du retour à domicile

J'écoute la personne âgée et son entourage et j'évalue avec eux, en concertation avec l'équipe médicale, la faisabilité du projet de retour à domicile, sur les plans médical, social, technique et financier. J'élabore un plan d'aide négocié avec l'ensemble de ces acteurs. En cas de difficultés relationnelles entre la personne âgée et son entourage, je peux exercer une fonction de médiation pour apaiser les tensions et tenter de concilier leurs attentes respectives. En cas de soins palliatifs, je tiens compte des différentes étapes du deuil de la fin de vie.

Avant la sortie de l'hôpital, je prépare le retour au domicile. Si la personne âgée ne perçoit pas encore l'APA, ou s'il y a besoin de réévaluer le classement dans un GIR, j'accompagne, si nécessaire, la famille dans la constitution du dossier. En ce qui concerne l'adaptation du logement, notamment en cas de soins palliatifs et d'hospitalisation à domicile, je peux effectuer une visite à domicile avec l'ergothérapeute. En fonction des besoins de la personne âgée, je recense les services d'aide et de maintien à domicile susceptibles d'intervenir à proximité du logement. Je m'assure de la coordination future des différents intervenants, services et praticiens libéraux en faisant éventuellement appel au CLIC.

Je peux organiser des réunions d'informations à destination des familles : adaptation du logement avec l'ergothérapeute ou droit à l'APA avec un membre de l'équipe médico-sociale chargé d'évaluer la dépendance. Je peux également mettre en place, avec la psychologue du service ou d'une association, des groupes de parole avec les familles sur la fin de vie ou le droit au répit des aidants familiaux.

Une autre proposition de question 3

Vous êtes assistant(e) de service social dans un CLIC labellisé niveau 3. Quel projet global d'intervention proposez-vous pour contribuer à l'élaboration du projet de vie des personnes dépendantes et avec quels partenaires ?

À noter

Dans cette question, il faut se situer dans le cadre d'un CLIC qui a pour mission d'élaborer et d'assurer le suivi du plan d'aide. Le projet de vie peut concerner le maintien à domicile, mais également l'orientation en établissement.

Pour en savoir +...

Revues

- ANDRE Sophie, *Le Maintien à domicile des personnes âgées ou handicapées, ASH*, numéro juridique 2550, mars 2008.
- BAUDET-CAILLE Véronique, *L'Allocation personnalisée d'autonomie, ASH*, numéro juridique 2254, mars 2002.

Études et rapports

- CNSA, *Les Chiffres clés de l'aide à l'autonomie*, 2013.
- DREES, *L'Allocation personnalisée d'autonomie au 31 décembre 2008*.
- EHESP, *Le Maintien à domicile des personnes âgées dépendantes : une politique complexe et ambiguë*, 2012.
- Observatoire national de la fin de vie, *La Fin de vie des personnes âgées*, rapport au Premier ministre, 2011.

> Sujet 4

La lutte contre les exclusions et le RSA (sujet de novembre 2008)

QUESTION 1

En donnant une définition de l'exclusion, vous développerez une analyse qui permettra de comprendre l'apparition des politiques sociales et plus particulièrement de la politique de lutte contre les exclusions comme un impératif national et européen.

QUESTION 2

Quels dispositifs et partenariats sont mobilisés pour lutter contre les exclusions en France ?

QUESTION 3

Vous êtes assistant de service social au sein d'un service social départemental d'action sociale du conseil général. Face aux difficultés spécifiques rencontrées par les bénéficiaires du RSA, quel projet global territorial pourriez-vous construire et avec quels partenaires ?

ANNEXES

Document 1 : « L'exclusion, un enjeu majeur », Alternatives économiques, n° 254, janvier 2007.

Document 2 : « Le revenu de solidarité active : quelle philosophie ? », Étude de revue de culture contemporaine, février 2010.

Document 3 : N. Gourdy, « 2010, année européenne de lutte contre la pauvreté et l'exclusion sociale », extrait de localtis.info, juillet 2009.

Document 1

L'exclusion, un enjeu majeur

En 1956, lorsque la FNARS a été créée, on croyait que la croissance économique associée au progrès social viendrait à bout de la précarité et de l'exclusion. Aujourd'hui, même si la pauvreté monétaire a diminué, l'exclusion est devenue structurelle. Elle a aussi changé de visage. Elle ne se limite pas à ceux qui vivent dans la rue, mais concerne des personnes devenues souvent invisibles aux yeux du grand public: de plus en plus de jeunes sans liens et sans ressources, des femmes, des familles, des enfants, des travailleurs pauvres, des personnes qui souffrent de pathologies graves, des étrangers qui fuient la misère ou les conflits armés...

Face à ces mutations, les plans successifs annoncés par les pouvoirs publics chaque fois qu'une catastrophe sociale est médiatisée sont de plus en plus inefficaces. Les dispositifs qui s'empilent et se multiplient sans grande visibilité ne peuvent plus répondre à des situations humaines dont la complexité échappe aux catégories administratives.

C'est pour souligner ces transformations et appeler à un profond changement de méthode que la FNARS a lancé en janvier 2006 ses états généraux intitulés "L'exclusion n'est pas une fatalité". En donnant la parole aux acteurs de terrain (travailleurs sociaux, administrateurs, directeurs, bénévoles, usagers...), elle voulait dresser un état des lieux de l'exclusion, porter un regard critique sur la pertinence des réponses apportées et informer un plus large public sur le travail quotidien des associations de solidarité.

Longtemps, les acteurs du social ont cru qu'il suffisait d'être convaincu pour être convaincant. Aujourd'hui, nous savons qu'il faut démontrer que les réponses strictement humanitaires ne suffisent pas. C'est seulement si on s'occupe des personnes dans la durée, si on va au-devant de ceux qui n'ont plus la force de demander de l'aide, si on leur permet de faire des projets, qu'ils vont mieux, qu'ils vivent mieux, et que toute la société en bénéficie. Ainsi, les politiques de lutte contre l'exclusion ne représentent pas une dépense sans contrepartie mais un investissement, non seulement incontournable, mais rentable pour l'avenir de notre pays. C'est cette évidence que nous avons l'ambition de faire partager.

Nicole Maestracci : présidente de la Fnars (Fédération Nationale des Associations d'Accueil et de Réinsertion Sociale.

Document 2

Le Revenu de solidarité active : quelle philosophie ? Par M. HIRSCH et E. WARGON. Janvier 2009.- eTUDE- Revue de Culture contemporaine. Février 2010.

Il y a vingt ans, l'instauration du RMI redéfinissait le contrat social dans le sens d'un effort de solidarité à l'égard des exclus du travail en décrétant que nul ne pouvait se retrouver sans ressources.

Aujourd'hui, le RSA réouvre le débat sur la justice sociale en réconciliant deux stratégies, celle de la redistribution des richesses et celle de la rémunération en contrepartie d'un travail. Cette ambition de réconcilier le travail et la solidarité semble s'imposer pour faire face à de nouvelles situations de pauvreté et d'exclusion, d'autant plus préoccupantes qu'elles touchent désormais 7 millions de personnes dont 4 millions d'adultes d'âge actif. Parmi ces derniers, la moitié est pauvre parce qu'exclue du monde du travail, l'autre moitié demeure pauvre bien que travaillant. Non seulement, la pauvreté n'a pas disparu des marges de la société, mais elle atteint le principe même de l'insertion sociale : le travail ne protège plus contre la pauvreté. Comment lutter contre cet accroissement des travailleurs pauvres ? Comment promouvoir l'emploi s'il n'est pas une arme suffisante contre la pauvreté ?

En quoi le revenu de solidarité active (RSA) est-il une étape importante de l'histoire sociale en France, notamment par rapport au revenu minimal d'insertion (RMI) ?

Pour comprendre l'histoire de ces dispositifs de protection sociale, il faut remonter à l'avant et à l'après RMI. Avant le RMI, les personnes qui étaient en difficulté relevaient des solidarités familiales, de l'assistance ou de l'aide sociale locale, de l'ensemble des communautés caritatives, et de toutes les aides que versaient de façon dispersée les mairies et un certain nombre de structures autonomes. Et si nous remontons encore l'histoire d'un cran, la solidarité dépendait d'organismes de bienfaisance, avec l'idée sous-jacente que chacun pouvait subvenir à ses besoins et que s'il n'y arrivait pas, ce n'était que très ponctuellement et de façon discrétionnaire qu'une aide pouvait lui être apportée.

Le RMI va constituer une vraie révolution puisque, pour la première fois, l'Etat reconnaissait la nécessité de créer un filet de sécurité pour toute une population qui ne rentrait pas dans les mécanismes d'indemnisation du chômage, du handicap ou du minimum vieillesse.

Il fallait accepter l'idée que des personnes ne pouvaient pas s'en sortir toutes seules et donc créer ce revenu minimum qui permettait de vivre décemment sans dépendre de la charité publique ou privée. La première rupture dans l'histoire sociale récente est vraiment la création du RMI. A cette époque, le RMI a été conçu comme une aide temporaire, une sorte de trampoline permettant de rebondir et de reprendre une trajectoire sociale normale. Il était destiné à des personnes malades, en invalidité ou en incapacité de travail, dans l'attente de mise en place de procédures d'indemnisation ou de prise en charge du handicap, ou bien lors d'accidents de la vie.

C'était déjà de la solidarité, et non de l'assistance, mais elle était imaginée comme transitoire. Au cours des vingt dernières années, nous avons constaté que le RMI a beaucoup progressé. Nous sommes passés de 200 000 à 1, 2 millions d'allocataires, avec une stabilisation puis une légère diminution pour ces trois dernières années. Durant ces vingt années, non seulement le nombre de rmistes s'est accru, mais la durée d'inscription au RMI a également augmenté, avec un certain nombre de bénéficiaires qui sont inscrits depuis trois, quatre, voire cinq années.

Le dispositif ne suffit donc plus en tant que tel et il fallait imaginer une autre alternative. Nous ne faisons pas simplement le constat d'un échec ou d'une faillite du RMI, comme certains ont pu le dire, mais dans ce filet de protection sociale, il manque un maillon pour passer de l'aide sociale au retour à l'emploi. Nous sommes convaincus que la lutte contre la pauvreté et le retour vers la dignité, pour les personnes d'âges actifs, ne peuvent être effectifs que par le travail.

La finalité de l'insertion sociale et professionnelle des bénéficiaires du RMI est de les faire accéder à l'emploi rémunéré. Ce que nous souhaitons réaliser, avec la mise en place du revenu de solidarité active, c'est un déplacement de l'épicentre du mécanisme de protection sociale pour favoriser le développement des ressources liées à l'activité. Le socle du RMI est une prestation liée à l'inactivité, ensuite, il existe un ajustement marginal, en fonction du revenu du travail.

Avec le RSA, les revenus du travail constituent le socle et les autres prestations viennent en complément. L'un des indicateurs de réussite du RSA est l'augmentation de la part des revenus professionnels dans l'ensemble des ressources de la famille. Pourquoi est-ce de la solidarité active et non de l'assistance ? La solidarité active ne se limite pas à la redistribution, elle doit davantage favoriser l'accès à l'emploi. C'est notamment par un travail rémunéré que s'accomplit la réinsertion dans la société.

Nous constatons que la plupart des bénéficiaires en sont demandeurs et capables à l'opposé d'idées reçues selon lesquelles certaines personnes seraient inemployables. Une longue expérience chez Emmaüs démontre que des personnes, au parcours social très chaotique, s'en sortent par le travail, à condition que l'environnement s'y prête.

Le principe d'Emmaüs est qu'une aide est apportée en contrepartie d'un travail, petit, moyen ou grand travail. Nous n'avons pas besoin de nous diriger vers un système à la hollandaise dans lequel on est déclaré inapte très facilement, ce qui a pour conséquence d'exclure un grand nombre de personnes du marché du travail. Bien accompagné, chacun a une chance raisonnable de retourner à l'emploi. On ne peut pas bâtir un système social sur les revenus professionnels quand on n'a pas l'intime conviction que le retour à l'emploi est possible pour le plus grand nombre. Le travail, comme socle du revenu et comme seule perspective possible de réinsertion, est le fondement philosophique du RSA. C'est ce qui le distingue du RMI, et davantage encore de la conception d'une société autorégulée selon laquelle les personnes en perdition finissent par s'en sortir toutes seules.

Document 3

2010, Année européenne de lutte contre la pauvreté et l'exclusion sociale. Localtis.info N. GOURDY - 27.07.2009 - Extrait

De quoi s'agit-il?

L'Année européenne est une initiative menée dans toute l'Europe pendant un an afin de sensibiliser la société civile, les autorités nationales et les citoyens en général à la pauvreté et à l'exclusion sociale. Elle a été créée par le Parlement européen et approuvée par le Conseil en octobre 2008, à la suite d'une proposition de la Commission européenne.

Quels sont ses objectifs?

Les quatre grands objectifs de l'Année européenne sont les suivants:

- reconnaître le droit fondamental des personnes en situation de pauvreté et d'exclusion sociale à vivre dans la dignité et à participer activement à la société,
- agir en faveur d'une plus grande responsabilité collective et individuelle dans la lutte contre la pauvreté et l'exclusion sociale et inciter tous les acteurs publics et privés à s'engager en ce sens,
- concourir à une société plus solidaire, compte tenu des avantages que comporte, pour tous, une société sans pauvreté,
- inciter l'Union européenne et ses États membres à prendre des mesures concrètes pour confirmer leur engagement à combattre la pauvreté et l'exclusion sociale.

L'Année européenne a-t-elle été créée en raison de la crise économique?

La décision de faire de 2010 l'Année européenne de lutte contre la pauvreté et l'exclusion sociale a été prise avant la crise économique. Il n'en est pas moins vrai que la lutte contre ces fléaux figure en bonne place parmi les actions à entreprendre pour atteindre les objectifs de l'Union européenne: améliorer la cohésion sociale, renouer avec la croissance économique et créer des emplois plus nombreux et de meilleure qualité. Du fait de la forte progression du chômage dans de nombreux pays au cours de l'année écoulée, de plus en plus de gens sont menacés par la pauvreté, de sorte que l'Année européenne a lieu à un moment crucial.

Comment sera-t-elle organisée?

Les maîtres mots de l'Année européenne sont décentralisation et coordination. Toute une série d'activités seront organisées à l'échelle européenne, et chaque pays participant mènera également son propre programme en fonction de priorités définies au niveau national et approuvées par la Commission européenne.

Quoi qu'il en soit, la participation de la société civile et des parties prenantes est primordiale. Tout un éventail de partenaires participe à l'organisation de l'Année européenne et des activités s'inscrivant dans ce contexte, dont des organisations défendant les intérêts des personnes démunies, les partenaires sociaux, les autorités locales et régionales et des groupes de réflexion.

Quelles sont les principales activités?

De multiples activités sont prévues, dont des campagnes d'information, des initiatives novatrices, des débats, des conférences et des concours destinés à mettre en vedette des réalisations et des projets fructueux sur le thème de l'Année européenne 2010.

Au niveau européen, les principaux événements seront:

- une conférence d'inauguration à Madrid le 21 janvier 2010 (sous la présidence espagnole),
- un concours destiné aux journalistes aux niveaux national et européen,
- une initiative sur le rôle de l'art dans l'inclusion sociale,
- la semaine thématique de printemps, en mai 2010, qui sera ponctuée de plusieurs projets destinés à appeler davantage l'attention sur la pauvreté au moment de la conférence consacrée aux victimes de la pauvreté,
- la semaine thématique d'automne, en octobre 2010, à l'occasion de la Table ronde sur la pauvreté et l'inclusion sociale et de la Journée internationale contre la pauvreté (le 17 octobre);
- une conférence de clôture à Bruxelles, en décembre, lors de laquelle les journalistes et artistes lauréats recevront leur prix (conférence organisée par la présidence belge).

Quel est le budget de l'Année européenne?

L'Année européenne 2010 bénéficie d'un budget de 17 millions d'euros. Les années européennes antérieures nous ont appris que les fonds consacrés à ce type d'initiatives constituaient un bon investissement à long terme. L'objectif est de créer une dynamique qui encouragera les autorités et les autres parties prenantes à redoubler d'efforts pour lutter contre la pauvreté et l'exclusion sociale.

Neuf de ces 17 millions d'euros seront consacrés à des activités dans les pays participants. Ils seront complétés par neuf millions supplémentaires accordés par les autorités nationales, voire encore davantage si d'autres sources ou bailleurs de fonds participent. Dans la pratique, ce sont donc au moins 18 millions d'euros qui financeront des activités nationales ou locales.

La campagne aura-t-elle une réelle incidence sur la pauvreté et l'exclusion sociale?

Assurément! Ce n'est qu'en stimulant le débat qu'on fait changer les choses. L'Année européenne bousculera les stéréotypes et mettra la pauvreté et l'exclusion sociale sous les feux de l'actualité dans toute l'Union européenne.

La relance du débat sur cette problématique aidera l'Union européenne et ses États membres à concevoir de nouvelles mesures afin d'améliorer le quotidien des victimes de la pauvreté et de l'exclusion sociale et de donner un nouvel élan à la lutte contre ces fléaux, en créant et en renforçant des partenariats entre des personnes et des acteurs qui, d'ordinaire, n'interviennent pas.

Quels sont les pays participants?

Les 27 États membres de l'Union européenne ainsi que la Norvège et l'Islande.../...

Méthodologie

L'analyse des questions

Question 1	« En donnant une définition de l'exclusion, vous développerez une analyse qui permettra de comprendre l'apparition des politiques sociales et plus particulièrement de la politique de lutte contre les exclusions comme un impératif national et européen. » Politique sociale = lutte contre les exclusions. Consigne = définition de l'exclusion, émergence et évolution de la politique de lutte contre les exclusions.
Question 2	« Quels dispositifs et partenariats sont mobilisés pour lutter contre les exclusions en France ? » Politique sociale = identique à celle de la question 1. Consigne = dispositifs et partenariat.
Question 3	« Vous êtes assistant de service social au sein d'un service social départemental d'action sociale du conseil général. Face aux difficultés spécifiques rencontrées par les bénéficiaires du RSA, quel projet global territorial pourriez-vous construire et avec quels partenaires ? » Service social = polyvalence de secteur. Public = bénéficiaires du RSA. Problématique = leurs difficultés spécifiques. Consigne = projet global territorial et partenariat.

L'analyse des documents

Document 1	L'exclusion un enjeu majeur Document sur lequel il est possible de s'appuyer pour donner une définition de l'exclusion et pour montrer l'émergence et l'évolution des politiques sociales contre l'exclusion.	**Question 1**
Document 2	Le RSA : quelle philosophie ? Document qui explique comment on est passé du RMI au RSA.	**Question 1**
Document 3	2010, année européenne de lutte contre la pauvreté et l'exclusion sociale Document qui permet de répondre à la consigne concernant l'impératif européen.	**Question 1**

Sujet 4

La sélection des informations et la structuration de la réponse

Question 1	Cette question est très large. La lutte contre l'exclusion conduit à des politiques transversales qui couvrent de nombreux secteurs de l'action sociale. La réponse à cette question demande donc des qualités de synthèse. Il faut donner une définition de l'exclusion en introduction. Il s'agit ensuite de montrer pourquoi les pouvoirs publics s'engagent à partir des années 1980 dans la lutte contre les exclusions. Il est impossible en 2 pages de présenter tous les textes relatifs à ces politiques sociales. Il faut donc retenir les moments clés de cette évolution : – le RMI ; – la loi Besson ; – la loi de lutte contre les exclusions ; – la loi créant la CMU ; – la loi de cohésion sociale ; – les plans de lutte contre la pauvreté et la précarité ; – la loi DALO ; – les textes visant à lutter contre le surendettement. Il est possible de conclure sur l'engagement des pouvoirs publics européens.
Question 2	Il n'est pas courant de demander de décliner des dispositifs dans la question 2. En général, c'est la question 1 qui permet de présenter les principales dispositions. Il ne s'agit donc pas de lister les dispositifs en eux-mêmes mais plutôt de montrer quels acteurs interviennent dans la lutte contre les exclusions à travers ces dispositifs. La multiplicité des acteurs ne permet pas de développer toutes leurs missions. Là encore, l'exhaustivité en 2 pages est impossible. Il faut donc se centrer sur les dispositifs et leurs acteurs principaux. À l'exception du RMI et du RSA, les documents joints en annexe n'aident pas à la sélection des informations. Il faut donc s'appuyer sur ses connaissances. Il est possible d'utiliser le plan de la loi du 29 juillet 1998 de lutte contre les exclusions pour présenter les acteurs intervenant dans les différents dispositifs : – l'emploi et les moyens d'existence (avec notamment le RMI et le RSA) ; – l'accès au logement et la prévention des expulsions ; – l'accès aux soins des plus démunis ; – la lutte contre le surendettement ; – l'accès à l'éducation, la culture et la citoyenneté. Se reporter aux chapitres correspondant à ces politiques sociales, présentés dans la partie 3 de cet ouvrage.
Question 3	La question 3 est centrée sur le RSA. Mais les problématiques des bénéficiaires du RSA concernent les différents secteurs présentés en question 2.

Proposition de corrigé

QUESTION 1

Il convient de se reporter au chapitre 8 de la partie 3 de cet ouvrage. La première partie traite de la définition de l'exclusion. La deuxième partie présente l'évolution de la politique sociale de lutte contre les exclusions.

QUESTION 2

La troisième partie du chapitre 8 de la partie 3 traite des acteurs concernés par la lutte contre les exclusions.

QUESTION 3

Les missions de la polyvalence de secteur

Se reporter aux missions de la polyvalence de secteur en terminant par la lutte contre la précarité et les exclusions.

Le projet global territorial

J'accueille, j'informe et j'oriente les personnes bénéficiaires du RSA accompagnées dans le cadre du service social départemental. Il s'agit le plus souvent de personnes éloignées de l'emploi, celles proches de l'emploi étant accompagnées par Pôle Emploi.

J'analyse les freins à l'insertion (grande précarité, découragement, problèmes de logement, d'intégration dans l'habitat, de santé, de formation...). J'évalue les potentialités et les axes de travail possibles (insertion dans la vie sociale, insertion par le logement, par la santé, la culture...).

J'effectue un diagnostic territorial. Je repère les ressources de mon territoire d'intervention, ses réalités économiques et sociales et ses partenaires potentiels. Je repère également les structures d'insertion (établissements et services) et les dispositifs en place sur le territoire. L'accompagnement dans l'insertion sociale étant très large (logement, santé, culture, citoyenneté...), de nombreux organismes sont concernés. Je prends donc connaissance du programme départemental d'insertion (PDI) et du pacte territorial d'insertion (PTI) afin d'avoir une vision d'ensemble des acteurs impliqués dans le champ de l'insertion.

Il s'agit également d'être connu et reconnu par l'ensemble de ces acteurs. Je vais donc à la rencontre des acteurs locaux. C'est de cette rencontre que peuvent émerger des projets individuels et collectifs visant à dynamiser le territoire et à mobiliser les usagers dans leur environnement.

Il s'agit enfin de permettre l'accès aux droits des bénéficiaires potentiels du RSA qui n'en ont pas fait la demande. Pour ce faire, j'analyse les raisons de ces non demandes (méconnaissance du dispositif, complexité du dispositif, refus de s'inscrire dans ce dispositif...).

La contractualisation avec l'usager et l'accompagnement individuel

Il est essentiel que la signature d'un contrat d'insertion ne soit pas vécue par la personne comme une formalité obligatoire. Le travail d'élaboration du contrat doit être un support visant à mobiliser ses ressources et à la rendre actrice d'un projet d'insertion. Je lui explique mon rôle et je présente les objectifs de notre travail commun afin d'élaborer un diagnostic partagé.

J'essaie tout d'abord de comprendre sa situation et de repérer les éléments de son parcours de vie. Puis je repère avec elle ses ressources (compétences, potentialités, famille et réseau personnel, environnement...) et ses difficultés (freins à l'insertion comme le manque de formation, un problème de santé, de mauvaises conditions de logement...). Pour étayer cette évaluation, je peux, avec son accord, me mettre en relation avec les services qui l'ont déjà accompagnée ou qui l'ont orientée vers le service.

Je clarifie ensuite ses souhaits, ses besoins et j'identifie avec elle des objectifs à plus ou moins long terme en fonction de sa situation. Nous définissons les actions à mener dans le temps. Le cadre défini doit être suffisamment contenant pour lui permettre d'avancer et souple pour ne pas la démobiliser. Une fois le contrat établi, je l'accompagne dans son projet en prenant soin de ne pas faire à sa place, en réévaluant chaque fois que nécessaire, et avec elle, son projet. Cet accompagnement s'effectue en mobilisant également l'ensemble des partenaires concernés par le projet (CCAS, associations...).

Le travail avec les groupes d'usagers et les interventions collectives

Lors de mes interventions individuelles, je repère et j'analyse des problématiques communes auxquelles je peux répondre en proposant aux usagers un travail avec des groupes portant sur la confiance en soi ou bien sur la valorisation de leurs compétences (ateliers d'écriture, groupes de parole ou d'entraide, constitution de réseaux d'échanges de savoir...). Je valorise les projets des bénéficiaires du RSA en les faisant se rencontrer, en essayant de les mobiliser et de les mettre en contact avec des personnes ressources. Pour cela, je peux faire appel à des membres de l'équipe (psychologue, CESF...) ou à des partenaires extérieurs (CAF, CCAS, missions locales, associations).

Pour favoriser l'accès aux droits, je peux également, avec mes collègues participant à l'instruction des dossiers (CAF, CCAS, associations), organiser des réunions d'information sur l'accès au RSA et sur l'accès aux droits connexes, comme la CMU ou les aides au logement.

Avec l'ensemble du service et de mes partenaires, je m'efforce enfin de faire remonter des problèmes ou des besoins, que j'aurais définis et analysés, via mes supérieurs hiérarchiques au conseil départemental. La remontée de ces problèmes et besoins permettra peut-être leur prise en compte dans l'élaboration de la politique départementale.

Pour en savoir +...

Se reporter à la bibliographie du chapitre 8 de la partie 3 sur la pauvreté, la précarité, les exclusions et l'inclusion sociale.

> Sujet 5

L'accès au logement (sujet de novembre 2008)

QUESTION 1

En vous appuyant sur les annexes et vos connaissances, expliquez comment ont évolué les politiques sociales liées au logement en France. Précisez comment s'est constitué le droit au logement, ses finalités, ses axes fondamentaux et ses principales dispositions.

QUESTION 2

Quels sont les acteurs sociaux qui concourent à l'accès au logement et comment articulent-ils leurs actions sur un territoire donné ?

QUESTION 3

Vous êtes assistant de service social dans un service d'un conseil général. Afin d'améliorer l'accès au logement des populations de votre secteur d'intervention, vous préciserez les différentes interventions que vous serez amené à engager ainsi que les partenaires avec lesquels vous les conduirez.

ANNEXES

Document 1 : CHEVALLEREAU Emmanuelle, « Le droit au logement opposable exige des moyens exceptionnels », *Le Monde*, 2 octobre 2007.

Document 2 : « Continuité de prise en charge des sans-abri : peut-on y croire ? », *Journal de l'action sociale*, avril 2007.

Document 3 : « L'État doit se donner les moyens de tenir les échéances fixées par la loi, réclame le comité de suivi du DALO », *ASH* n° 2527, 19 octobre 2007.

Sujet 5

Document 1

Le droit au logement opposable exige des moyens exceptionnels

Elaborée dans la précipitation après l'émotion suscitée par les campements de sans-abri des Enfants de Don Quichotte, en pleine fièvre préélectorale, la loi du 5 mars 2007 instituant le droit au logement opposable courait un risque : rester lettre morte. Pour exclure cette éventualité, le comité de suivi chargé de sa mise en oeuvre pousse l'Etat à recourir à des moyens exceptionnels, voire exorbitants du droit commun. Dans son premier rapport, qui doit être remis prochainement au président de la République et dont *Le Monde* s'est procuré une version quasi définitive, le comité invite l'Etat à user d'un droit de préemption urbain *"sur tout territoire où il constate un déficit de logements sociaux"*. *"L'Etat étant le garant du droit au logement, il est légitime qu'il dispose des prérogatives nécessaires"* même si, prévient le comité, *"il appartient d'abord aux communes et, le cas échéant, à leurs groupements, de mener les politiques foncières nécessaires"*. Mais *"l'Etat doit disposer des moyens pour pallier les défaillances"*.

C'est l'urgence qui justifie l'usage de cette *"médecine de guerre"*, comme la qualifie Philippe Pelletier, président de l'Agence nationale de l'habitat et membre du comité. Selon le rapport, si le pays veut franchir à l'heure les trois étapes prévues dans la loi, il n'y a plus une seconde à perdre. A partir du 1er janvier 2008, il sera possible de former un recours amiable devant des commissions de médiation départementales chargées d'examiner le caractère prioritaire des demandes de logement. Au 1er décembre 2008, les ménages dits prioritaires (sans-abri, résidents d'un logement insalubre...) pourront, en cas d'échec de la voie amiable, porter leur demande devant le tribunal. A partir du 1er janvier 2012, le contentieux sera ouvert à tous ceux qui sollicitent un logement social depuis un délai *"anormalement long"*. S'il est condamné, l'Etat devra parfois verser une astreinte.

"SIGNAL TRÈS FORT AUX PRÉFETS"

L'obligation de résultat va d'abord reposer sur les préfets, insiste le rapport. Ils auront, *in fine*, la charge de reloger les personnes prioritaires. Or ce sont les collectivités locales, notamment les communes, qui disposent de l'essentiel des leviers pour construire ou non des logements. Il n'y a aucune commune mesure entre la capacité des préfets à mobiliser des logements pour les plus modestes (65 000 toits attribués par an au titre du contingent préfectoral) et le nombre de demandeurs potentiels pour la première étape (600 000 ménages). Ce décalage concerne avant tout les territoires où le marché immobilier est très tendu, notamment l'Ile-de-France, pour laquelle le rapport réclame un *"plan d'urgence"*.

Aussi, pour mettre sur le marché une offre de logement accessible aux plus modestes, le comité demande que les préfets *"mandatent des organismes pour réaliser des logements sociaux sur le territoire des communes ayant fait l'objet d'un constat de carence"*. L'Etat est aussi invité à vendre ses terrains inutilisés à un prix préférentiel permettant d'assurer l'équilibre des opérations. Une telle décote est déjà possible mais elle n'a été appliquée que neuf fois en 2006. Cet exemple montre que les auteurs du rapport ont repris des dispositions existantes mais peu appliquées. Pour Christophe Robert, directeur des études de la Fondation Abbé-Pierre et membre du comité de suivi, *"c'est l'occasion de les booster"*. Mais *"il faudra que l'Etat donne un signal très fort aux préfets"*. Autre mesure exceptionnelle : réduire à deux mois le délai pour qu'un juge statue sur les recours - fréquents - contre les projets de construction de logements sociaux.

Le comité de suivi formule par ailleurs plusieurs propositions pour réduire les demandes de relogement (réhabilitation des logements insalubres, prévention des expulsions). Détaillant ses 37 propositions, le comité insiste sur les moyens à allouer pour relever le défi du droit au logement opposable. Mais à aucun moment, ils ne sont chiffrés.

Emmanuelle Chevallereau - Article paru dans Le Monde, l'édition du 02.10.07.

Document 2

Continuité de prise en charge des sans abris : peut-on y croire ? JAS - Avril 2007

L'article 4 de la loi instituant un droit au logement opposable dispose que toute personne accueillie dans une structure d'hébergement d'urgence doit pouvoir y demeurer dès lors qu'elle le souhaite jusqu'à ce qu'une orientation lui soit proposée. Cette orientation est maintenant précisée par une circulaire du 19 mars 2007 : elle doit être effectuée vers une structure d'hébergement stable ou de soins ou vers un logement adapté à sa situation.

C'est donc enfin, sans ambiguïté, l'organisation d'une véritable continuité de prise en charge qui doit s'accompagner aussi d'une amélioration qualitative de l'accueil avec l'extension des horaires d'ouverture des centres, l'encouragement aux expérimentations respectant la dignité des personnes tels que la prise en charge de personnes accompagnées d'animaux. Ce qu'il faut maintenant mesurer, c'est la capacité qu'auront les établissements à mettre en place cette réglementation. Et là, ça risque de prendre du temps.

Document 3

LOGEMENT - HÉBERGEMENT

L'Etat doit se donner les moyens de tenir les échéances fixées par la loi, réclame le comité de suivi du DALO

Si elle produira forcément des effets, la loi du 5 mars 2007 (1) « *n'est pas, pour autant, l'aboutissement de la réforme que constitue le droit au logement opposable* ». Dans son premier rapport remis le 15 octobre au président de la République (2), le comité de suivi de la mise en œuvre du droit au logement opposable (DALO) ne se penche pas sur la mécanique de l'opposabilité, qui instaure pour l'Etat une obligation de résultat, mais sur les moyens à réunir pour relever ce défi. L'instance, pilotée par le président du Haut Comité pour le logement des personnes défavorisées, Xavier Emmanuelli, formule 37 propositions articulées autour de « *six enjeux majeurs pour l'action publique* ». Les trois premiers sont liés aux échéances fixées par la loi, les trois autres, « *transversaux* », à l'ensemble de la politique du logement. « *Nous avons 14 mois pour être créatifs, inventifs* », a assuré Christine Boutin, ministre du Logement, après la remise du rapport, admettant « *un petit bug* » pour la mise en œuvre de la première partie de la loi, selon laquelle 500 000 logements devraient être créés d'ici à la fin 2008.

Premier enjeu : « *tenir l'échéance du 1er janvier 2008* », date à laquelle les commissions de médiation devront être installées, alors qu'elles sont encore inexistantes dans environ un quart des départements. Dans cette perspective, les services de l'Etat ont besoin de moyens : **les commissions de médiation devraient disposer d'équipes *ad hoc*** pour traiter, instruire et suivre les demandes dans les délais fixés, préconise le rapport, qui demande qu'un service dédié à la gestion du contingent préfectoral soit créé dans les préfectures. Au-delà de la rédaction des textes d'application, l'administration centrale « *doit être en mesure d'exercer un rôle permanent d'animation et de soutien auprès de l'administration déconcentrée* », estime par ailleurs le comité. D'où la proposition de créer une équipe nationale d'appui et d'établir un tableau de bord des commissions de médiation, qui serait une « *source d'information privilégiée pour le pilotage du dispositif, tant au niveau local que national* ».

Deuxième échéance : celle du 1er décembre 2008, date à laquelle le recours contentieux sera possible pour les ménages prioritaires. Leur nombre pouvant atteindre 600 000 – soit 1,7 million de personnes –, à comparer aux 60 000 à 65 000 logements attribués actuellement au titre du contingent préfectoral, il existe « *un risque important, sur les territoires tendus, que les préfets ne puissent pas honorer toutes les demandes orientées par les commissions de médiation* ». Pour l'éviter, « *il importe d'abord que l'ensemble des outils permettant de prévenir les situations de non-logement ou de mal-logement, ou de les traiter autrement que par le relogement, soient correctement mobilisés* ». Les dispositifs de traitement de l'habitat indigne en font partie : le maintien dans les lieux avec réalisation de travaux et le relogement à la charge du propriétaire dans les cas prévus par la loi devraient être privilégiés, ce qui nécessite d'y affecter les moyens budgétaires nécessaires. Pour tenir compte de la situation des **propriétaires impécunieux qui ne sont pas en capacité de résoudre une situation d'insalubrité ou des locataires de logements indignes**, le comité préconise de modifier la loi afin que ces ménages **puissent être autorisés à exercer un recours auprès de la commission de médiation**, sans faire de demande de logement social. Autre levier pour réduire la demande de relogement : assurer le bon fonctionnement des dispositifs de prévention des expulsions (environ 100 000 jugements chaque année). En la matière, les préconisations ne manquent pas : renforcer le pouvoir solvabilisateur des aides à la personne, **mieux coordonner les actions de prévention des expulsions** par la mise en place des commissions de concertation locales prévues par la loi « portant engagement national pour le logement », donner au préfet la possibilité de saisir un organisme tiers pour assurer le maintien dans les lieux de ménages expulsés ou menacés d'expulsion en reprenant à bail leur logement... Afin que le relogement des ménages prioritaires soit effectif, le rapport suggère plusieurs pistes pour **mobiliser les logements privés conventionnés ouvrant droit à réservation.** Il demande, notamment, une majoration du taux de déduction fiscale pour les logements très sociaux et l'ouverture de la garantie des risques locatifs aux organismes pratiquant la location/sous-location. Alors que le conventionnement permettant un bail direct au ménage n'est possible qu'avec les logements « PST » (très sociaux), le comité propose de l'élargir à tous les logements privés conventionnés à l'aide personnalisée au logement (APL).

Troisième échéance fixée par la loi : le 1er janvier 2012, date à laquelle les possibilités de recours contentieux seront étendues à tous les demandeurs n'ayant pas obtenu de proposition dans des délais anormalement longs. Ce qui implique pour l'Etat, préconise le comité, d'agir sur trois fronts. Pour commencer, ***« développer les outils de connaissance partagée des besoins »***, en accompagnant le développement d'observatoires des besoins de logement et d'hébergement. **Un cahier des charges national des données minimales à recueillir à travers le numéro unique** devrait être établi et la gestion commune de la demande, encouragée. L'Etat devrait également créer les conditions ***« d'une politique de l'offre adaptée aux besoins »***, ce qui renvoie à l'articulation de ses responsabilités avec celles des collectivités territoriales. Dans cette perspective, suggère le rapport, **les plans départementaux d'action pour le relogement des personnes défavorisées (PDALPD) devraient être adaptés aux besoins révélés par le DALO.** Le programme local de l'habitat (PLH) devrait, quant à lui, constituer *« le document de référence intégrant les arbitrages qu'exige le droit au logement »*. Autre proposition : **permettre à l'Etat d'exercer un droit de préemption urbain sur les territoires en déficit de logements sociaux.** Le comité émet aussi plusieurs préconisations pour lever les freins au développement quantitatif du parc social, parmi lesquelles la déclinaison des objectifs de la loi DALO (20 000 logements en 2007) au niveau départemental et la sécurisation financière des maîtres d'ouvrage sociaux spécialisés (associations et unions d'économie sociale).

S'agissant des enjeux *« transversaux »*, le rapport suggère de mieux articuler les politiques d'hébergement, de logement et d'accompagnement. **Les critères justifiant une orientation ou un maintien dans l'hébergement devraient être clarifiés** et la décision des commissions de médiation devrait s'appuyer sur une *« réelle expertise sociale »*, estime le rapport. Par ailleurs, le comité demande une clarification de la définition du logement de transition, qui s'est beaucoup développé et diversifié ces dernières années. Le secteur de l'hébergement social *« doit être lui aussi adapté qualitativement et quantitativement et être utilisé comme un relais vers le logement et non comme un substitut »*, souligne encore le comité. Il propose à cet effet que soit réalisée, d'ici à la fin de l'année 2007 et sur l'ensemble du territoire, ***« une évaluation partagée des besoins d'hébergement prenant en compte les obligations définies par la loi DALO »***. Les schémas départementaux de l'accueil et de l'hébergement et de l'insertion devraient, en outre, être *« réactivés »* et fondus avec les schémas départementaux de l'hébergement d'urgence, remis à l'ordre du jour par la loi DALO et rarement réalisés. Autre impératif : **sécuriser le secteur par la contractualisation des objectifs entre l'Etat, les opérateurs et les collectivités territoriales.** Les associations devraient quant à elles être sécurisées par des conventions pluriannuelles et le **statut de centre d'hébergement et de réinsertion sociale devrait être appliqué à toutes les structures d'hébergement.** De *« petites structures médico-sociales pour accueillir les grands exclus »* devraient par ailleurs être créées, recommande le rapport.

L'accompagnement social des ménages relogés sera en outre souvent ***« souhaitable, voire indispensable »***. Mais les moyens de cet accompagnement n'incombant pas à l'Etat, le rapport préconise que ce dernier élabore avec **l'Assemblée des départements de France un accord-cadre *« qui renforcerait leurs efforts respectifs en matière de traitement social de l'accès et du maintien dans le logement »***. L'Etat devrait, de son côté, rétablir dans son budget une ligne de financement de la médiation locative, de la gestion locative sociale et de l'accompagnement.

L'instance préconise par ailleurs de promouvoir la mixité sociale, qui pourrait être menacée par l'application de la loi DALO dans un contexte de pénurie. Pour éviter ce risque, elle propose que l'ensemble du parc locatif social – et pas seulement les logements financés en prêts locatifs aidés d'intégration (PLAI), soit mobilisé – et suggère de mandater des organismes pour réaliser des logements sociaux sur le territoire des communes ayant fait l'objet d'un constat de carence dans l'application de l'article 55 de la loi SRU. Elle propose également de ***« prendre une mesure d'accompagnement financier en faveur des communes qui réalisent du logement social »***.

Dernier enjeu : prendre en compte la **spécificité de l'Ile-de-France.** Une autorité organisatrice du logement et responsable de sa mise en œuvre devrait, selon le comité, y être créée. Il lui incomberait d'arrêter des objectifs de construction dans un programme régional de l'habitat, territorialisé par commune. Elle disposerait d'un droit de préemption pour les mettre en œuvre. Enfin, il faut surtout **arrêter un « plan Marshall » assorti de moyens exceptionnels** : nomination d'un « préfet logement », création d'un comité de pilotage du DALO sous l'autorité du ministère du Logement, lancement d'un plan d'urgence de production de logements sociaux pour les cinq ans à venir (de l'ordre de 30 000 par an), création d'une commission de médiation régionale et mise en place d'une coordination des numéros départementaux d'enregistrement des demandes de logements sociaux.

M. LB.

(1) Voir ASH n° 2496 du 2-03-07, p. 21.
(2) Franchir les étapes pour rendre effectif le droit au logement opposable. *Premier rapport annuel du comité de suivi de la mise en œuvre du droit au logement opposable - Octobre 2007 - Prochainement disponible sur www.hclpd.gouv.fr.*

Sujet 5

Méthodologie

L'analyse des questions

Question 1	« En vous appuyant sur les annexes et vos connaissances, expliquez comment ont évolué les politiques sociales liées au logement en France. Précisez comment s'est constitué le droit au logement, ses finalités, ses axes fondamentaux et ses principales dispositions. » Politique sociale = politique sociale liée au logement. Consigne = émergence du droit au logement, objectifs fondamentaux, principales dispositions.
Question 2	« Quels sont les acteurs sociaux qui concourent à l'accès au logement et comment articulent-ils leurs actions sur un territoire donné ? » Politique sociale = accès au logement. Consigne = acteurs et articulation des acteurs.
Question 3	« Vous êtes assistant de service social dans un service d'un conseil général. Afin d'améliorer l'accès au logement des populations de votre secteur d'intervention, vous préciserez les différentes interventions que vous serez amené à engager ainsi que les partenaires avec lesquels vous les conduirez. » Service social = polyvalence de secteur en conseil général. Public = usagers du secteur d'intervention. Problématique = accès au logement. Consigne = interventions et partenaires (sans oublier le diagnostic territorial).

L'analyse des documents

Document 1	Le DALO Contexte d'émergence de la loi DALO.	**Question 1**
Document 2	La continuité de prise en charge des sans-abri Précisions sur le droit à l'hébergement opposable.	**Question 1**
Document 3	L'État doit se donner les moyens de tenir les échéances Présentation de la loi DALO.	**Question 1**

La sélection des informations et la structuration de la réponse

Question 1	Les annexes portent essentiellement sur la loi DALO. Il ne faut pas cependant réduire la réponse à la loi DALO et faire appel à ses connaissances sur les autres dispositifs relatifs au droit au logement. Il s'agit d'un sujet de 2008, mais la réponse actuelle doit tenir compte de l'évolution législative récente et notamment la loi MOLLE instituant les commissions de coordination des actions de prévention des expulsions (CCAPEX) par exemple. Il faut être attentif à ne pas décliner une succession de textes et à privilégier les textes relatifs à l'accès au logement des plus démunis : – loi Besson ; – loi contre les exclusions ; – loi DALO ; – loi MOLLE ; – loi ALUR. Se reporter au chapitre 12 de la partie 3 sur la politique sociale liée au logement.
Question 2	Il s'agit d'une question classique à traiter sans oublier de décliner les principales missions des acteurs dans le domaine du logement. Se reporter également au chapitre 12 de la partie 3.
Question 3	La question se pose de savoir s'il faut traiter l'accès au logement au sens strict ou bien inclure la prévention des expulsions. Les deux solutions sont possibles à condition de préciser le cadre d'intervention choisi. Il faut également présenter une réflexion sur la participation à un diagnostic territorial avant de présenter ses interventions professionnelles. Lorsque la question situe l'assistant social dans un service du conseil départemental sans en préciser la nature, il faut considérer qu'il s'agit de la polyvalence de secteur.

Proposition de corrigé

QUESTION 1

Il convient de se reporter au chapitre 12 de la partie 3 de cet ouvrage. Dans la partie sur l'évolution de la politique sociale en matière de logement, il est possible de partir de la loi Besson et de terminer par la loi ALUR.

QUESTION 2

La deuxième partie du chapitre 12 de la partie 3 traite des acteurs concernés par l'accès au logement.

QUESTION 3

Les missions de la polyvalence de secteur

Se reporter aux missions de la polyvalence de secteur dans le chapitre 4 de la partie 1.

En matière de logement, ces missions consistent à :

– faciliter l'accès à un logement ;

– favoriser le maintien dans le logement et prévenir les expulsions ;

– contribuer à une utilisation adaptée du logement et de l'habitat.

À noter

Le plan détaillé qui suit s'inscrit dans le cadre de l'accès au logement au sens strict et n'aborde pas le maintien dans le logement.

Le diagnostic territorial

Évaluation des problématiques et public concerné :

– personnes en situation d'hébergement, de logement précaire, insalubre ou de surpeuplement, de relogement suite à un programme de rénovation urbaine ;

– personnes qui ne sont pas en capacité de mener seules leur projet de logement pour des raisons financières et sociales (situation de grande précarité, parcours marqué d'échecs ou de ruptures de logement et d'hébergement) ;

– personnes qui présentent une problématique centrée exclusivement sur le logement ou qui cumulent des difficultés diverses (santé…).

Diagnostic territorial qui s'appuie sur le plan départemental pour le logement des personnes défavorisées (PDALPD). Expertise sociale afin de faire remonter les besoins au conseil départemental en vue de l'élaboration du PDALPD et d'améliorer la mise en œuvre du FSL.

Travail de médiation, de mise en réseau et rôle d'interface avec les bailleurs sociaux, le voisinage.

Veille sociale dans le domaine spécifique du logement (législation, structures de médiation locative...).

Travail d'équipe avec les travailleurs sociaux de la circonscription. Partage du diagnostic avec les usagers et l'équipe dans le respect du secret professionnel et de l'éthique professionnelle.

L'accompagnement vers et dans le logement

Travail partenarial avec le secteur associatif (établissements d'hébergement, services d'ASLL, d'intermédiation locative, d'accueil de jour...), les bailleurs sociaux, les services sociaux de la CAF et des CCAS.

Accès aux droits : FSL, FSE, aides au logement, DALO..., en accompagnement individuel ou sous forme de réunions collectives.

Accompagnement individuel :

– évaluation des besoins en matière de logement et analyse des difficultés globales et des freins à l'insertion par le logement ;

– définition du projet de logement avec la personne ;

– mise en place d'un projet en adéquation avec la réalité de l'offre de logement disponible et la situation sociale et financière de la personne ;

– contractualisation des objectifs et des modalités de mise en œuvre.

Accompagnement collectif :

– réunions d'information sur les droits et devoirs des locataires, l'utilisation des parties communes, l'accès aux équipements et aux services publics ;

– groupes de parole pouvant porter sur la gestion du budget, les liens avec le voisinage, la façon d'habiter son logement, son quartier ;

– mise en place de projets d'actions collectives et de DSL pouvant porter sur la recherche de logement, l'aménagement des parties communes, l'appropriation de son quartier...

À noter

Il est également possible de présenter une approche à la fois individuelle et collective dans les différents domaines de l'accompagnement :
– dans les démarches administratives (dossiers auprès des bailleurs) et dans l'accès aux droits (aides au logement, FSL, FSE, commission de médiation DALO), aide éducative budgétaire avec les CESF ;
– dans l'appropriation du logement : aide aux démarches liées à l'emménagement (compteurs, assurances, état des lieux, contrat de bail), travail sur l'utilisation des équipements (chauffage, chauffe-eau…), des parties communes ;
– dans l'appropriation de l'environnement : lien avec le voisinage, accès aux équipements et aux services, connaissance du quartier…

Une autre proposition de question 3

Vous êtes assistant de service social dans une association agréée pour effectuer l'accompagnement social lié au logement de personnes bénéficiaires du FSL. Quelles interventions individuelles et collectives envisagez-vous de mettre en œuvre et avec quels partenaires ?

Pour en savoir +…

Se reporter à la bibliographie du chapitre 12 de la partie 3 sur le logement des personnes défavorisées.

Annexes

1. Évolution des politiques publiques : les principaux points de repère

1945 / années 1950	Santé publique	• Ordonnance du 4 octobre 1945 créant la Sécurité sociale • Ordonnance du 18 octobre 1945 créant la santé scolaire • Ordonnance du 2 novembre 1945 créant la PMI
	Protection de l'enfance	• Ordonnance du 2 février 1945 relative aux mineurs délinquants • Ordonnance du 23 décembre 1958 sur l'assistance éducative (protection judiciaire de l'enfance en danger) • Décret du 7 janvier 1959 sur la protection sociale de l'enfance en danger
Années 1970	Structuration des secteurs sanitaire, social et médico-social	• Loi « hospitalière » du 31 décembre 1970 • Loi du 30 juin 1975 relative aux institutions sociales et médico-sociales • Loi du 30 juin 1975 en faveur des personnes handicapées
Années 1980-1990	Acte 1 de la décentralisation	• Lois de 1982 et 1983 relatives aux droits et libertés des collectivités territoriales • Loi « particulière » du 6 janvier 1986 adaptant les lois de décentralisation au secteur sanitaire et social
	Lutte contre les exclusions	• Loi du 31 décembre 1988 créant le RMI • Loi « Besson » du 31 mai 1990 créant le droit au logement (PDALP et FSL) • Loi du 29 juillet 1998 de lutte contre les exclusions • Loi du 27 juillet 1999 créant la CMU
Années 2000	Droits des usagers et réforme des secteurs sanitaire, social et médico-social	• Loi du 2 janvier 2002 de rénovation sociale et médico-sociale réformant la loi de 1975 et instituant les droits des usagers dans le secteur social et médico-social • Loi du 4 mars 2002 réformant la loi hospitalière et instituant le droit des malades dans le secteur sanitaire • Loi « handicap » du 11 février 2005 réformant la loi de 1975
	Acte 2 de la décentralisation	• Loi du 13 août 2004 relative aux libertés et aux responsabilités locales
	Réformes des textes portant sur la lutte contre les exclusions	• Loi de programmation pour la cohésion sociale du 18 janvier 2005 • Loi du 5 mars 2007 réformant la protection de l'enfance en danger • Loi du 5 mars 2007 sur le droit au logement opposable • Loi du 5 mars 2007 réformant la protection juridique des majeurs • Loi du 5 mars 2007 sur la prévention de la délinquance • Loi du 1er décembre 2008 réformant le RMI et créant le RSA • Loi « HPST » du 21 juillet 2009 réformant l'hôpital • Loi MOLLE du 25 mars 2009 sur le logement

Années 2010	Réforme de l'État et acte 3 de la décentralisation	• Révision générale des politiques publiques (RGPP) • Loi du 16 décembre 2010 réformant les collectivités territoriales • Modernisation de l'action publique territoriale et affirmation des métropoles (MAPTAM) qui remplace la RGPP

2. Table des sigles

AAH Allocation pour adulte handicapé
ACI Ateliers et chantiers d'insertion
ACS Allocation complémentaire santé
ACSE Agence nationale pour la cohésion sociale et l'égalité des chances
ACT Appartement de coordination thérapeutique
ADIL Agence départementale pour l'information sur le logement
AED Aide éducative à domicile
AEEH Allocation d'éducation de l'enfant handicapé
AEMO Action éducative en milieu ouvert
AES Allocation d'éducation spéciale
AESF Accompagnement en économie sociale et familiale
AFECEI Association française des établissements de crédit et des entreprises d'investissement
AGGIR Autonomie-gérontologie-groupe iso-ressource
AGIRC Association générale des institutions de retraites complémentaires des cadres
AJPP Allocation journalière de présence parentale
ALF Allocation de logement à caractère familiale
ALS Allocation de logement à caractère sociale
AME Aide médicale d'État
ANLCI Agence nationale de lutte contre l'illettrisme
ANPE Agence nationale pour l'emploi
ANESM Agence nationale de l'évaluation des établissements sociaux et médico-sociaux
ANRU Agence nationale pour la rénovation urbaine
ANSM Agence nationale de sécurité du médicament
APA Allocation personnalisée d'autonomie
API Allocation de parent isolé

APL	Aide personnalisée au logement
ARRCO	Association pour le régime de retraites complémentaires de salariés
ARS	Agence régionale de santé
ARS	Allocation de rentrée scolaire
ASE	Aide sociale à l'enfance
ASLL	Accompagnement social lié au logement
ASF	Allocation de soutien familial
ASPA	Aide sociale aux personnes âgées
ASPA	Allocation de solidarité pour personnes âgées
ASSEDIC	Association pour l'emploi dans l'industrie et le commerce
ATA	Allocation temporaire d'attente
AVDL	Accompagnement vers et dans le logement
AVS	Auxiliaire de vie scolaire
AVS	Auxiliaire de vie sociale
BAFA	Brevet d'aptitude aux fonctions d'animation
CADA	Centre d'accueil pour demandeurs d'asile
BPM	Brigade de protection des mineurs
CAF	Caisse d'allocations familiales
CAFDES	Certificat d'aptitude aux fonctions de direction d'établissement et de service
CAFERUIS	Certificat d'aptitude aux fonctions d'encadrement et de responsable d'unité d'intervention sociale
CAI	Contrat d'accueil et d'intégration
CAIF	Contrat d'accueil et d'intégration famille
CAMSP	Centre d'action médico-sociale précoce
CAARRUD	Centre d'accueil et d'accompagnement à la réduction des risques de drogues
CARSAT	Caisse d'assurance retraite et de santé au travail
CASF	Code de l'action sociale et des familles
CASVP	Centre d'action sociale de la ville de Paris
CATTP	Centre d'activité à temps partiel
CAUDA	Centre d'accueil d'urgence pour demandeurs d'asile
CAVA	Centre d'adaptation à la vie active
CCAA	Centre de cure ambulatoire en alcoologie
CCAS	Centre communal d'action sociale

CCAPEX	Commission de coordination des actions de prévention des expulsions
CDAPH	Commission des droits et de l'autonomie des personnes handicapées
CDDP	Conseil des droits et devoirs des parents
CDES	Commission départementale de l'éducation spéciale
CDSF	Commission départementale des services aux familles
CEF	Centre éducatif fermé
CER	Centre éducatif renforcé
CESE	Conseil économique, social et environnemental
CESEDA	Code de l'entrée et du séjour des étrangers et du droit d'asile
CDIFF	Centre départemental d'information sur les droits des femmes et des familles
CHRS	Centre d'hébergement et de réinsertion sociale
CHU	Centre d'hébergement d'urgence
CHU	Centre hospitalier universitaire
CIAS	Centre intercommunal d'action sociale
CIDFF	Centre d'information sur les droits des femmes et des familles
CIFAD	Centre interministériel de formation anti-drogue
CILE	Comité interministériel de lutte contre les exclusions
CITL	Centre d'initiation au travail et aux loisirs
CIV	Comité interministériel des villes
CLAS	Contrat local d'accompagnement à la scolarité
CLI	Commission locale d'insertion
CLIC	Centre local d'information et de coordination gérontologique
CLSH	Centre de loisirs sans hébergement
CMP	Centre médico-psychologique
CMPA	Centre médico-psychologique pour adultes
CMPE	Centre médico-psychologique pour enfants
CMPP	Centre médico-psycho-pédagogique
CMU	Couverture maladie universelle
CMU-C	Couverture maladie universelle complémentaire
CNAM	Caisse nationale d'assurance maladie
CNAF	Caisse nationale d'allocations familiales
CNAOP	Conseil national pour l'accès aux origines personnelles
CNAV	Caisse nationale d'assurance vieillesse

CNDA	Cour nationale du droit d'asile
CNIDFF	Centre national d'information sur les droits des femmes et des familles
CNLE	Comité national de lutte contre les exclusions
CNSA	Caisse nationale de solidarité pour l'autonomie
CNSP	Comité national de soutien à la parentalité
CNSP	Conseil national de santé publique
CNV	Conseil national des villes
COG	Convention d'objectifs et de gestion
COMEDE	Comité médical pour les exilés
COMEX	Commission exécutive
COTOREP	Commission technique de l'orientation et du reclassement professionnel
CPAM	Caisse primaire d'assurance maladie
CPH	Centre provisoire d'hébergement
CPI	Centre de placement immédiat
CPIP	Conseiller pénitentiaire d'insertion et de probation
CRA	Centre de ressource autisme
CRAMIF	Caisse régionale d'assurance maladie d'Île-de-France
CRSA	Conférence régionale de la santé et de l'autonomie
CRIP	Cellule de recueil des informations préoccupantes
CSAPA	Centre de soins d'accompagnement et de prévention en addictologie
CSG	Contribution sociale généralisée
CSST	Centre de soins spécialisés en toxicomanie
CSTS	Conseil supérieur en travail social
CUCS	Contrat urbain de cohésion sociale
CUI	Contrat unique d'insertion
CVS	Conseil de la vie sociale
DAHO	Droit à l'hébergement opposable
DALO	Droit au logement opposable
DDARS	Direction départementale de l'agence régionale de santé
DDASS	Direction départementale des affaires sanitaires et sociales
DDCS	Direction départementale de la cohésion sociale
DDFIP	Direction départementale des finances publiques
DDPP	Direction départementale de la protection des populations

DDT	Direction départementale du travail
DEAF	Diplôme d'État d'assistant familial
DEAMP	Diplôme d'État d'aide médico-psychologique
DEASS	Diplôme d'État d'assistant de service social
DEAVS	Diplôme d'État d'auxiliaire de vie sociale
DECESF	Diplôme d'État de conseiller en économie sociale et familiale
DEEJE	Diplôme d'État d'éducateur de jeunes enfants
DEES	Diplôme d'État d'éducateur spécialisé
DEETS	Diplôme d'État d'éducateur technique spécialisé
DEIS	Diplôme d'État d'ingénierie sociale
DEME	Diplôme d'État de moniteur-éducateur
DEMF	Diplôme d'État de médiateur familial
DETISF	Diplôme d'État de technicien de l'intervention sociale et familiale
DGAS	Direction générale de l'action sociale
DGCS	Direction générale de la cohésion sociale
DGOS	Direction générale de l'offre de soins
DGS	Direction générale de la santé
DHOS	Direction de l'hospitalisation et de l'organisation de soins
DIPC	Document individuel de prise en charge
DIRECCTE	Direction régionale des entreprises, de la concurrence, de la consommation, du travail et de l'emploi
DPF	Délégué aux prestations familiales
DRAAF	Direction régionale de l'alimentation, de l'agriculture et de la forêt
DRAC	Direction régionale des affaires culturelles
DRASS	Direction régionale des affaires sanitaires et sociales
DREAL	Direction régionale de l'environnement, de l'aménagement du territoire et du logement
DREES	Direction de la recherche, des études de l'évaluation et des statistiques
DRFIP	Direction régionale des finances publiques
DRJSCS	Direction régionale de la jeunesse des sports et de la cohésion sociale
DSS	Direction de la sécurité sociale
EEP	Établissement pour enfants polyhandicapés
EFS	Établissement français du sang
EHPA	Établissement d'hébergement pour personnes âgées

EHPAD	Établissement d'hébergement pour personnes âgées dépendantes
EME	Établissement médico-éducatif
EPCI	Établissement public communal et intercommunal
EPE	Équipe pluridisciplinaire d'évaluation
EPE	Établissement de placement éducatif
EPM	Établissement pénitentiaire pour mineurs
ESAT	Établissement et service d'aide par le travail
ESSMS	Établissement et service social et médico-social
ETTI	Entreprise de travail temporaire d'insertion
FAM	Foyer d'accueil médicalisé
FDV	Foyer de vie
FICP	Fichier des incidents de remboursement des crédits aux particuliers
FJT	Foyer de jeunes travailleurs
FNARS	Fédération nationale des associations d'accueil et de réinsertion sociale
FNAS	Fonds national d'action sociale
FSL	Fonds de solidarité logement
FSE	Fonds de solidarité énergie
FTM	Foyer pour travailleurs migrants
GEVA	Guide d'évaluation des besoins de compensation
GIE	Groupement d'intérêt économique
GIP	Groupement d'intérêt public
GIPED	Groupement d'intérêt public de l'enfance en danger
GIR	Groupe iso-ressource
GISTI	Groupe d'information et de soutien des immigrés
GSMS	Groupement de coopération sociale et médico-sociale
GUL	Garantie universelle des loyers
GUP	Gestion urbaine de proximité
HAD	Hospitalisation à domicile
HALDE	Haute Autorité de lutte contre les discriminations et pour l'égalité
HAS	Haute Autorité de santé
HCF	Haut Conseil de la famille
HCSP	Haut Conseil de la santé publique
HPST	Hôpital, patients, santé, territoire
IEM	Institut d'éducation motrice

IES	Institut d'éducation sensorielle
IGAS	Inspection générale des affaires sociales
IME	Institut médico-éducatif
IMP	Institut médico-pédagogique
IMPro	Institut médico-professionnel
INSEE	Institut national de la statistique et des études économiques
INVS	Institut national de la veille sanitaire
IPES	Institution publique de l'éducation surveillée
ITEP	Institut thérapeutique, éducatif et psychologique
JAP	Juge aux affaires familiales
JAP	Juge d'application des peines
JDE	Juge des enfants
JDT	Juge des tutelles
JEX	Juge de l'exécution
JLD	Juge des libertés et de la détention
LAEP	Lieu d'accueil enfants-parents
LHSS	Lit halte soins santé
MAIA	Maison pour l'autonomie et l'intégration des malades d'Alzheimer
MAJ	Mesure d'accompagnement judiciaire
MAPTAM	Modernisation de l'action publique territoriale et d'affirmation des métropoles
MARPA	Maison d'accueil rurale pour personnes âgées
MAS	Maison d'accueil spécialisée
MASP	Mesure d'accompagnement social personnalisé
MDPH	Maison départementale des personnes handicapées
MECS	Maison d'enfants à caractère sanitaire
MECS	Maison d'enfants à caractère social
MILDECA	Mission interministérielle de lutte contre les drogues et les addictions
MIPROF	Mission interministérielle pour la protection des femmes victimes de violences
MJAGBF	Mesure judiciaire d'aide à la gestion du budget familial
MJIE	Mesure judiciaire d'investigation éducative
MJPM	Mandataire judiciaire à la protection des majeurs
MOC	Méthode ouverte de coordination

MOUS Maîtrise d'œuvre urbaine et sociale
NOTRe Nouvelle organisation du territoire de la République
ODAS Observatoire décentralisé de l'action sociale
ODPE Observatoire départemental de la protection de l'enfance
OFDT Observatoire français des drogues et des toxicomanies
OFII Office français de l'immigration et de l'intégration
OFPRA Office français de protection des réfugiés et des apatrides
ONED Observatoire national de l'enfance en danger
ONPES Observatoire national de la pauvreté et de l'exclusion sociale
ONU Organisation des nations unies
OPJ Officier de police judiciaire
ONZUS Observatoire national des zones urbaines sensibles
PAH Prêt à l'amélioration de l'habitat
PAJE Prestation d'accueil du jeune enfant
PARSA Plan d'action renforcé pour les sans-abri
PASS Permanence d'accès aux soins et de santé
PCH Prestation de compensation du handicap
PDAHI Plan départemental pour l'accueil, l'hébergement et l'insertion
PDALHPD Plan départemental pour le logement et l'hébergement des personnes défavorisées
PDALPD Plan départemental pour le logement des personnes défavorisées
PDI Programme départemental d'insertion
PFS Placement familial spécialisé
PIF Point info famille
PJJ Protection judiciaire de la jeunesse
PLIE Plan local pour l'insertion et l'emploi
PMI Protection maternelle et infantile
PNAI Plan national d'action pour l'inclusion sociale
PPE Projet pour l'enfant
PPSM Plan de psychiatrie et de santé mentale
PRAPS Programme régional pour l'accès à la prévention et aux soins
PRIAC Programme interdépartemental d'accompagnement du handicap et de la perte d'autonomie
PRSP Plan régional de santé publique

PSD	Prestation spécifique dépendance
PTI	Pacte territorial pour l'insertion
REAAP	Réseau d'appui et d'accompagnement des parents
REP	Réseau d'éducation prioritaire
RGPP	Réforme générale des politiques publiques
RMA	Revenu minimum d'activité
RMI	Revenu minimum d'insertion
RNCP	Répertoire national des certifications professionnelles
RQTH	Reconnaissance de la qualité de travailleur handicapé
RSA	Revenu de solidarité active
RSI	Régime social des indépendants
SAAAIS	Service d'aide à l'acquisition de l'autonomie et à l'intégration scolaire
SAFEP	Service d'accompagnement familial et d'éducation parentale
SAMSAH	Service d'accompagnement médico-social pour adultes handicapés
SAO	Service d'accueil et d'orientation
SAU	Service d'accueil d'urgence
SAVS	Service d'accompagnement à la vie sociale
SAVS	Service d'auxiliaire de vie sociale
SEAT	Service éducatif auprès des tribunaux
SESSAD	Service d'éducation spéciale et de soins à domicile
SEM	Société d'économie mixte
SGCIV	Secrétariat général du comité interministériel à la ville
SIAO	Système intégré d'accueil et d'orientation
SNATED	Service national d'accueil téléphonique de l'enfance en danger
SNATEM	Service national d'accueil téléphonique de l'enfance maltraitée
SPIP	Service pénitentiaire d'insertion et de probation
SSEFIS	Service de soutien à l'éducation familiale et à l'intégration scolaire
SSAAD	Service de soins et d'accompagnement à domicile
SSD	Service social départemental
SSIAD	Service de soins infirmiers à domicile
SSR	Soins de suite et de réadaptation
STEMO	Service territorial éducatif en milieu ouvert
TGI	Tribunal de grande instance
TI	Tribunal d'instance
TISF	Technicien de l'intervention sociale et familiale

TPSA	Tutelle aux prestations sociales adultes
TPSE	Tutelle aux prestations sociales enfants
UDAF	Union départementale des associations familiales
UEAT	Unité éducative auprès des tribunaux
UEH	Unité éducative d'hébergement
UEHC	Unité éducative d'hébergement collectif
UEMO	Unité éducative en milieu ouvert
UEROS	Unité d'évaluation, de réentraînement et d'orientation sociale
ULIS	Unité localisée pour l'inclusion scolaire
UMD	Unité pour malades difficiles
UMJ	Unité médico-judiciaire
UNAF	Union nationale des associations familiales
USLD	Unité de soins de longue durée
UNCCAS	Union nationale des centres communaux d'action sociale
VAE	Validation des acquis de l'expérience
ZEP	Zone d'éducation prioritaire
ZUP	Zone à urbaniser en priorité
ZUS	Zone urbaine sensible

3. Référentiel de compétences du DC4

Extrait de l'annexe I de l'arrêté du 29 juin 2004 relatif au diplôme d'État d'assistant de service social

DC4 Implication dans les dynamiques partenariales, institutionnelles et interinstitutionnelles

Compétences	Indicateurs de compétences
Développer des actions en partenariat et en réseau	• Savoir identifier les partenaires interinstitutionnels de son environnement et connaître leur culture. • Savoir animer un réseau de professionnels. • Savoir décoder les positionnements et les stratégies de l'ensemble des acteurs. • Savoir établir des relations avec l'ensemble des acteurs. • Savoir valoriser son savoir-faire.
Assumer une fonction de médiation	• Savoir utiliser les techniques de gestion des conflits. • Savoir négocier avec les personnes, les institutions.

S'inscrire dans un travail d'équipe	• Savoir coopérer avec d'autres professionnels de son service, solliciter leur avis, leurs connaissances, leurs compétences. • Savoir transmettre ses propres observations et analyses. • Savoir confronter ses observations.

4. Référentiel de formation en lien avec les compétences visées en DC4[1]

Extrait de l'annexe II de l'arrêté du 29 juin 2004 relatif au diplôme d'État d'assistant de service social

UF1 (unité de formation principale) : Théorie et pratique de l'intervention en service social
Implication dans les dynamiques partenariales, institutionnelles et interinstitutionnelles (68 heures)
Les spécificités de l'implication • Définition • Objets • Champs • Types • Singularités • Notion de partenaire : différentes formes de travail en commun • Concept de médiation en travail social : formes de médiation, méthodologie de résolution des conflits • Travail en équipe : fonctionnement
UF3 (unité de formation contributive) : Droit (120 heures)
Introduction à la discipline • Différentes branches du droit • Sujets de droit • Juridictions • Droit public : institutions publiques, notions de droit constitutionnel, notions de droit administratif • Droit privé : libertés publiques, vie privée, droit des étrangers • Droit civil : personne physique, responsabilité civile et droit de la famille • Juridictions de droit civil • Droit pénal : notions de responsabilité pénale • Peines et modalités d'exécution • Droit du travail : Statut juridique du travailleur salarié • Sources du droit du travail • Rapports collectifs • Protection des travailleurs Contributions de la discipline au travail social • Contrat • Enquête sociale • Mandat • Secret professionnel • Droit des usagers

1. L'UF2 n'apparaît pas car elle ne concerne pas le DC4.

UF4 (unité de formation contributive) : Législation et politiques sociales (160 heures)
Introduction à la discipline • Cadres juridiques et institutionnels de la politique sanitaire et sociale • Aide et action sociale • Protection sociale en France • Protection sociale en Europe (initiation) • Politique de la ville • Politiques sociales territorialisées • Politique de la famille Contributions de la discipline au service social • Politiques sociales en matière d'insertion, de logement, de la ville • Politique d'intégration des populations immigrées • Dispositifs sociaux à destination de publics spécifiques (jeunes, demandeurs d'emploi, personnes âgées)
UF5 (unité de formation contributive) : Sociologie, anthropologie, ethnologie (120 heures)
Introduction à la discipline • Sociologie de la famille • Sociologie urbaine et rurale • Sociologie des organisations • Sociologie du travail • Sociologie appliquée à la famille, à l'éducation, au travail • Sociologie des professions • Anthropologie, ethnologie • Interculturalité Contributions de la discipline au service social • Réseaux sociaux • Normes, déviance, délinquance • École et éducation • Cadre de vie
UF6 (unité de formation contributive) : Psychologie, science de l'éducation, science de l'information, communication (120 heures)
Introduction à la discipline • Psychologie clinique : principales théories psychologiques, initiation à la théorie psychanalytique • Psychologie sociale : notions de groupes • Phénomènes de groupe et groupes d'appartenance • Influences sociales et relations de groupe Contributions de la discipline au service social • Développement de la personne aux différents âges de la vie • Famille • Sciences de l'éducation • Pédagogie de l'adulte • Démarche d'évaluation • Théories de l'apprentissage • Sciences de l'information • Nouvelles technologies

UF7 (unité de formation contributive) : Économie, démographie (120 heures)
Introduction à la discipline • Notions d'économie générale • Économie sociale et solidaire • Économie d'un territoire • Insertion économique Contributions de la discipline au service social • Budget des ménages • Surendettement • Notion de budget prévisionnel • Démographie : notions de base, phénomènes migratoires • Statistiques • Données comptables : initiation à la gestion • Financement de l'action sociale

5. Référentiel de certification du DC4

Extrait de l'annexe III de l'arrêté du 29 juin 2004 relatif au diplôme d'État d'assistant de service social

Domaine de compétences	Implication dans les dynamiques partenariales, institutionnelles et interinstitutionnelles
Épreuve de certification	Connaissance des politiques sociales
Objectifs de l'épreuve	Vérifier la capacité du candidat à : – connaître, analyser un environnement institutionnel et à s'y situer ; – utiliser les ressources différentes de l'environnement institutionnel.
Organisation de l'épreuve	Épreuve organisée par une DRJSCS en centre d'examen interrégional
Durée de l'épreuve	4 heures

6. Épreuve « Connaissance des politiques sociales et implication dans les dynamiques partenariales, institutionnelles et interinstitutionnelles »

Extrait de la circulaire n°DGAS/4A/2008/392 du 31 décembre 2008 relative à la formation et à la certification du DEASS

Cette épreuve valide le domaine de compétences « Implication dans les dynamiques partenariales, institutionnelles et interinstitutionnelles » (DC4).

Elle comporte une épreuve nationale, organisée par le centre d'examen interrégional, affectée d'un coefficient 2, et une note de contrôle continu déterminée par l'établissement de formation, à laquelle est affecté un coefficient 1.

3.4.1. L'épreuve nationale

La durée de l'épreuve est de quatre heures. Le sujet ainsi que la date de l'épreuve sont fixées au plan national.

Un document de trois ou quatre pages présentant une politique sociale accompagne le sujet. Trois questions sont posées permettant au candidat, en utilisant les connaissances acquises, d'analyser et de dégager les orientations d'action possibles. Les réponses à ces questions ne doivent pas excéder deux pages par réponse.

Les copies, rendues préalablement anonymes, font l'objet d'une double correction effectuée par un binôme de correcteurs, composé d'un représentant du directeur régional des affaires sanitaires et sociales ou d'une personne qualifiée et d'un professionnel titulaire du diplôme d'État d'assistant de service social.

Cette épreuve a pour objectifs de vérifier la capacité du candidat à :

– connaître les politiques sociales et notamment la politique sociale en référence ;

– identifier les publics, les institutions, les dispositifs et les professionnels concernés par la mise en œuvre de cette politique ;

– analyser ce contexte et cet environnement institutionnel et interinstitutionnel ;

– identifier le positionnement professionnel dans la politique et le contexte présentés ;

– se situer dans l'action en tant que professionnel.

Il s'agit de connaître, comprendre, analyser un contexte partenarial et d'identifier son positionnement professionnel, en référence à son institution.

3.4.2. La note de contrôle continu en cours de formation

Au fil de la scolarité, l'établissement de formation met en place, dans le cadre de son projet pédagogique, un contrôle continu, afin d'évaluer les compétences des étudiants en matière de connaissance des politiques sociales.

La moyenne de ces notes sur 20 constitue la note de contrôle continu qui sera prise en compte dans la certification du DC4.

La nature et la fréquence des travaux qui composent les contrôles continus relèvent de l'autonomie des établissements de formation.

Une note moyenne, compte tenu des coefficients, au moins égale à 10/20 est nécessaire pour valider cette épreuve.

7. Note de cadrage du DC4 : connaissance des politiques sociales et implication dans les dynamiques partenariales, institutionnelles et interinstitutionnelles

Le fond : rappel concernant les attendus de l'épreuve relative à la certification du DC4

Ce domaine de compétence est ciblé sur les dynamiques partenariales qui vont permettre de construire des projets sociaux de territoire de façon concertée, dans une approche transversale et une logique de coproduction. Il s'appuie bien naturellement sur les politiques sociales.

L'épreuve, qui va valider ce domaine de compétences va donc vérifier que le candidat :

– connaît la politique sociale qui sert de support au sujet, les principaux dispositifs qui la concerne et les missions respectives des acteurs chargés de la mettre en œuvre ;

– est en capacité de développer des actions en partenariat et en réseau, de co-construire un projet global local répondant à la problématique posée (compétences de négociation, de médiation, de travail en équipe, de maîtrise de l'organisation en mode projet, de positionner les habitants comme acteurs tout au long du processus d'élaboration et de mise en œuvre du projet ;

– est en capacité de mettre en valeur son rôle professionnel, sa stratégie professionnelle et de faire valoir ainsi son expertise sociale.

Cette épreuve s'ancre clairement sur une politique publique qui répond au traitement de problématiques générales. L'évaluation est conduite du point de vue des politiques sociales et non des pratiques professionnelles *stricto sensu*. Elle ne concerne pas une situation individuelle et ne sert pas à valider les compétences relatives à l'intervention sociale d'aide à la personne.

Il ne s'agit pas non plus d'engager le candidat à produire l'analyse d'une politique sociale, à travers ses dimensions sociologiques, économiques, politiques..., mais de le mettre en situation professionnelle, et dans un contexte institutionnel, permettant d'apprécier sa connaissance des politiques sociales et son implication en tant que professionnel dans les dynamiques partenariales.

La forme : rappel concernant la prise en compte des éléments matériels

Trois questions seront posées au candidat qui vont lui permettre, en utilisant ses connaissances et les éléments des documents supports, de démontrer les connaissances acquises, de dégager les orientations possibles d'action partenariale et le rôle spécifique d'assistant de service social.

Un document support de 3 à 4 pages (un ou plusieurs documents) présentant une politique sociale accompagne, en effet, le sujet. La nature du document peut varier.

Il est rappelé, concernant la formulation de la proposition de sujet et la transmission des documents support qui l'accompagne :

– de s'assurer de l'actualisation des documents présentés (l'année dernière, alors que le RSA avait remplacé le RMI, plusieurs textes présentaient encore le RMI) ;

– d'énoncer clairement les questions afin qu'il n'y ait pas de risque d'interprétation (phrases compréhensibles, ponctuation adaptée...) ;

– de supprimer les doubles paginations qui entraînent des confusions ;

– de vérifier que les documents annoncés sous la rubrique « documents supports » située à la fin des questions correspondent bien aux documents joints (l'année dernière la commission « choix de sujets » avait constaté plusieurs erreurs) ;

– de proposer des documents lisibles, nets (sans tâches) qui comportent les références de parution.

Choix du sujet

Ne pas proposer un sujet axé sur une réforme récente. S'il y a des évolutions réglementaires, intégrer la question dans une présentation plus large.

La 1re question vise à présenter la politique sociale d'une façon globale, comme réponse à une situation historique et sociale, des besoins des citoyens, dans un sens qui a pu évoluer. Elle n'a pas à donner tout le contenu technique mais doit positionner les enjeux et les buts visés.

La 2e question porte sur les acteurs œuvrant à cette politique sociale. Il y a possibilité de montrer leurs interactions, leur niveau d'intervention. Il y aurait lieu de formuler la question de façon à ne pas avoir une fastidieuse liste d'acteurs en réponse.

La 3e question place l'assistant de service social dans un cadre professionnel. En référence aux objectifs : « analyser le contexte et l'environnement institutionnel concerné par la mise en œuvre de cette politique, identifier le positionnement professionnel dans la politique et le contexte présentés, se situer dans l'action en tant que professionnel » : l'action et les relations en interne en institution et en interinstitutionnel, et même en partenariat, sont situés. Les bénéficiaires ont une place dans les actions de l'assistant de service social.

La mise en cadre professionnel n'a pas pour but de faire une analyse de la situation, ni de développer une action type ISAP ou ISIC. Elle est un cadre facilitant l'exposé de possibles actions dans le but de démontrer les voies multiples de cette politique sociale mise en œuvre. Elle démontre l'étendue de son potentiel de services.

Il n'y a pas lieu d'identifier des personnes, de dérouler un « cas papier ». Lorsque l'étudiant a des expériences personnelles de cette politique sociale, il utilise ces données pour les monter en généralité et aller au-delà d'une seule variation de cette application.

Le positionnement professionnel, en référence à son institution, est précisé : rôle, place dans le service, missions (le cœur de métier). Le service est explicité en intégrant les potentialités de son environnement direct (équipe, établissement) et extérieur (au niveau de l'action individuelle ou avec l'équipe).

Documents

3 ou 4 pages : choisir la variété des documents, pouvant être supports pour développer les connaissances et un argumentaire. « Il s'agit de connaître, comprendre, analyser un contexte partenarial et d'identifier son positionnement professionnel, en référence à son institution. » (circulaire)

Les articles doivent être photocopiés de façon à avoir une lecture aisée. Ils sont identifiés en source, date de publication. Ils sont numérotés en page, à la suite de la page sujet.

Corrigé

Le corrigé est à fournir avec le sujet.

Le corrigé porte sur les trois questions. Il n'est pas nécessairement rédigé. Il peut apparaître sous forme de plan détaillé. Il est nécessaire d'identifier des éléments régionaux qui ne seraient pas compréhensibles du reste du pays, pour préférer des formules valables pour tous.

Grille d'évaluation

Présenter et contextualiser la politique sociale visée (6 points).

Repérer et intégrer les logiques et les compétences des différents acteurs institutionnels et professionnels, à savoir les ressources du contexte territorial (6 points).

Adopter un positionnement professionnel intégrant la place et le respect des personnes dans un contexte partenarial (6 points).

S'exprimer de façon pertinente et structurée, et selon le nombre de pages indiqué (2 points).

Achevé d'imprimer en France en août 2016 - JOUVE, 1, rue du Docteur Sauvé, 53100 MAYENNE
N° 2432083S - Dépôt légal : octobre 2015
N° d'éditeur : 2016_1638